# 中国近代
# 民众图书馆研究

张书美　著

江西人民出版社
Jiangxi People's Publishing House
全国百佳出版社

图书在版编目（CIP）数据

中国近代民众图书馆研究 / 张书美著 . -- 南昌：江西人民出版社，2020.12
ISBN 978-7-210-12732-1

Ⅰ.①中… Ⅱ.①张… Ⅲ.①公共图书馆—图书馆事业史—研究—中国—近代 Ⅳ.① G259.295

中国版本图书馆 CIP 数据核字（2021）第 010502 号


中国近代民众图书馆研究
ZHONGGUO JINDAI MINZHONG TUSHUGUAN YANJIU

张书美　著

策划组稿：王一木
责任编辑：张志刚
封面设计：上尚设计
出版发行：江西人民出版社
经　　销：各地新华书店
地　　址：江西省南昌市三经路 47 号附 1 号
编辑部电话：0791-86898873
发行部电话：0791-86898815
邮　　编：330006
网　　址：www.jxpph.com
E-mail：jxpph@tom.com　web@jxpph.com
2020 年 12 月第 1 版　2020 年 12 月第 1 次印刷
开　　本：787 毫米 ×1092 毫米　1/16
印　　张：19
字　　数：270 千
ISBN 978-7-210-12732-1
定　　价：68.00 元
赣版权登字—01—2020—690
版权所有　侵权必究
承 印 厂：南昌市红星印刷有限公司
赣人版图书凡属印刷、装订错误，请随时向承印厂调换

# 序 言

　　19世纪末20世纪初是中国历史上思想文化各领域最为激荡的时期之一，"救亡图存"成为志士仁人、社会贤达改变中国状况的重要使命，借鉴西方国家社会教育的诸多元素，"开民智、新民德、鼓民力"成为晚清到民国半个世纪历届政府、社会贤达唤起民众欲达成的目标。这个目标的达成，"教育为本"几成共识。关于教育，晚清刑部左侍郎李端棻于光绪二十二年（1896）上《奏请推广学校折》，曰："奏为时事多艰，需才孔亟，请推广学校，以励人才而资御侮"，于是奏请在京师以及各省、府、州、县广设学堂，同时请在京师及十八行省省会，"咸设大书楼……妥定章程，许人入楼看书"；"广立报馆……阅报之人，上自君后，下自妇孺，皆足不出户，而于天下事瞭然也"[①]。将图书馆、报馆与学校并列为社会教育的重要机构。宣统元年（1909）京师图书馆及各地区图书馆的创立，拉开了具有真正公共图书馆性质的近代图书馆建设的序幕。1915年《通俗图书馆规程》颁布，规定"各省治、县治应设通俗图书馆，储集各种通俗图书，供公众之阅览。……私人或公共团体、公私学校及工场，得设立通俗图书馆"[②]。据1916年教育部调查，各省通俗图书馆已达237所。至民国盛期，民众图书馆达千所以上，

---

① 李端棻：《奏请推广学校折》，见李希泌、张椒华《中国古代藏书与近代图书馆史料（春秋至五四前后）》，中华书局1982年版，第95—99页。

② 《通俗图书馆规程》，见李希泌、张椒华《中国古代藏书与近代图书馆史料（春秋至五四前后）》，中华书局1982年版，第184页。

民众图书馆研究取得丰硕成果。1937年以后，随着民众图书馆数量的减少，相关研究陷入寂寥窘境（对此，书美在书中有较详细的论述）。在此后相当长一段时间里这个问题没有引起应有的关注。

20世纪90年代后这种状况开始发生变化，以"近代图书馆史"为关键词的论文见诸学术刊物，进入21世纪，民众图书馆史及其相关人物、著作研究渐入佳境，张书美女士就是主要研究者之一。

其实，我与书美接触不多，只是通过审阅她寄投给我们刊物的稿件才得以相识，并因她的文章引起我对她成果的关注。从2008年她在我刊发表第1篇论文《在传统与现代之间：中国近代藏书建设思想述评》至今已过去了十余年，其间在我刊发文十余篇，其中多为近代图书馆研究成果。现在当她把20余万字即将付梓的书稿《中国近代民众图书馆研究》以快递形式寄给我、并嘱我写几句话时，我被她的勤奋感动了，一位年轻的学者，用整整十几年时间，专心于民众图书馆研究，爬梳资料、步步深入，解析一个个问题，这种做学问的精神值得肯定和学习。实际上，与其说因我要写几句话而阅读该书稿，不如说我对她的新书充满阅读欲，有一种先睹为快之感。果然读了之后觉得耳目一新、颇受启发。首先，该论著基于"二盛"的背景使我颇感兴趣。"一盛"是指年代，即择取1927—1937年民国盛期作为主要研究时段，便于在社会教育发展的语境下观照民众图书馆发展的社会环境；"二盛"指这是民众图书馆发展的兴盛阶段。以此为切入点，更具典型意义，为螺旋式上升的现代基层图书馆服务增加了线性"史"研究的基础和实践研究的范例。其次，叙写过程的严谨。无论是整个分析框架的构建和研究方法的选择，还是史料选用的审慎、翔实和内容叙述的内在逻辑，都可圈可点，显现出一定的学术功底。

我不知道书美在完成本书后是否开辟新的研究方向，但我相信，她的研究步伐会越走越稳健，同时也期待看到她新的研究成果。

是为序。

韩淑举

2020年12月16日于济南

# 目 录

## 绪 论

## 第一章 民众图书馆概况

## 第二章 民众图书馆的组织管理

# 绪　论

## 一、学术价值

民众图书馆是现代图书馆的一种类型，以服务普通民众、有读无类、普及教育作为设立之旨归。我国民众图书馆的创设构想开始于清朝末年。1910 年，谢荫昌提出："今日之言图书馆教育者，必须分培养学者、教育国民二种""教育国民之图书馆，以各国国民图书馆、通俗图书馆之范围定之"①。这里的"国民图书馆""通俗图书馆"，为民众图书馆的前身。此后关于通俗图书馆或民众图书馆的介绍，不绝于书。

1912 年，教育部设置了社会教育司，管理全国社会教育事业，包括通俗图书馆。据调查，1912 年，北京有通俗图书馆 1 处②。此后，通俗图书馆不断涌现。我国第一所冠名"民众"的图书馆，是设立于上海的"促进民众图书馆"。1925 年，卢映绿、邝俊基等在上海南市十六铺泉漳会馆筹备促进民众图书馆，其宗旨为"促进民众、发展图书馆事业"③，7 月，募集图书4000 多册。促进民众图书馆的使命为："一来是供给有志的青年可以永远继续得到求学的机会，二来可供给社会上各阶级从里头求一点智识——尤其是常识——使他们能得到日常生活上必需的常识，和一切普通文字上的应

---

① 谢荫昌.图书馆教育绪言［J］.奉天教育官报，1910（50）：49-50.

② 各地通俗图书馆进行情形［J］.通俗教育研究录，1912（3）：23.

③ 促进民众图书馆之组织［N］.时报，1925-07-24（7）.

用的工具"①。

南京国民政府成立后，在教育行政部门大力倡导下，我国民众图书馆进入高速发展时期。1936 年，教育部公布了截至 1935 年年底全国图书馆调查统计结果，民众图书馆的数量为 864 所，仅次于学校图书馆，占图书馆总数 2925 所的 30% 左右②。

1937 年卢沟桥事变爆发，不久中日两国全面开战，我国民众图书馆的发展受到严重影响。此后，尽管民众图书馆也有零星地出现，但已辉煌不再。抗日战争结束后，民众图书馆未能恢复元气。新中国成立后，民众图书馆或裁撤或合并，渐渐淹没在历史尘埃之中。

民众图书馆是特定历史阶段的产物，其兴也匆匆，衰也匆匆，在近代中国图书馆事业及中国近代社会转型发展进程中都留下了深深的印迹。然而，目前学界关于民众图书馆的研究，还较为薄弱，无法系统完整地体现其历史价值和教育意义。本书拟在前人研究的基础上，以中国近代时期的民众图书馆为主要研究对象，从不同侧面展开探讨，以再现民众图书馆的昔日荣光，铭记图书馆前辈筚路蓝缕的开拓精神，揭示民众图书馆对于中国近代社会的深远影响。

## 二、研究综述

### （一）整体性研究

关于民众图书馆的研究，我国学者起步较早。1928 年，金敏甫提出，我国现代图书馆发展趋势之一为——由贵族的趋于平民的，"近数年来，社会人士，更感普及教育，不能徒恃学校，而社会教育之设施渐多，通俗图书馆之创设者，时有所闻。阅览人士，无阶级之限制，无年龄之约束，人数务求众多，权利务求普遍，与昔日之藏书楼，几有天壤之别，而此种贵

---

① 上海促进民众图书馆创办宣言［N］.民国日报，1926-05-22（2）.

② 最近全国图书馆调查统计［J］.学艦，1936（2）：13-14.

族式之图书,则已罕见于今世矣"①。这是较早对我国民众图书馆的前身——通俗图书馆的学术史论述。1933 年,徐旭从政府颁布法令、私人及教育团体提倡、各地组织图书馆协会、训练图书馆人才、民众图书馆数量等方面,对我国民众图书馆进行了概括性研究②。1934 年出版的《第一次中国教育年鉴》和 1947 年出版的《第二次中国教育年鉴》均对民众图书馆有不同程度的研究。总体上看,中国近代对民众图书馆的学术史研究并不多见。

民众图书馆再次进入学者视野,已经是 21 世纪。2004 年,范并思等对通俗图书馆、巡行文库、公众阅报所进行了研究,提出:"辛亥革命后,随着通俗图书馆等普及性基层图书馆的建设,我国图书馆发展方向发生转变,图书馆开始向中小城市普及,服务对象从传统文人转而向普通公众和少年儿童,藏书利用被放到了更重要的位置。"③2008 年,张树华、张久珍对通俗图书馆进行了简单介绍,包括通俗图书馆兴起的原因、性质、功用、书刊选择、图书流通工作、文化普及和阅读辅导工作等④。2011 年,范凡提出,民国时期,基于图书馆是进行社会教育机关这样的信念,最大限度地将图书馆民众化成为图书馆界孜孜以求的目标⑤。2014 年,吴稌年从学科批判的角度,概述了民国时期关于民众图书馆方面的商榷文章,如胡耐秋的《民众图书馆的认识与商榷》《民众图书馆图书分类编目之商榷》《民众图书馆图书选择之商榷》等⑥,深化了对民众图书馆理论问题的研究。

① 金敏甫.中国现代图书概况 [J].国立中山大学图书馆周刊,1928(1):9.

② 徐旭.我国民众圕运动的剖析 [J].教育与民众,1933(910):1745-1756.

③ 范并思等.20 世纪西方与中国的图书馆学 [M].北京:北京图书馆出版社,2004:174-175.

④ 张树华,张久珍.20 世纪以来中国的图书馆事业 [M].北京:北京大学出版社,2008:44-47.

⑤ 范凡.民国时期图书馆学著作出版与学术传承 [M].北京:国家图书馆出版社,2011:91.

⑥ 中国图书馆学会.中国图书馆学学科史 [M].北京:中国科学技术出版社,2014:169-170.

2017 年，吴濌时专著《民国时期基层图书馆研究》，是最接近民众图书馆问题的学术著作。吴濌时认为基层图书馆指省级以下面向公众开放的图书馆，包括清末民初劝学所和教育会中的阅报所、图书所、宣讲所和讲演所附设的图书室，以及民国以来的通俗图书馆、县级图书馆及其分馆、流通图书馆、乡村图书馆、巡回文库、民众教育馆中的图书馆（室）或图书部，以及学校和机关向公众开放的图书馆（室）等。吴濌时指出："民众图书馆"一词只在民国时期省级的法规中出现过，目前所见民国时期国家层面的图书馆政策法规中并没有关于这一提法 [①]。该书从民国时期对基层图书馆的认识、基层图书馆发展概况、基层图书馆的业务与管理、基层图书馆的藏书、基层图书馆政策法规等视角展开了讨论。基层图书馆是新鲜的名词，是相对于国家图书馆而言，是图书馆分层体系中的组成部分，不是民国时期的法定概念，拓宽了图书馆史的研究视域。

此外，刘兹恒、余训培的《"新图书馆运动"的精神实质——对图书馆"民众"概念的回顾和反思》[②]，江山的《民国时期国内民众图书馆的兴起与发展》[③]，福建师范大学路阳的硕士论文《民国时期民众图书馆研究》[④] 等，从不同角度对民众图书馆展开了探讨。

（二）人物研究

徐旭在民众图书馆事业方面所取得的成就有目共睹，也是近年来学界研究的热点人物。吴稌年的《徐旭对民众图书馆建设的贡献》[⑤]、张彤的《谈徐旭对民国图书馆的革新建设》[⑥]、河北大学尚巧爱的硕士论文《徐旭的阅读

① 吴濌时.民国时期基层图书馆研究［M］.北京：国家图书馆出版社，2017：21.

② 刘兹恒，余训培."新图书馆运动"的精神实质——对图书馆"民众"概念的回顾和反思［J］.图书馆，2005（5）：1-4.

③ 江山.民国时期国内民众图书馆的兴起与发展［J］.图书馆，2012（2）：138-140.

④ 路阳.民国时期民众图书馆研究［D］.福建师范大学，2018 年.

⑤ 吴稌年.徐旭对民众图书馆建设的贡献［J］.图书情报工作，2010（7）：143-146.

⑥ 张彤.谈徐旭对民国图书馆的革新建设［J］.兰台世界，2013（19）：84-85.

指导理念与实践研究》①等，或对徐旭的民众图书馆建设实践，或对其服务创新，或对其民众图书馆思想进行了深度剖析。

李小缘的民众图书馆思想也颇受重视。李纲、安璐对李小缘的民众图书馆精神进行了解析，认为民众图书馆精神的核心是指"向广大民众提供无差别的免费服务"②。谢欢指出，李小缘基于对民众图书馆重要性的认识，呼吁当局增加民众图书馆经费，并致力于民众图书馆各项实际工作③。

李靖宇在乡村民众图书馆理论与实践方面做出了不俗成绩。吴稌年的《论李靖宇乡村民众图书馆的理论与实践》④、孙绍俊的《李靖宇图书馆学思想及工作实践综述》⑤等文章，对李靖宇的乡村民众图书馆理论与实践进行了阐述，高度肯定了李靖宇对建设邹平县民众图书馆、创新民众图书馆思想等方面所做的非凡贡献。

李钟履在民众图书馆体制建设方面也有一得之见。邹桂香在《李钟履先生乡村图书馆总支馆模式思想研究》⑥一文中对李钟履提出的以县城为中心的总馆、支馆、经理处、代借处四级服务模式及乡村图书馆国立民享、官民共管、因地制宜、因时而异的经营理念，馆长专业素养与服务精神要求等进行了剖析。

（三）地方民众图书馆研究

关于河南县级公共图书馆的研究。李佳等的《民国时期周口各县公共

① 尚巧爱.徐旭的阅读指导理念与实践研究［D］.河北大学，2019年.

② 李纲，安璐.论民众图书馆精神在互联网上的再现［J］.图书情报工作，2008（1）：69–72.

③ 谢欢.李小缘与新图书馆运动［J］.国家图书馆学刊，2013（4）：90–96.

④ 吴稌年.论李靖宇乡村民众图书馆的理论与实践［J］.图书馆，2012（1）：4–8.

⑤ 孙绍俊.李靖宇图书馆学思想及工作实践综述［J］.图书馆研究，2020（1）：36–42.

⑥ 邹桂香.李钟履先生乡村图书馆总支馆模式思想研究［J］.国家图书馆学刊，2019(3)：84–89.

图书馆的创办与发展》①,牛伟的《郑州所辖县（市）民国时期图书馆的建设与发展》② 等文章,对河南周口各县及郑州所辖县级图书馆群体进行了研究。他们认为,这些县级馆的发端多出于政府行政命令,发展参差不齐,但也有送书下乡等创新活动。

关于广西民众图书馆的研究。麦群忠的《抗战时期的广西图书馆事业》③,廖晓云的《抗战时期广西民众图书馆探析》④,唐咸明的《论新桂系时期广西的公共图书馆事业》⑤ 等一系列文章,通过爬梳史料,撷英采萃,揭示了民众图书馆在抗战烽火岁月中谋求发展的动人篇章。

关于湖南民众图书馆的研究。沈小丁指出,1929—1937 年间,为普及民众教育,湖南省政府制定了一系列有利于图书馆事业发展的政策,由省府出资定购《万有文库》,在全省各县普建民众图书馆。湖南省政府普建民众图书馆的计划及创新举措,有力推动了全省图书馆事业的蓬勃发展 ⑥。

其他省份如吉林、浙江、江苏等省的民众图书馆事业,亦有学者或纵或横,或专或博,从不同角度进行探究。地方民众图书馆是独特的地域文化孕育出来的文化之花,带有浓厚的地方色彩,极大地丰富了中国近代民众图书馆史的内容。

（四）专题研究

关于民众图书馆阅览推广研究。蔡德清等的《民国时期民众图书馆的

① 李佳,勾雅娜.民国时期周口各县公共图书馆的创办与发展［J］.河南科技学院学报,2019（5）:74–79.

② 牛伟.郑州所辖县（市）民国时期图书馆的建设与发展［J］.黄河科技大学学报,2012（9）:125–128.

③ 麦群忠.抗战时期的广西图书馆事业［J］.图书馆界,1995（3）:45–49.

④ 廖晓云.抗战时期广西民众图书馆探析［J］.广西地方志,2010（3）:53–55.

⑤ 唐咸明.论新桂系时期广西的公共图书馆事业［J］.广西师范大学学报,2011（1）:143–146.

⑥ 沈小丁.民国视野下的湖南地方图书馆事业（1912–1949）［J］.图书馆,2009（1）:129–132.

阅览推广及启示》①，张红艳的《民国时期民众图书馆阅读服务研究》② 等文，对民众图书馆摈弃旧式图书馆被动等待的惰性，实施积极主动的服务方略，推行巡回文库、流动书车等活用图书的阅读推广服务做了细致介绍。民众图书馆的阅览推广工作，不仅为底层民众创造了平等的阅读机会，也促进了儿童阅读习惯的养成，对倡导社会阅读之风，功莫大焉。

关于民众图书馆规章建设的研究。江山对民众图书馆相关法规进行了概要分析，指出法规是各项工作的基石，对民众图书馆规章建设的研究，可资当今基层图书馆法规的完善③。

（五）著作研究

沈固朝归纳了《民众图书馆学》所折射出的李小缘先生的民众图书馆思想，即民享，全民共享；民智，是开化民智；民助，即全民参与帮助图书馆建设和管理④。邹桂香等以李钟履的《乡村图书馆经营法之研究》和赵建勋的《乡村巡回文库经营法》两部著作为中心，对民国时期乡村图书馆经营模式进行了深度考察。以县级图书馆为中心的"总馆—支馆—经理处—代借处"的总支馆经营模式和乡村巡回文库服务模式，结合了我国乡村实际，对当今农村公共文化服务体系建设具有一定的借鉴意义⑤。

---

① 蔡德清等.民国时期民众图书馆的阅读推广及启示［J］.老区建设，2016（4）：30-31.

② 张红艳.民国时期民众图书馆阅读服务研究［J］.新闻研究导刊，2017（13）：63，235.

③ 江山.民国时期国内图书馆工作的法规建设述略［J］.高校图书馆工作，2012（3）：24-27.

④ 沈固朝.民众图书馆的现代意义——读李小缘先生的《民众图书馆学》［J］.中国图书馆学报，2008（1）：93-95.

⑤ 邹桂香，高俊宽.民国时期乡村图书馆经营模式的探索与实践——以《乡村图书馆经营法之研究》和《乡村巡回文库经营法》两部著作为中心的考察［J］.国家图书馆学刊，2019（6）：108-112.

此外，吴澍时《民国时期中华图书馆协会与基层图书馆发展研究》①、石嘉等《文华图专季刊与民众图书馆译介》②、衣晓冰《近代图书馆社会教育职能的嬗变》③等文，对民众图书馆都有关涉性介绍。

### 三、民众图书馆的概念

民众图书馆的概念，见仁见智。中国近代关于民众图书馆的概念，粗略统计，约有 20 种以上。代表性的观点主要有：

民众图书馆是教育国民的场所。谢荫昌是我国较早提出民众图书馆概念的学者，称之为"国民图书馆""通俗图书馆"，以教育国民为主要办馆方针，包括某某府厅州县中等图书馆、某某府厅州县某某城镇乡图书馆两种④，突出其教育性。

民众图书馆是一般民众阅读的机关。富济在《民众图书馆的理论与实施》一文中，指明民众图书馆乃供一般民众自由阅览的机关。"民众图书馆是以一般的民众为对象，搜集适于他们的有益的图书，并以最简单的方法，使一般民众得自由阅览的教育机关"⑤。俞家齐看法与富济相似，还特别罗列了创设民众图书馆时必须注意的原则，"须适合一般民众的需要""须适合经济的原则，即以最少的金钱办最多的事业""须明悉社会环境，并适应之""须与民众联络亲近""注重推广事业""须与其他民众教育机关多联络"⑥。这一观点注重为普通民众提供阅读服务。

民众图书馆是民众教育机关。徐旭指出了时人对民众图书馆的误读，

---

① 吴澍时. 民国时期中华图书馆协会与基层图书馆发展研究［J］. 图书馆学研究，2017（14）：12–16.

② 石嘉，张新超. 文华图专季刊与民众图书馆译介［J］. 高校图书馆工作，2019（5）：81–86.

③ 衣晓冰. 近代图书馆社会教育职能的嬗变［J］. 图书馆研究与工作，2016（3）:5–11.

④ 谢荫昌. 图书馆教育绪言［J］. 奉天教育官报，1910（50）：51.

⑤ 富济. 民众图书馆的理论和实施［J］. 大夏，1934（2）：113.

⑥ 俞家齐. 民众图书馆设施法［M］. 中央大学区通俗教育馆推广部，1929：1–2.

进而提出，凡是包含着为大多数民众而设立，而图谋大众福利的图书馆，如"县立图书馆""区立图书馆""乡村图书馆"，以及一切的阅书报处，均可属于"民众图书馆"的范围，与是否冠以"民众"两字，没有必然联系。真正的"民众图书馆"应该是"因人、因地、因时、因事，以图书为出发、为进行、为归宿的教育途径，来实施以图书为中心的民众教育机关"[①]。徐旭的观点强调了民众图书馆全民教育的职能。

民众图书馆是提供通俗读物的图书馆。陈训慈表示，民众图书馆"是指一切通俗性的县市区立或私立图书馆以及民众教育馆的图书部，也可以包括民众俱乐部之图书部及通俗书报处等在内（机关附设图书馆和学校内的图书馆，应用限于内部，私家藏书楼，性质多是不公开的，藏书也较高深，皆不与其列）"[②]。陈训慈对民众图书馆的定义，侧重于从提供通俗读物的角度出发。

综合各种观点，笔者认为，民众图书馆是指以普通民众为主要服务对象，搜集通俗读物，提供免费阅览，以活用图书、普及教育为旨归的图书馆。其类型多样，覆盖面广，如通俗图书馆、某某民众图书馆、各类民众教育馆图书部、县立图书馆、区立图书馆、乡村图书馆、阅报处等，皆属民众图书馆范畴。

民众图书馆和通俗图书馆的关系，既有联系，又有区别。从出现时间上看：通俗图书馆是民国初年的概念，主要行之于1912—1927年间；民众图书馆是南京国民政府时期的概念，主要行之于1927—1949年间。民众图书馆出现后，通俗图书馆的名称逐渐减少。从服务内容上看：民众图书馆和通俗图书馆一致，都是搜集通俗读物，为普通民众提供阅览。本书以民众图书馆为主要研究对象，兼及通俗图书馆。

---

① 徐旭.民众图书馆实际问题［M］.上海：中华书局，1935：5.
② 陈训慈.浙省民众图书馆改进的管见［J］.浙江省图书馆协会会刊，1936（1）:7-15.

## 四、主要内容及基本观点

（一）主要内容

第一，中国近代民众图书馆兴起的背景及原因。20世纪20—30年代，中国兴起了民众图书馆建设的热潮。民众图书馆的蓬勃兴起，与中国近代社会教育思潮的风行，民国时期各级政府的大力提倡及中华图书馆协会等社会团体的积极推动有关。对中国近代民众图书馆兴起原因进行分析，有助于加深对民众图书馆诞生背景，肩负使命，内在特性等问题的认知。

第二，中国近代民众图书馆建设的成效。中国近代民众图书馆建设成效可分为显性成效和隐形成效两方面。显性成效主要表现在民众图书馆事业的繁盛上：一是民众图书馆学理论研究颇有建树。民众图书馆学者不断涌现，民众图书馆学著作迭出；二是民众图书馆实体建设蓬勃开展。在20世纪20—30年代间，我国民众图书馆不仅数量增加迅速，地域分布也日渐广泛。隐形成效则表现在对社会教育事业的推动上，将原本只属于精英人群的阅读权利向更广泛、更底层的草根人群覆盖，将受教育的平等性落到实处。此外，民众图书馆在抗战时期坚持本位救国，积极进行抗战宣传，激发民众抗战热情，在一定程度上提高了民众的国家意识、民族意识。

第三，中国近代民众图书馆业务建设的特点。民众图书馆重视"全民共享、开化民智、民众参与"，在馆址选择、文献资源建设、图书流通、阅读指导等方面都很有特色，并取得良好成效。如在书籍选购方面，偏重搜集与流通浅易富于价值的书籍；在图书流通方面，设立巡回文库、流动书车、图书代借处等，以便利民众利用图书；在阅读指导方面，组织各类读书活动、设置专题参考室、举办演讲会等指导民众阅读。

第四，中国近代民众图书馆的内在特性。民众图书馆是全社会的民众大学，其价值主要在于提高社会文化水准，启发民众智识，发展人民生计，健全国家效能。民众图书馆在性质上有着四个独具一格的特征，即平等性、自由性、通俗性、活动性。这些特征是民众图书馆赖以蓬勃发展、具有旺盛生命力的根源，也是民众图书馆为后人津津乐道和值得当今公共图书馆效仿的地方。

第五，中国近代民众图书馆发展的现代启示。民众图书馆没有时间、性别、年龄、程度、职业、贫富的限制，民众可以机会均等地使用图书馆。民众图书馆馆员克服种种硬件及经费上的困难，怀抱"以我就人"的职业精神，主动为书找人，送书上门的种种便民服务，目的在使"全国民众，无论男女老幼，皆有识字读书之机会"。这种处处以民众为中心的先进理念及服务方法对当今的基层图书馆建设颇有启示。

（二）基本观点

民众图书馆是近代中国社会转型，尤其是教育转型的产物，反之亦推动了近代中国文化教育的发展。二者相辅相成，共同前行。中国近代风起云涌的社会教育思潮促进了民众图书馆的萌芽及发展，与此同时，民众图书馆的兴起也促进了中国近代教育向着公平、公正、公益及下沉的方向发展。民众图书馆是全社会的民众大学，它以"全民共享、开化民智、民众参与"为特点，在提高社会文化，启发民众知识，发展人民生计，健全国家效能等方面发挥着重要作用。民众图书馆自身具有的平等性、自由性、通俗性、活动性，使其在中国近代社会教育中扮演着重要角色。民众图书馆处处以"民众为中心""以我就人"的先进理念及服务方法对当今的公共图书馆建设亦颇具启示和借鉴价值。

## 五、创新与不足

（一）创新之处

第一，学术观点的创新。民众图书馆是近代中国社会转型的产物，同时也推动了近代中国社会的转型；民众图书馆对民国社会阅读风气的倡导，特别是对儿童、农民等社会弱势群体的阅读关怀对教育下沉起到了推进作用；民众图书馆的实验精神和"以我就人"的服务理念值得当今图书馆界，特别是基层公共图书馆学习和借鉴；抗战时期，民众图书馆作为中国图书馆界的有机组成部分，利用其灵活性强、受众面广等优势，以民众图书馆工作为本位，积极宣传抗战，激发民众抗战意识，用深入民间的脚步丈量着图书馆界本位救国的理想。

第二，研究内容的创新。突破单一、片面视角来研究民众图书馆的某个问题，而是系统、整体性地展开研究：一是从民众图书馆萌芽背景，兴起原因，兴盛表现等角度对民众图书馆的外在表现做出探寻和阐述；二是对民众图书馆的内在业务建设展开研究（包括规章制度建设、经费来源、馆舍建设、藏书建设、阅览环境营造、阅览推广工作、馆员队伍建设等内容）；三是对民众图书馆的时代影响做出积极评价。民众图书馆作为中国近代社会教育的推进剂，虽然现在已成为一个历史名词，但它在中国近代教育文化进程中留下了华丽的舞姿。

第三，研究方法的创新。笔者在研究过程中，尝试采用不同的研究方法，将多学科理论交叉糅合应用。结合的学科主要有：图书馆学、历史学、教育学；采用的方法主要有文献研究法、学科交叉法、统计法、比较分析法、描述法、逻辑推理法等等。力求做到史实与现实相结合，理论与实践相呼应，以期得出严谨求实的科学结论。

（二）不足之处

中国近代民众图书馆这一选题，涉及图书馆学、教育学、历史学等学科，若要研究全面透彻，需要有很高的学术素养和多学科知识综合运用的能力，而在这方面笔者还有待提高探究能力及认识水平。同时，中国近代民众图书馆体系庞大，内容广博，拙书以狭隘视角，只言片语，可能挂一漏万，难以展示中国近代民众图书馆全貌。恳请方家批评指正。

# 第一章 民众图书馆概况

　　民众图书馆是为普通民众提供阅览的现代图书馆。时代不同，对民众图书馆赋予的价值期许也有差别：或是肩负教育多数国民的使命，或为实现社会教育的平台，或是实施社会动员的方式，或兼而有之。推动民众图书馆发展的力量，主要有教育主管部门的倡导、中华图书馆协会以及其他社会教育团体的呼吁等等。在社会多种合力作用下，20世纪30年代，我国民众图书馆数量呈迅速增长之势，学术研究亦欣欣向荣。

## 第一节 民众图书馆价值观念的演变

### 一、教育国民的主要方式

　　中国近代民众图书馆的基本价值是普及教育。这一观念在与其他图书馆的价值比较中产生。清末，我国出现了兴建公共图书馆的热潮。湖北图书馆、湖南图书馆等省级图书馆相继设立，但几乎无一例外，这些图书馆均以供士子学者阅读为主旨。如1906年公布的《湖南图书馆暂定章程》第3条规定"本馆以保存国粹，输入文明，开通智识，使藏书不多及旅居未曾携带书籍者，得资博览，学校教员学生得所考证为主义"[1]。1910年，学部公布了《图书馆通行章程》，其第1条为"图书馆之设，所以保存国粹，造就

---

① 湘抚咨送奏设图书馆暂定章程［J］.学部官报，1906（12）：71.

通才，以备硕学专家研究学艺，学生士人检阅考证之用；以广征博采，供人浏览为宗旨"①。在学部的提倡下，云南等省创设图书馆时，均强调保存国粹，满足士子学者的阅读需要。

在以满足士子学者阅读为主旨的图书馆建设思潮中，奉天提学司图书科副科长谢荫昌对此办馆观念表达了异议，提出图书馆教育，分为培养学者和教育国民两种。培养学者的图书馆，以各国参考图书馆为模仿对象，包括帝国图书馆和某某省高等图书馆两种。教育国民的图书馆，以"各国国民图书馆、通俗图书馆之性能范围定之"，包括某某府厅州县中等图书馆、某某府厅州县某某城镇乡图书馆两种。教育国民的图书馆，其预期效果有"可使图书馆教育继续学校教育，不致离校后之学生，即消灭学校之所学于脑影""可使图书馆教育补助学校教育。凡已逾学龄之成人，皆可由是而获普通专门之知识""吾国国民执业后，其精力半耗于烟酒赌博。若于图书馆内遍设各种优美之娱乐机关，既足培养国民之知识道德，尤可于社会风气上获其维持之益"等。他强调，"其最要关键，在使全国人士知图书馆之性能不属于学者教育，而属于国民教育。学部所以对于全国办学人员之考成，亦不在考其省立一、二图书馆之如何美备，当考其全省府厅州县城镇乡图书馆之如何普及"②。谢荫昌更为注重通过图书馆教育多数国民，而不只是培养少数学者。

谢荫昌主张设立国民图书馆或通俗图书馆，其思想来源主要有二：一是日本学者的经验。日本政府在二十世纪初极为重视通俗图书馆的建设，户野周二郎服务于东京通俗图书馆，有丰富的通俗图书馆管理经验，撰写了《图书馆教育》一书。1910 年，谢荫昌将该书译为汉文，供国人参考；二是美国学者的观点。美国通俗图书馆成就卓著，远超德、英等国。美国图书馆学者达那提出，图书馆为教育者职分内的任务，师范学校内应讲授图书馆学。谢荫昌的观点，是在日美学者观点基础上形成的。

---

① 图书馆通行章程［J］.政治官报，1910（813）：6.
② 谢荫昌.图书馆教育绪言［J］.奉天教育官报，1910（50）：51.

不仅如此，谢荫昌还表示："拟书（《图书馆教育》的翻译——作者注）成后呈之学部，吁请于宣统三年春，速颁府厅州县城镇乡中初等图书馆章程，并声明前颁馆章，属于参考图书馆之范围，为京师及各省市立高等图书馆所适用。属于中初等教育地点之图书馆，皆当遵另颁之新章办理。如是则图书馆教育之著手易，普及亦易，而译者对于其衾影负疚之职务，亦藉以寡过。"①1910年，《四川教育官报》第7、8、9期连载了户野周二郎的译著《图书馆教育》。通俗图书馆的观念逐步传播开来。

中华民国建立后，通俗图书馆思想得到了进一步传播。1912年，首任教育总长蔡元培深感教育的责任，不仅在教育青少年，还应兼顾多数年长失学的成人，提出"必有极广之社会教育，而后无人不可以受教育，乃可谓教育普及"②。为普及社会教育，教育部设立了社会教育司，负责社会教育事务。蔡元培的主张得到众多响应。当时有人认为，"今日教育之大纲凡三，曰社会教育，曰家庭教育，曰学校教育。而通俗教育之名词，实兼有社会教育、家庭教育之意义。通俗教育与学校教育之应并重"③。通俗教育的实施机构，包括通俗图书馆。在教育部的提倡下，我国通俗教育逐渐发展起来。

民国初年，通俗图书馆的观念，承袭清末，往往在与图书馆观念的比较中进行阐发。1915年，陆规亮提出，图书馆分为两种：一为学者图书馆，专以研究学问为目的；二则为通俗图书馆，"有特殊之目的，予一般人民之便益、开通社会智识者也。……主张藏娱乐之图书，供人阅览及借贷者也"④。他表示："通俗图书馆与社会有密切之关系。通俗图书馆之发达与否，与人民智识之有无、国家势力之强弱有绝大之影响"⑤，强调发挥通俗图书馆的普及教育价值。

---

① 谢荫昌.图书馆教育绪言［J］.奉天教育官报，1910（50）：53.

② 蔡元培.蔡孑民先生言行录（上）［M］.北京：北京大学新潮社，1920：24.

③ 伍达.通俗教育责任论［J］.通俗教育研究录，1912（4）：3.

④ 陆规亮.通俗图书馆［J］.教育公报，1915（4）：1.

⑤ 陆规亮.通俗图书馆［J］.教育公报，1915（4）：8.

通俗图书馆在普及教育方面的价值，开始受到重视。1923年，龚楚书表示，现在的教育，是贵族的教育，是有产阶级的教育。真正的平民，哪里能够有享受教育的幸福？作者提出，社会是人们总和的社会，并不是几个站在特殊阶级里的社会。所以在社会里要显出一种教育的效能，当然须在组成总和的人们里，平等地施以教育，使平民有一个同受教育的机会。而要达到这种效能，最经济、最简便、最永久、最普遍的方式，"却要推通俗图书馆"①。

龚楚书认为，补充平民教育，往往用夜校、短期学校、补习学校、演讲、影片等，这些固然都是很好的方法，可是一定有一部分人，因为某种关系，虽心里很愿意接受，而事实上办不到的。因为受教育的机会，多偏于少年时代，中年或老年的人，受着生活上的拘束，或是别种原因，不得享受这种幸福。况且人类一生，既在继续不断的生活历程中，环境当然也应常在继续不断的变更，而知能当然也应常是继续不断的生长。体质的生长，有一定的限度，而知能的生长——教育的生长——实与时间俱进，永久没有美满的一点。那么，人们能够终其一生在学校里，找他适应环境的知能么？不能。所以他提出，学校"并非传授某种知能之地，不过使学生能自行研究的养成所罢了。无论夜校、短期学校等等，都是如此。而通俗图书馆，却是担保人类知能永久适应环境的保险公司"。龚楚书提出通俗图书馆的效能有"补充没有受过最小限度的教育的平民的知能""继续研究知识，使能适应环境的需要""提高平民道德"等②。

清末民初，我国的通俗图书馆观念，重点体现在"通俗"两个字上，即图书通俗易懂，显示了该类图书馆馆藏的基本特征，及为平民提供阅读服务的价值取向。与图书馆为硕学通儒、学校图书馆为师生群体服务相比

① 龚楚书.一个关于平民教育的重要问题——创办通俗图书馆［J］.青年进步，1923（64）：17-18.

② 龚楚书.一个关于平民教育的重要问题——创办通俗图书馆［J］.青年进步，1923（64）：19.

较，通俗图书馆其主要目标是服务普通民众，教育多数国民，提高国民素质，实现教育机会的均等。这是我国图书馆建设思想的一大变化，代表了我国公共图书馆发展的基本方向。

## 二、社会教育的中心平台

1927 年南京国民政府成立，实行一党独裁，党国体制确立。为了实现国民党训政时期的治理目标，南京国民政府高度重视教育的发展。社会教育作为提高民众素质的重要形式，成为国民政府大力发展的对象。民众图书馆在社会教育中肩负教育民众的重任，换言之，民众图书馆对实现训政时期目标具有重要辅助价值。在这种特定的党治历史背景下，我国民众图书馆建设思潮沛然而兴。这股思潮，一方面吸收了通俗图书馆普及教育的核心价值，另一方面也结合了国民党的政治思想和方针，强调民众图书馆在社会教育中的价值发挥。

按照国民党的设想，国民革命分为军政、训政、宪政三个阶段。训政时期任务之一为提高国民素质，以适应宪政的要求。为了提高民众素质，国民政府大力推行社会教育，而民众图书馆是实施社会教育的平台之一。"民众图书馆"这一名词遂替代了"通俗图书馆"，成为图书馆发展的新思维。"民众"代替"通俗"，不只是词汇的简单更换，而是办馆理念的深刻转变，即图书馆的办馆重点，从书籍搜藏变成了读者服务，从书籍保存机关一跃而为社会教育的中心平台。1931 年 3 月 3 日，教育部在《关于全国社会教育设施概况报告》中指出："图书馆大约分为通俗图书馆、普通图书馆、专门图书馆三种。这种机关对于社会教育的功效非常大。东西各国对于图书馆事业都十分重视，他们的进步一日千里，令人惊异。国人近来对于此项事业多感兴味，故亦有长足的进步。"[①]教育部在这份报告中提及的通俗图书馆实即民众图书馆，只不过民众图书馆更加强调服务对象的普及性，特别对

---

① 中国第二历史档案馆.中华民国史档案资料汇编(第五辑.第一编.教育2)[M].南京：江苏古籍出版社，1994：719.

因生活困难没有机会求学的成人，有着弥足珍贵的教育补偿作用。"（民众图书馆）为着他们的生活、业务以及整个社会的福利，都须利用他们的闲暇，供给他们一点读书的机会，介绍他们种种知识，以增进其生活技能和对社会服务之效率。同时图书馆更可提高民众的兴趣，使有高尚之嗜好，而不至为不正当娱乐所引诱"①。民众图书馆这种有教无类的功用，使其成为民国时期社会教育的中心平台。

1929 年 1 月，中华图书馆协会第一次年会通过了"励行设立图书馆案"。该案提出："公共图书馆与民众图书馆，在训政时期中，为民众教育之利器，辅助政府以训练民众，宣传三民主义之精神，养成健全之知识，此宜励行扩充者也。"② 年会结束后，中华图书馆协会呈文教育部，希望能够采纳中华图书馆协会通过的议决案。教育部随即将呈文转发各省教育厅，要求采择施行。地方政府亦做出积极响应，如河南教育厅训令各平民图书馆改馆名为"民众图书馆"，并将馆内所有书籍等项情形具报。"凡平民教育机关，'平民'字样，一律改为'民众'，本市各平民图书馆，自应遵照更改，以昭划一，按照前定名称，该馆应改为河南省垣 X 区第 X 民众图书馆，应即速制馆牌，妥悬门首。各该馆馆室间数，椅凳若干，书籍图表书目名称及每日开馆时间，并应开具详单呈厅备查，除分行外，合亟令仰该馆查照上开各节，限文到一来复内，遵办具报以凭查考，切切此令（厅长张鸿烈）"③。中华图书馆协会对"民众图书馆乃民众教育之利器"的阐发宣传，教育部的转发支持及地方职能部门的高度重视，都可从一定程度上看成是政府对民众图书馆作为社会教育中心平台作用的价值肯定。

学界也大声疾呼加强民众图书馆的建设。徐芳田认为，以现状论，原有的教育都无法维持，哪有余力实现教育机会均等呢？标语和口号，不能

---

① 俞庆棠.民众教育［M］.上海：正中书局，1935：143.

② 令发中华图书馆协会拟具条陈饬遵照办理［J］.安徽教育行政周刊，1930（31）：7.

③ 张鸿烈.河南教育厅训令（第 389 号）：令各平民图书馆改馆名为"民众图书馆"并将馆内所有书籍等项情形具报［J］.河南教育，1929（17）：17.

发生绝大效力。他提出，要想实现教育机会均等、教育普及，"只有广设图书馆一途，是最可采取。因为学校是有限制的教育，图书馆是无限制的教育；学校是被动的教育，图书馆是自动的教育。虽然普通一般人，每视图书馆教育即为补助的学校教育，实则其重要与宜普及，犹应驾而上之。况且主义之宣传，为革命时代最重要的一件事。而这件事的进行，更非利用图书馆不为功"[①]。他认为，图书馆可以实现很多效能，其中之一为"能养成优美德性坚定意志"。徐芳田表示，一个人闲暇无事时，常常跑到有害无益的娱乐场所，最无聊，最危险。假设社会上有许多优美完备的图书馆，一般民众在工余假日，会跑进去看看书报，那么至少有些好处。增加新知不必说，即就修养方面讲，欣赏优美文学，可以养成闲情逸致，娱乐精神而变化气质。读革命主义书籍，可以唤醒革命意识，树立革命人生观。看了古人遗著或今人名作，可以振奋精神，坚定意志。差不多凡陶冶心情，涵养德性诸优美，图书馆中莫不可以求得。徐芳田指出，我国近年以来，人们普通生活，大都在茶寮酒肆，或秦楼楚馆中，互相征逐，或者以赌嫖抽烟为唯一消遣。"如此社风，使久延长，非第人民知识道德，日渐不堪闻问，即以身体一端而论，亦岂有不日衰羸耶？"[②]解决问题的办法之一就是创设民众图书馆。

徐旭对民众图书馆保持更为乐观的态度，他表示："民众圈教育，为近代教育上一种新兴的势力，同时也是实现新教育理想的先声。它那种无时间性和无阶级性的限制，以及它那种经济化科学化的方法，可以顾及各个不同的需要，而分别供应之。这大众化的教育，足以陶冶民众德性，提高民众智识，增进民众技能，锻炼民众体魄，使民众群策群力，一心一德，去树立良好的社会，金汤的国家，其与中华民国教育宗旨，要充实人民生活，扶植社会生存，发展国家生计，延续民族生命，是十分契合的，因此它不单是开民众教育的曙光，为民众的救星，也是改造社会建设新国家的基本

---

① 徐芳田.图书馆在民众教育上之价值［J］.民众教育月刊，1929（12）：7.

② 徐芳田.图书馆在民众教育上之价值［J］.民众教育月刊，1929（12）：9.

工作，更是促进世界大同的康庄大道"①，对民众图书馆的价值充满期待。

不仅如此，徐旭认为民众图书馆在培养健全公民方面也是大有可为。他表示，如果能将一个图书馆布置优雅、设施得宜、收藏宏富、指导有方，然后再用种种方法，吸引民众阅读，并且时以古今中外的科学家、学问家，有高尚道德的圣贤先哲，有盖世功勋的英雄伟人的嘉言懿行，告诉他们，介绍他们，勉励他们，于无形中，使民众生敬仰之心，发效尤之念。久而久之，民众的性情行为，自会改善；民众的心智意识，自会高尚；民众的知识程度，自会增进；民众的技术能力，自会提高；民众的爱国思想，自会激起；个人与他人的关系，自会明了；个人于国家的责任，自会担负。这为个人建立良好人格，为社会培养健全公民的教育，是应当广为推行的。此外，民众图书馆还可以达到建立良好社会、递进世界文化等目标。这些目标，均与国民党政治思想及民众图书馆社会教育中心平台地位相契合。

这一时期，有许多民众图书馆的设立，也是直接把普及教育与国民党的政治理念结合起来。1928年，无锡创办泾滨民众图书馆，宣称："我国的民众，农工占十分之八九。要领导农工，向光明之路走去，为农工谋解放，确是国民革命中重要的任务。但是要领导他们革命，必先教他们了解自己地位的重要，和灌施新思想，于是党化的民众教育，尤为当今要图。然而民众教育，除于村镇上多多设置民众学校实施党化教育、民众演讲厅宣传党义外，民众图书馆，也是扶助民众教育的重大事业。凡社会事业进行得迟速，民众图书馆有莫大的关系。……我们中国的图书馆，真是寥若星辰（晨星），不过在热闹的城市中有一、二所罢了。况且所藏书籍，大多不适合民众的阅览。"②无锡创办泾滨民众图书馆，目标是提高民众知识、革新民众思想、灌施党化教育、改善民众的生活和娱乐，政治办馆的色彩极为浓厚。

政治办馆的理念散播全国各地，贯穿国民政府各个时期。1940年，广西省公布普设民众图书馆计划，强调民众图书馆设立的目标是"充实各中

---

① 徐旭.民众图书馆教育论略［J］.教育与民众，1931（4）：640–641.

② 泾滨民众图书馆计划书［J］.无锡教育周刊，1928（28）：8.

心学校民众图书设备，并为经济的利用，以加强成人教育""推广文化运动，使普遍深入乡村，造成人人随时随地随事从事学问，以谋国民生活之改进""介绍适合民众之基础读物，灌输公民常识，建立三民主义之共同信仰，以完成国民教育"[①]。在广西省政府的积极推动下，仅用 1 年时间，广西省民众图书馆（分乡镇中心学校图书馆、巡回图书馆、村街国民学校图书馆、中等学校图书馆 4 类）数量高达 5895 所[②]。战时广西的民众图书馆创办速度极为惊人，这与地方政府的主导推动作用密切相关。

## 三、社会动员的一种手段

从 20 世纪 30 年代开始，中华民族危机日益加深。1931 年，日本关东军进攻沈阳东北军北大营，发动九一八事变；1932 年，日本海军陆战队进攻上海，挑起"一·二八"事变；1933 年日本在长城沿线又不断挑衅，酿成了长城事变。在民族危机日益严重的情况下，主张通过民众图书馆进行社会动员的观念广泛传播，推动了民众图书馆事业的深入发展。

1933 年 8 月，中华图书馆协会第二次年会在北平国立清华大学召开。年会的开幕宣言对国家前途忧心忡忡：1929 年 1 月，第一次年会在南京召开，今天第二次年会在北平开幕。这四年期间，"我国家经历无量之天灾与人祸，神州大陆几有沦胥之叹。今日吾华民族对于国家前途，己身存亡，其所负荷，实千百倍于前贤，艰于他国！吾辈执掌近代知识之宝库，典守先民之遗藏者，丁兹时会，尤应以知识之明灯，出有众于幽暗"，宣言指出："我国以农业立国，国家之根本在于农村，然而近数年来，农村濒于破产，三万万以上之国民，几乎为国家所遗忘。举国之聪明才力，率萃于城市。郊遂之外，便同异域。此诚可为痛心忧目者也。今后救国方策，自以开辟此一片荒土，拯救大多数国民之蒙昧与困苦为先务。关于困苦之解除，负责者另有其人，可不烦赘。至于蒙昧之启发，则民众图书馆之责也。此种事业之倡导，吾辈图书

---

① 庞敦志.第一期普设民众图书馆工作总报告［J］.国民教育指导月刊，1942（6）：49.

② 庞敦志.第一期普设民众图书馆工作总报告［J］.国民教育指导月刊，1942（6）：53.

馆界同仁，固应当仁不让，振袂奋起，以为今后努力之依归焉。"①中华图书馆协会号召全国图书馆界，重视民众图书馆，特别是乡村民众图书馆的建设，进行社会动员，保家卫国。

"通过民众图书馆进行社会动员"这一观念为众多学者所认可。1936年，陈训慈指出："现代图书馆是一切教育的重心，其重要已经日益为社会所认识。而语其效力之普及，则自以通俗的公共图书馆（或称民众图书馆）为最。因为附设于机关或学校的，其效用限于局部，而搜藏专门高深图籍之专门的或学术图书馆，亦只供各科专门或少数学者的需要。民众图书馆则以全社会的民众为对象，适应各方面的需要，充其效能，足以辅助各级教育与各种事业的进展。"②

同时，陈训慈表示："今日中国民族地位之艰危，稍有知识者都共喻。今后欲提高民族的力量，以谋民族自救，自当以增进民众智识为首要之图。过去日本的自强，德国的复兴，以及苏联国际地位之增进，皆以提高民智为先务，足为良好的例证。今后我国欲谋普及教育以提高民力，固当肃清文盲，力促义务教育的实现。而于已识字及受初步教育者，尤当谋读书运动之普及，延长他们受教育的时间，增进其自动求智进业的能力。这样的读书运动，于打定其基本能力，引起其动机以后，尤必与以读者的环境，那就全靠各县区的民众图书馆之行使其职责。普及教育与读书运动既为今日中国自救基本的要图，则民众图书馆关系民族前途的重大，也就可知了。"③

陈训慈认为："中国社会进步濡滞和一切事业落后之一重要原因，在乎智识应用之不普及，不灵活，以及智识与社会组织的分离。学问智识本应是社会一切事业的基础，而在现在中国，几乎只成为限于学校门墙内讲论的空谈。此种'习非称是'的观念与现象，是必须打破的。而将欲转移此

---

① 中华图书馆协会执行委员会.中华图书馆协会第二次年会报告［R］.北平：中华图书馆协会事务所，1933：2.

② 陈训慈.民众图书馆改进之管见［J］.浙江省图书馆协会会刊，1936（1）：7.

③ 陈训慈.民众图书馆改进之管见［J］.浙江省图书馆协会会刊，1936（1）：7-8.

种不良现状，根本上需要很便利地供给各界以有用的新旧图籍。学校教育
只是指示一种求智的途径，引起一个短期的读书习惯。真正的整个社会的
实际教育，是有赖于民众图书馆负担起来。所以民众图书馆固要谋普通图
书之充实，尤应造成一健全的机构，俾能引起民众读书的兴趣，供给他们
读书的便利，给与必要的读书指导。这样，才能打破读书限于学校范围以
内的旧状，适应整个社会的需要，普及增进智能的机会，而使图书馆成为
民族复兴的一种主要的力量"[1]。

　　厦门图书馆馆长余少文也有类似想法。他表示，国难当头，要想实现
救亡图存，"开通一般民智，保存民族精神，可算是一件最重要的事业。凡
属国民一份子，都不能置诸脑后的。窃以现代图书馆的事业，一方面是采
购新书报纸，以开通一般民智，一方面是搜罗旧闻散佚，俾保存民族精神，
实为今日救亡图存之最重要工作。"他提出了普及地方图书馆的 5 条办法，
其中最重要的是，"若本地方人士，能明了地方图书馆之有无，不但关系一
地方之文野，且关系民族之存亡，均起而宣传提倡。各地方的人士，亦各
先后继起，积极进行图书馆的工作，则欲普及各地方的图书馆，何难计日
而待？"[2]

　　综观中国近代民众图书馆思潮的发展，从 1910 年提出的教育国民论，
到国民政府成立时的社会教育中心论，再到 20 世纪 30 年代的社会动员论，
一波接着一波，一浪高似一浪。不过，这种思潮的演变不是后者替代前者，
而是后者叠加前者。换言之，民众图书馆教育及民的基本价值没有变化，而
是随着时代变化被赋予了更多的社会期许和时代价值。1944 年,杜定友表示：
"社会教育以全民为对象，是一种辅助学校不足的教育事业。其涵义原著重
于成人教育方面。然因我国文盲遍野,社会教育,更兼识字教育、义务教育等,
故范围更大，需要更急。社会教育没有时间和空间的限制，其施教方式也

---

[1]　陈训慈.民众图书馆改进之管见［J］.浙江省图书馆协会会刊，1936（1）：7-8.

[2]　余少文.在这各地方教育经费窘迫的现状要用声明方法来普及各地方的图书馆［J］.
厦门图书馆声，1935（5/6）：2-3.

不如学校教育只是设校授课。它有更多方面的教学方法和各种业务。图书馆是社会事业之一,对于社会教育尤有密切关系"①。杜定友这里所说的"图书馆",就是民众图书馆。在基本价值不变的情况下,随着时代的变化,民众图书馆被赋予了更多的时代意义,社会地位也愈显重要。

## 第二节　民众图书馆的发展动力

### 一、有识之士的奔走呼吁

我国民众图书馆的创设建议,开始于清末。鸦片战争以后,我国在对外战争中不断败北,全国上下,无以自解。1895 年,严复运用进化论的观点,提出实现我国富强的方案:"及今而图自强,非标本治并焉,固不可也。不为其标,则无以救目前之溃败;不为其本,则虽治其标,而不久亦将自废。标者何?收大权,练军实……至于其本,则亦于民智、民力、民德三者加之意而已。果使民智日开,民力日奋,民德日和,则上虽不治其标,而标将自立。……然则三者,又以民智为最急也。"② 在严复先进思想的影响下,维新人士逐渐重视开启民智。1903 年,梁启超撰写的《新民说》发表,影响一时,与严复的思想一脉相承。更有时人大声疾呼:"民质而优,则其国必昌……民质而劣,则其国必亡,居今日而谋保国昌种之策,非注重新民,改良社会,荡涤其昏弊之性习,养成其完备之资格,恐无以苏已死之国魂,而争存于世界。"③ 皮锡瑞也激言:"保种必先开智,开智方能自强。"④ 在开启民智、教育及民的社会教育思潮下,"飨遗学者,增益人才"的图书馆观念

① 杜定友.社会教育与民众图书馆 [J].社会教育辅导,1944(3):16.

② 严复.原强 [N].字林沪报,1895-04-13(1).

③ 无名氏.论社会改革 [J].东方杂志,1906(8):167.

④ 南学会会长皮锡瑞讲演 [C]//湘报类纂(乙篇下).上海:中华编译印书馆,1902:13.

亦随之发生了变化。以面向大众，传播新知，开启民智为主要内容的图书馆观念露迹显形。1899 年梁启超主办的《清议报》就译载了一篇有关图书馆可开化社会的长文——《论图书馆为开进文化一大机关》，该文罗列了图书馆的八大益处，认为图书馆事业应"与学校教育并立而不悖"①，明确把图书馆视为一种社会教育设施。

开启民智、教育及民的社会教育思潮在民国时期得到进一步发展。叶冠千指出："知识为人类进化之要素，教育为知识启迪之根据；故国家之强弱，民族之生存，实赖于此。我国教育落后，无可讳言；据最近调查，国民未受教育者，占百分之八十；可知建国于此等不健全分子之上，政治何由而不紊乱，民生何由而不凋敝，国家何由而不衰弱，民族地位何由而不低下"②，有识之士的疾呼揭示了当时中国落后的根源及困境的破解之道——唯有普及教育，启迪民智，中国才能逐渐强盛。向民众传播新知，唤醒民族精神，弥补学校教育不足的社会教育，在强烈的时代呼声中被推向了历史的舞台。

今天，当我们回眸晏阳初呼吁的"平民教育的急需"，或是陈独秀提出的"惟民主义"教育方针，及李大钊、邓中夏等人提出的教育应本着"庶民"的方向时，都不难发现彼时先进知识分子已经下沉到一般民众中，开始把教育的对象锁定为底层民众，并亲身参与到由传统精英教育向平民教育的教育改革实践中。"中国现在不是没有人才，是民众的'脑矿'未开。有许多'豪杰''智士''哲人'和其他有用的人，都埋没在不识字的人脑中了。平民教育是开'脑矿'最简单最适用的工具，使大多数人民均有受教育的机会；然后从多数人中即可产生人才"③。文字是传播知识的工具，也是寻求知识的钥匙，所以平民欲成为"整个的人"，第一是要有文字教育，第二是要有生计教育，第三是要有公民教育。至此，无论是开明的传统士绅，还是经受

---

① 论图书馆为开进文化一大机关［N］.清议报，1899-06-10（17）.

② 叶冠千.图书馆与社会教育［J］.上海图书馆协会会报，1930（3/4）：52.

③ 晏阳初，宋恩荣编.晏阳初全集（第1卷）［M］.长沙：湖南教育出版社，1992：128.

欧风美雨洗礼的有识之士，在经受东西文化碰撞、古今思想激荡，种种艰难道路抉择后，终于在救国强国的时代呼唤中，把握住了最为切要的时代律动——大力发展社会教育，让教育惠及于民。

普及于民的教育观念已成为各方共识，但如何让教育惠及普通民众，各界莫衷一是。除了如梁启超、李大钊等部分先进知识分子高瞻远瞩对图书馆作用有深刻认知外，一般人对图书馆的价值还是茫然无知。对此，武进谢荫昌曾于1912年，就民初知识界对图书馆教育作用认知的缺失进行了深刻批评，"吾国言教育者只知有学校教育，罕知有图书馆教育。自前清宣统元年奏定馆章颁布后，学者始稍知图书馆在教育上之价值矣。然亦只知图书馆在教育范围内有教育学者的性质，罕知有教育国民之性能。其效果只能培养一、二学者，无裨于千万国民。其原因皆由吾国士夫对于图书馆之性能澈究之故"①。其实，只要把知识普及到广大民众，即能达到社会教育的目的。印刷物是知识的汇聚形式之一，是中国近代传播知识最为有效的载体。图书馆则是各种出版印刷物的集聚与发散之地，其在传播科学、增进知识、开化思想、开启民智等方面有着独特作用，被视为社会教育的第一大机关，得到倡导社会教育者的高度重视。

近代是我国图书馆事业发展的重要时期。全国大部分地区，尤其是市、县、乡村等广大民众生活的地区，正经历着图书馆从无到有的变化。曾任北京大学图书馆馆长的李大钊认为："现在的图书馆已经不是藏书的地方，而为教育的机关"②"图书馆和教育有密切的关系，和社会教育更有关系"③。杜定友亦指出，自从社会教育发达以来，图书馆在社会上的位置也为之一变，"近代图书馆，非特为社会教育的中心点，而且为一切教育的中心"④。图书是知识教育的基本工具，人们由识字而至继续进修，都依靠图书，"图书读

---

① 谢荫昌.图书馆改组系统办法议［J］.通俗教育研究录，1912（4）：11-15.

② 李希泌等.中国古代藏书与近代图书馆史料［Z］.北京：中华书局，1982：169.

③ 李希泌等.中国古代藏书与近代图书馆史料［Z］.北京：中华书局，1982：171.

④ 杜定友.图书馆与成人教育［M］.北京：中华书局，1933：158.

物无不可利用以教民众,故方法至多,工具至便,施教至易,收效至宏"①。"我国文盲遍野,社会教育更兼识字教育,义务教育等。故范围更大,需要更急。社会教育没有时间和空间的限制,其施教方式也不如学校教育只是设校授课,它有更多方面的教学方法和各种业务。……尤其是社会上各种教育事业,无论学校教育、社会教育、如平民教育、义务教育、职业教育、党义教育、公民教育、休闲教育、健康教育等等,无一不需用图书,即无一不与图书馆互相关系。而且在社会教育机关之中,欲求与图书馆之对于读者无限制、无阶级,而勇于服务的,乃不可得。所以近代图书馆,非特为社会教育的中心点,而且为一切教育的中心"②。

在社会教育事业倡导者对图书馆寄予厚望之时,图书馆自身服务理念及制度设计也经历了顺应时代需求的转变,从空谷幽兰逐步走进民众生活,真正发挥起社会教育的效用。"图书馆维持历代之文化,流传昔贤先圣之遗教,(乃)人类知识之宝库"③。我国昔时,石室兰台,崇文秘阁,史所绝称,不过这些大多是官宦人家的藏书室,而鲜有公诸社会全体者。即便是到了风气渐开的民国初年,各处图书馆大多依然是储藏高深古书,以供文人学士参考,一般民众只能徘徊门外,不能问津。这种重藏轻用、贵族式的图书馆显然与社会教育事业要求不相符合,从而受到有识之士的猛烈抨击。如谢春满批之曰:"中国的图书馆一向只是一所书库,只是一所油墨纸张的堆栈。它没有一些社会的活动,它的实际内容和一所修道院一般,只是那些少数的清闲阶级在里面修身养性,享受一些清福。"④这种图书馆如"贮水池,是一种死物,发生不出效力",对社会教育事业毫无益处。相反,只有那种能"把所搜集的图书循环活用,流动不止"的喷水泉式图书馆,才能适应

---

① 杜定友.图书馆与成人教育［M］.北京:中华书局,1933:158.

② 杜定友.社会教育与民众图书馆［J］.社会教育辅导,1944(3):16.

③ 寒梅.社会教育与民众图书馆［J］.上海图书馆协会会报,1930(3/4):4-5.

④ 谢春满.中国民众图书馆之改造［J］.教育杂志,1935,(7):251.

社会教育的需求 ①。而有着社会教育"活的中心"美称的民众图书馆，就是这种喷水泉式的图书馆。

杜定友提出，现在任何教育的施行，是深深地关联着图书，需要图书馆的供应。他对于民众图书馆在社会教育中的作用予以特别重视，"除了一般学校图书馆及公立图书馆外，对于社会教育有直接贡献的就是民众图书馆。以图书为中心，以辅导式教学为途径。一切以民众为主的，并不限于某一种读者。无论任何人，在任何时间，都可以得到满意的利便和享受。使已受教育或未受教育的人，都一样有进修的机会。至于施教的方法，要注重学习最主要的兴趣问题，布置有适宜于引发兴趣的学习环境，使读者易于接近和养成习惯。跟着给予以种种适宜的指导阅读，——如学级文库，中心陈列，各级识字班，读书会等。至于其他推广工作如举办各处巡回文库，流动文库，书担，书箱和通讯文库等等，也很重要" ②。傅葆琛亦指出："民众图书馆是一个普通社会教育的机关，也是一个社会式民众教育机关。" ③

总之，来自教育界、图书馆界的名家学者都对民众图书馆在社会教育中的作用寄予厚望。这种目的"不在培养一二学者，而在教育千万国民；不在考究精深学理，而在普及国民教育" ④ 的民众图书馆，已然成为了中国近代发展社会教育事业的理想机关，亟应得到大力提倡。以县市图书馆为主体的民众图书馆及其附近的分馆、阅报所、流通图书馆、巡回文库、流动书车，以及举办的读书会、讲演、壁报等社会教育活动，最贴近民众，对于民众教育的意义尤为重要，对于图书馆事业发展的意义也至为关键。民众图书馆的目的，无论是从图书选择，还是辅导民众，便利民众上，都是真正为民众服务，"（一）要选购适应民众需要的一切图书，用最便利的方法供给民众阅读和研究；（二）以教育的精神辅导民众从古今图书上寻求生活上必

① 林宗礼.图书馆的新倾向［J］.中华图书馆协会会报，1933，（3）：2-10.
② 杜定友.社会教育与民众图书馆［J］.社会教育辅导，1944（3）：21-24.
③ 陈侠，傅启群.傅葆琛教育论著选［M］.人民教育出版社，1994：104.
④ 沈祖荣.中国全国图书馆调查表［J］.教育杂志，1918（8）：37.

需的知识；（三）从民众图书馆出发，进而演为民众教育的运动，用种种方法——如巡回图书、演讲、读书会等以普及民众教育"。民众图书馆因其教育的灵活性和便利性，其效果无异于一个活动的学校，"它不备一切学校的机械形式，而用活动不拘的方法普遍地供给民众以必需的知识。中国民众就十分需要这样一种学校，不要费一定的整个的时间，不要缴纳大宗的学费，不限程度，不分等级，什么人都能随时或是随地获得知识"①。应时之需兴起的民众图书馆，自然也会乘时而兴，激荡在中国近代图书馆的舞台之上。

## 二、教育主管部门的提倡

中国自近代以来，社会各界高度重视社会教育事业。如民国教育部就十分重视社会教育，其中包括对通俗图书馆建设的推动。1912 年 1 月，教育部通电各省："惟社会教育，亦为今日急务。"②6 月 6 日，教育部再次通电各省都督府，要求筹办社会教育，称国体变更，"非亟谋社会教育之进行，不能应时势而收效速"③。1912 年 8 月，北京政府公布了《教育部官制》，其第 9 条社会教育司掌理事务第 8 款为"关于通俗图书馆、巡行文库事项"④，负责社会教育事务的管理与提倡。1915 年 6 月，教育部颁行《教育纲要》，将社会教育分为高尚学艺与通俗教育二类。高尚学艺有图书馆、博物馆、美术馆等；通俗教育内容有"如通俗讲演、通俗书报、通俗图书馆、通俗教育研究会等项，均宜提倡推行，以增长群众之德慧"；并表示："社会教育，范围至广。凡学校以外之教育，无不兼包。今以程度为准，别为高尚与通俗二类，应即分别筹划，积极进行，总期于一切国民，咸施陶冶；进其道德，益其知识，浚其美感，以宏教化而作新民。"⑤

---

①　逸民.怎样办民众图书馆［J］.民众园地，1932（2）：10-19.

②　大事记［J］.教育杂志，1912（10）：69.

③　教育部通电各省都督民政长筹划社会教育办法电［J］.政府公报，1912（37）：9.

④　教育部官制［J］.政府公报，1912（95）：5.

⑤　教育纲要（续）［J］.教育杂志，1915（10）：20.

为了促进和规范通俗图书馆的发展，1915年10月23日，教育部颁布了《通俗图书馆规程》，规定"各省治、县治应设通俗图书馆，储集各种通俗图书，供公众之阅览。各自治区得视地方情形设置之。私人或公共团体、公私学校及工场，得设立通俗图书馆"（第1条）"通俗图书馆不征收阅览费"（第7条）"私人以赀财设立或捐助通俗图书馆者，由地方长官依照捐赀兴学褒奖条例，咨陈教育部，核明给奖"（第10条）①。在教育部的大力推动下，通俗图书馆事业蓬蓬勃勃开展起来。

1927年南京国民政府建立后，各省级教育主管部门积极响应国民党训政时期治理政策，异常重视民众图书馆的建设以开启民智，提高民众素质。率先行动的是上海市教育局。1927年10月，该局"依据专家之研究、欧美各国之先例，首宜补充市民知识，已拟在适当地点筹设民众图书馆，并函请上海书业商会转致各书馆书局，将出版图书，概予捐助"②，随后设立多所民众图书馆。1928年3月，《上海特别市市立民众图书馆暂行条例》（计6条）、《上海特别市市立民众图书馆办事通则》（计10条）、《上海特别市市立民众图书馆阅览规约》（计11条）经大学院备案后公布③。

江苏方面也迅速采取措施。1928年3月，江宁县教育局呈文江苏大学，报告数月以来筹备民众图书馆情形，包括筹备人员、经费来源、馆址等，请求江苏大学校长备案④。国立中央大学十分重视民众图书馆的建设，随即批复同意。5月，国立中央大学发布训令，称"筹备民众图书馆，为当今之急务"，要求江苏各县"自十七年度（1928年7月至1929年6月）起，各县应在民众教育经费项内，抽出几成，至少设立民众图书馆一所"⑤。

① 通俗图书馆规程［J］.教育公报，1915（8）：2-3.
② 民众图书馆之筹设［J］.新闻报，1927-10-30（11）.
③ 上海特别市市立民众图书馆暂行条例（附：上海特别市市立民众图书馆办事通则、上海特别市市立民众图书馆阅览规约）［J］.大学院公报，1928（4）：93-96.
④ 呈江苏大学［J］.江宁县教育行政月刊，1928（10）：13.
⑤ 国立中央大学训令院字第六三六号［J］.国立中央大学教育行政周刊，1928（44）:1.

其他省份也都纷纷加入到民众图书馆建设的大潮中。如 1928 年，福建省公布了《福建各县市立民众图书馆阅览办法》14 条、《福建各县市民众图书馆附设巡回文库办法》11 条、《各县民众图书馆暂行规程》12 条。福建省教育厅表示：民众图书馆等，"均为社会教育之要图，于国家文化、民众常识，关系甚巨。现在各省县，多已设立，吾闽独付阙如"，要求各县克期成立①。

1929 年，湖南省公布了《湖南省民众教育实施纲要》10 条，其第 3 条规定民众教育机关应设立者 12 个，第 3 个为民众图书馆②。8 月 30 日，湖南省政府委员会召开第三十四次常委会，会议通过了教育厅长黄士衡提交的"拟设立全省各县民众图书馆，以省款预购《万有文库》作基本图书案"③。湖南省教育厅促进市县设立民众图书馆的系列举措得到教育部的嘉奖。1929 年 12 月，教育部长蒋梦麟表示：湖南省在"民众教育费预算项下，拨款购置图书馆基本图书，分发应用，俾全省各县民众图书馆，得以同时成立，计划有方，殊堪嘉许"④。1930 年，《湖南市县立民众图书馆暂行规程》公布施行⑤。此外，吉林等其他省份也都有推动民众图书馆建设的措施出台。

教育部为规范民众图书馆的图书购置，特拟订改进图书馆行政要点数则，在中华图书馆协会第三次年会即将在青岛召开之际，于 1936 年 6 月 22 日致函中华图书馆协会，请其提交年会商定具体办法。公函内称："鉴于过去各县市立图书馆或民教馆阅览部购置图书，漫无标准，其工作活动，多未规定，深感有厘订图书馆设备及工作标准之必要"⑥。中华图书馆协会执行

---

① 福建教育厅周刊［J］.1928（7）：26.

② 湖南省民众教育实施纲要［J］.湖南教育行政汇刊，1929（1）：201.

③ 湖南省政府委员会第三十四次常会记录［J］.湖南省政府公报（第 18 号），1929（9）：35–40.

④ 教育部嘉奖教厅成立全省民众图书馆［J］.湖南教育，1929（11）：6–7.

⑤ 湖南市县立民众图书馆暂行规程［J］.湖南教育行政汇刊，1930（5）：71–74.

⑥ 中华图书馆协会.教部委本会拟具改进图书馆行政要点［J］.中华图书馆协会会报，1936（1）：18.

委员会接到公函后，即分函各图书馆，对于县市图书馆有经验者，请其详细研讨，在年会之前拟具方案。教育部拟定的改进图书馆行政要点共 7 则，分别为：县立图书馆至少限度应备图书标准、县立民众教育馆阅览部应备图书标准、县立图书馆工作标准、县立图书馆全县巡回图书办法、各县木刻古板保存办法、县立图书馆或民教馆阅览部分类编目标准、省立图书馆辅导及推进全省图书馆教育工作办法[①]。不难发现，南京国民政府积极推动民众图书馆事业的发展。

抗日战争爆发后，国民政府依然十分重视民众图书馆事业的建设。1939 年 5 月，教育部公布了《民众教育馆辅导各地教育办法大纲》[②]，主要内容有"民众教育馆应以辅导各地社会教育为主要任务之一"（第 2 条）、"省立民众教育馆，应负辅导各民众教育施教区内民众教育馆及其他社会教育机关之责"（第 3 条第 1 款）、"县立民众教育馆，应负辅导各该民众教育施教区内民众学校及其他社会教育机关之责"（第 3 条第 2 款）、"市（行政院直辖市及普通市）立民众教育馆，应负辅导各该市区内民众学校及其他社会教育机关之责"（第 3 条第 3 款）等。民众教育馆中图书部也承担相应的辅导职能。

1939 年 7 月，教育部公布了《图书馆工作大纲》[③]，目的是"使各级图书馆于施教时有所依据，并增加工作效能，促进事业普及"（第 2 条）；施教目标是"养成健全公民，提高文化水准，改善人民生活，促进社会发展"（第 3 条）；施教任务是"除办理本馆一切事宜外，应负辅导或协助本区内各社会教育机关及各级学校有关图书馆事项之责"（第 5 条）；施教方法是"应根据民众实际需要，发展地方特性，并联络党政机关、社会团体、学术文化团体及当地民众所信仰之人士，以增进工作效能"（第 6 条）等。

---

① 中华图书馆协会．教部委本会拟具改进图书馆行政要点［J］．中华图书馆协会会报，1936（1）：18．

② 民众教育馆辅导各地教育办法大纲［J］．民教之友，1939（3）：21．

③ 图书馆工作大纲［J］．浙江省政府公报，1940（3196）：28–32．

1941年2月，教育部公布了《普及全国图书教育暂行办法》①，规定"各县市（普通市以下仿此）已设置县市立图书馆者，应即充实设备；其未设置者，应于民国三十年度内一律设立。经费困难之县市，得呈由省市政府依照实际情形，酌予补助"（第3条）、"各乡（镇）应于民国三十年度内设置书报阅览室1所，并应逐渐增设，以期每保有书报阅览室1所"（第4条）、"各级图书馆应尽量于集镇或人口稠密之处设置分馆，或书报阅览室，以便利阅览"（第5条）等。另外，《普及全国图书教育暂行办法》规定，各书报供应分站，应设法搜集"有关三民主义及抗战建国与各种科学之书报杂志，加印分寄各该省境内各县市立图书馆及报数供应支站应用。各书报供应支站，应将分站所寄发之书报杂志悉数分寄各该县市境内各图书馆室及书报阅览室应用"（第8条）等，加强意识形态的宣传工作。此后，《普及全国图书教育暂行办法》不断地完善，发挥普及图书教育的作用。如1944年11月教育部第5699号令规定，《普及全国图书教育暂行办法》第7条修改为"各级图书馆，除遵照图书馆工作实施办法之规定辅导图书教育事业外，并得设置书报供应站，办理各该下级图书馆室及书报阅览室书报供应事宜"。②

1941年，教育部公布了《县（市）立图书馆设置巡回文库办法》③，内容有：县（市）立图书馆应设置巡回文库，巡回本馆施教区内各地，以便民众阅览；县（市）立图书馆应将本施教区内划分为若干区域，各设一巡回文库；各文库巡回区境内，应指定乡镇中心学校、保国民学校或其他公共场所为巡回站，由各学校场所指派相当人员负责；文库巡回区域的划分及巡回站之指定，由县（市）立图书馆呈请主管教育行政机关以命令行之；巡回文库的图书，由县（市）立图书馆斟酌地方实际需用，妥为配备，并每季度更换一次等。各省对此反映也较为积极。如湖南通过了《湖南省各县图书馆民众教育馆

---

① 普及全国图书教育办法［J］.浙江省政府公报，1941（3293/3294合刊）：3-5.

② 普及全国图书教育办法修正第七条条文［J］.教育部公报，1944（11）：9.

③ 县（市）立图书馆设置巡回文库办法［J］.教育通讯，1941（49/50）：5-6.

巡回文库设置指南》①，以配合教育部的设置巡回文库办法。

抗日战争期间，教育部不仅公布了众多有利于民众图书馆发展的法规，也予以经费资助。1943年教育部拟定了补助各省市县民众教育馆图书馆设备费办法，主要内容有：补助上年度办理成效最优者；各省立民众教育馆图书馆各省1—2所，补助费5000—10000元；各省县立民众教育馆图书馆每省补助1—10所，补助费1000—2000元；各省市经呈准立案的私立图书馆共补助5—10所，补助费比照县立图书馆办理；各省市教育厅局应依据视察结果，将上年度实施成效最优之馆工作计划及办理成绩，照表呈部核查并得由部令派视察人员实地视察以为审核根据②。此外，教育部还公布了《各级学校及各机关团体设置图书馆（室）供应民众阅览办法》等规章制度，以促进民众图书馆事业的良性发展。

由上可见，教育主管部门的提倡和支持，是中国近代民众图书馆发展的主要动力之一。

特别是在抗日战争期间，内地众多图书馆被日寇或劫或毁，图书精神食粮付之一炬。教育部以及各级教育主管机构，竭尽所能，克服种种困难，或在前线，或在大后方，积极推动民众图书馆事业的恢复与发展，为缓解文化饥荒，鼓舞士气做出了积极贡献。

### 三、中华图书馆协会的推动

中华图书馆协会成立于1925年，是中国近代影响最大的图书馆专业组织。中华图书馆协会推动民众图书馆事业的发展，主要有两种方式：

一是通过该协会刊物，刊登有关民众图书馆的学术论文，促进学术研究，吸引社会各界关注。中华图书馆协会有两大定期刊物，分别为《中华图书馆协会会报》和《图书馆学季刊》，这两份刊物，经常刊载关于民众图书馆

---

① 湖南省各县图书馆民众教育馆巡回文库设置指南［J］.湖南教育，1942（28）：62–68.
② 三十二年度教育部补助各省市县民众教育馆图书馆设备费办法［J］.教育通讯，1943（19）：16.

的研究论文，就民众图书馆的价值特性及业务建设的新思路新方法等问题进行探讨。大量民众图书馆论文的刊登，对引起图书馆界及教育界对民众图书馆的关注是显而易见的。

《中华图书馆协会会报》刊载的文章主要有朱金青的《办民众图书馆者该怎样鼓励人民乐于来馆阅览》①、陈时的《图书馆的民众要求》②、徐旭的《民众圕图书分类法》③、杜定友的《民众图书馆问题》④、林宗礼的《圕的新倾向》⑤等。《图书馆学季刊》发表的文章有于式玉译的《通俗圕的图书选择法》⑥、李靖宇的《县单位民众图书馆的经营与管理》⑦等。这些文章具有较强的理论意义和实践价值，对民众图书馆的发展具有指导意义。

二是该协会通过年会提出议案，倡导民众图书馆建设。1929年1月，中华图书馆协会第一次年会在南京召开。年会表决通过的关于民众图书馆的提案有多件，如"呈请教育部通令各省市县广设民众图书馆案""呈请政府请将庙宇改设通俗图书馆案""请各公共图书馆充分购置平民常识图书并以相当宣传简便方法俾资普及阅览案""设立乡村图书馆以为乡村社会之中心案"等。

"呈请教育部通令各省市县广设民众图书馆案"由8件提案议决合并通过。这8件提案分别为涂贤提出的"呈请教育部通令各省县注重民众图书馆案"、高峻提出的"每县应设通俗图书馆"、邓克愚提出的"最近训政时期内每县至少应设立通俗图书馆一所案"、林应智提出的"呈请教育部通令

---

① 朱金青.办民众图书馆者该怎样鼓励人民乐于来馆阅览［J］.中华图书馆协会会报，1929（6）：5-7.
② 陈时.图书馆的民众要求［J］.中华图书馆协会会报，1929（1/2）：4.
③ 徐旭.民众圕图书分类法［J］.中华图书馆协会会报，1929（4）：5-9.
④ 杜定友.民众图书馆问题［J］.中华图书馆协会会报，1929（4）：9-11.
⑤ 林宗礼.圕的新倾向［J］.中华图书馆协会会报，1933（3）：2-10.
⑥ 于式玉译.通俗圕的图书选择法.图书馆学季刊［J］，1930（3/4）：363-396.
⑦ 李靖宇.县单位民众图书馆的经营与管理［J］.图书馆学季刊，1937（2）：136-174.

全国各县市镇筹设适用通俗图书馆案"、浙江大学图书馆提出的"请国民政府转咨教育部在各省市乡镇设立公共图书馆以备普及民间教育案"、杨锡类提出的"应设民众（或称通俗）图书馆案"、沈孝祥提出的"扩设民众图书馆案"、李岳提出的"请国民政府通令各省市县创办公立图书馆各区创办民众图书馆案"①。民众图书馆一时成为中华图书馆协会不同会员的聚焦视点。这些提案，其出发点并不相同，有的是为了普及教育，有的是为了实现国民党的主张，有的是为了推广图书馆事业。尽管如此，这些提案在促进民众图书馆建设方面，目标却是出奇的一致。

"呈请政府请将庙宇改设通俗图书馆案"由陈长伟和上海工商储蓄会提出，大会议决合并通过。陈长伟认为，"我国庙院遍处林立，僧尼道姑，饱食终日，除念佛敬香外，毫无所事。其损人利己，阻碍社会进化，实非鲜浅。……僧尼道姑既系国民一份子，急应设法改良其旧恶习惯及不良生活，而变为革命化、社会化、教育化之新人物。不特利己，亦且利人。其惟一之方法，则莫若将各处庙院仍暂保存，设立小图书馆于其内，藉以开通僧尼道姑及一般民众之知识，庶于打破社会迷信之中，仍寓普及图书馆之意"，进而提出"在人烟稠密之庙院设立通俗图书馆"②等办法。与陈长伟的建议有点类似，山西公立图书馆提出"请内政部会同教育部通饬各省市县文庙一律改设图书馆案"。该案提出："各省市县均有文庙，现当训政之始，各地纷纷设立图书馆，而经费有限，极宜设法利用""孔子在我国文化上占相当位置，将文庙改设图书馆最为相宜"③。解决民众图书馆的馆舍问题成为这一类提案的焦点。

更为重要的是，中华图书馆协会第一次年会结束后，将年会议决案呈

---

①　呈请教育部通令各省市县广设民众图书馆案［R］.中华图书馆协会第一次年会报告，1929：122-126.

②　陈长伟.庙院附设小图书馆案［R］.中华图书馆协会第一次年会报告，1929：127.

③　山西公立图书馆.请内政部会同教育部通饬各省市县文庙一律改设图书馆案［R］.中华图书馆协会第一次年会报告，1929：128.

文教育部，希望教育部能够择要施行，切实推动包括民众图书馆在内的图书馆事业的发展。国民政府也积极予以回应①。中华图书馆协会与教育部保持了良好的互动关系。

1933年8月，中华图书馆协会第二次年会在北平清华大学召开。这次年会的中心议题之一就是推动民众图书馆的发展。第二次年会筹备组专门设立了民众教育组，讨论民众教育问题。该组讨论了6件与民众图书馆有关的提案：

"请本会通函全国各圕注重民众教育事业案"。该案由5个提案合并议决通过，分别为余超提出的"呈请教育部通令各圕应一方面注重民众教育案"、铜山县公共图书馆提出的"规定各种圕应办民众教育事业之标准呈请教育当局通令遵行以利民众教育案"、和朔图书馆提出的"各县立圕应推广其效用于四乡并各就环境需要提倡生计教育期收宏效案"、南京市立民众图书馆提出的"应设通俗部及广行流通办法以发展民众教育案"、陈颂提出的"各县市立圕应力谋平民化案"②。

"为推广民众教育拟请本会组织民众教育委员会案"。该案由冯陈祖怡、李文祎、何日章等提出的"为推广民众教育拟请注重民众圕研究组"和张桂田提出的"请本会选聘专家组织圕与成人教育委员会负责研究及推行圕与成人教育之理论及实施方法案"合并而来。冯陈祖怡等认为，民众教育的实施，已成为当务之急，而促其进步者，有赖于图书馆，"但民众圕之创设，其有待于研究之问题正多，如经费之筹集、馆员之任务、图书之选择，皆有异于其他种类之圕也。……三者欲各臻健全，必集思广益，以求事业

---

① 中国第二历史档案馆.中华民国档案史资料汇编·第五辑·第一编·文化（二）[M].南京：江苏古籍出版社 1994：815-817.

② 请本会通函全国各圕注重民众教育事业案.中华图书馆协会执行委员会.中华图书馆协会第二次年会报告[R].北平：中华图书馆协会事务所，1933：33-36.

之进益，互通声气，俾得兴趣之奋勉"①，进而提出组织民众圕研究组，展开研究，互通声气，砥砺前行。

"呈请教育部通令各省市县在乡村区域从速广设民众圕案"。该案由国立暨南大学洪年图书馆提出，经大会修正议决通过。该案认为，"我国之乡村人民，知识最感缺乏，其原因，实为民众教育之不普及。扩充民众教育，应该各处设民众圕，使民众有相当读书阅报之机会。民众圕设立愈多，读书阅报者亦愈众，人民之知识自有进步，所以民众圕须从速广设，补助民众知识之进步"②。

"建议中央通令各省于各宗祠内附设民众圕案"。该案由王希隐提出，经大会修正，议决通过。该案表示，"我国农民最多，每有聚族而居，各族皆有宗祠。祠产贫富不一……有一祠而数十万者，并有祭祀之房屋，及故家大屋之藏书，为创办圕最好资料。诚宜劝导酌设民众圕，就各宗祠状况，或独设或并立，以原有产业，为阖族之学术机关，就当地人才创办圕事业，则事半功倍，发展可期"③。

"县市圕与民众教育馆应并行设立分工合作案"。该案由李绍乾提出的"县市圕与民众教育馆应并行设立以明责任案"、刘凤林提出的"通俗圕宜离开民众教育馆独立案"、李文裪和于震寰提出的"各省市圕不应划入民众教育馆案"三个提案经大会合并修正后，议决通过。李绍乾等认为，"圕与民众教育馆，各有其特色之使命。民众教育馆之有图书阅览，是其事业中之一部份，其效能贵普遍，而不必求深造，与圕之以研究为尚，其造诣可由一知半解，而进为学者专家，两者宗旨迥不同，而各宜尽量谋发展。查

① 为推广民众教育拟请本会组织民众教育委员会案 . 中华图书馆协会第二次年会报告［R］.1933：37-38.

② 呈请教育部通令各省市县在乡村区域从速广设民众圕案 . 中华图书馆协会第二次年会报告［R］.1933：38.

③ 建议中央通令各省于各宗祠内附设民众圕案 . 中华图书馆协会第二次年会报告［R］.1933：39.

近年各省，往往因经费之限制，县市圕常不能与民众教育馆均衡发展，且原有圕之设立，或一并与民众教育馆，形同附属，圕之功能于焉暗淡……今后应由本会昭示国人，纠正此种错误，而得并行设立，平均向上发展"①。

"编制通俗图书目录案"。该案由刘凤林提出，大会议决通过。该案表示，"现在各处通俗圕多已成立。惟该馆究宜采购何类图书，方可适于民众需要，方可适合民众之程度，均须加以切实研究，以期不背于设立之初旨。然综稽各通俗圕，现在所置备之图书，就会员所知者，多系非受过中等教育之人不能阅读，而所购之通俗图书寥寥无几，且亦未能适合民众之需要与程度。以此足见多数服务通俗圕之人员，均缺乏选购通俗图书之研究，且因民众知识浅薄，亦未能征得民众本身适当之意见，以供馆员之参考"。为改变这一状况，他提出聘请专家，"编制一通俗图书目录，分发各通俗圕采用"②。

中华图书馆协会第二次年会关于民众图书馆的提案，极大地鼓舞了人心。有时人乐观表示，"民众藉之可以益智进业，社会依之可以乐受其助。则民众图书馆从此可以光芒万丈，普照人间，前途真是未可限量"③。

1936 年，中华图书馆协会在青岛召开了第三次年会，这是抗日战争全面展开前最后一次年会。在第三次年会报告中，中华图书馆协会对南京国民政府再次发出了支持图书馆事业发展的呼吁，"本年度之末，国军先后克复平津，军事不久可告结束。此后全国底定，训政开始，政府自当努力于建设，而图书馆既为文化事业之根本设施，尤为社会民众教育之利器，端赖政府及社会之提携……同人等益当奋勉，以贡其一得之愚，用副党国右文之殷，而发皇我固有之文化。此则本会全国会员所同企望者也"④。本次年会通过了

---

① 县市圕与民众教育馆应并行设立分工合作案.中华图书馆协会第二次年会报告［R］.1933：40.

② 编制通俗图书目录案.中华图书馆协会第二次年会报告［R］.1933：42.

③《教育与民众》编辑部.中华图书馆协会第二次年会与民众图书馆［J］.教育与民众，1933（1）：181.

④ 中华图书馆协会.中华图书馆协会第三周年报告［R］.中华图书馆协会会报，1928（2）：6.

数件有关民众图书馆的议决案，主要有："县市圕举办推广事业，以期发展城市与乡村民众教育案""由协会函请各省市教育当局令各民众圕于其经费内抽出百分之五专在附近茶园中办理借书处以资推广民众教育案""呈请教育部通令全国各教育机关民众教育馆及圕增设流通圕及巡回书车案""请中央划定专款补助各省特质汽车圕利用公路提高内地民智水平案"①。

这次年会还讨论了教育部交议的 8 个提案，涉及民众图书馆的有"县立民众教育馆阅览部应备图书标准""县立圕全县巡回图书办法"等。

1938 年 11 月底，中华图书馆协会第四次年会在重庆召开。这次年会提出的关于民众图书馆的提案主要有两件：一是"在西南及西北各主要县市成立中小学巡回文库及民众图书馆以提高一般教育水准案"。该案认为："我国县市小学一向因为经费困难，对于图书设备方面甚少注意，影响教育前途甚巨。当此抗战建国期间，后方教育最关重要。为补救目前缺点，而又节省教育经费计，可就西南及西北各主要县市区域成立'中小学巡回文库'"。二是"在西南及西北各主要市成立图书站，教育农民灌输民族意识，发扬抗战情绪案"。其理由为：我国此次抗战，西南与西北所负责任至重且大，不过因为地方民智不开，所以还不能达到全国总动员的目的，亟宜就农村方面成立"农村图书站"，以便提高民智，巩固后方。大会将这两案合并讨论，标题修改为："在西南及西北各主要县市成立中小学巡回文库及民众图书站以提高一般教育水准案。"办法为：（1）由中华图书馆协会函请各教育厅转令各县指定该县负责图书馆办理；（2）由县教育当局自身主持；（3）责成县内各中小学组织委员会共同办理。关于经费，由地方筹措或由主办机关共同筹资办理（如中小学组织委员会办理时），并由省教育厅以经济或书报补助之②。

中华图书馆协会是近代中国最负盛名的图书馆专业协会组织。它通过的关于民众图书馆的议决案，不仅为民众图书馆的发展指明了方向，而且

① 李文裿.写在第三届年会之后［J］.中华图书馆协会会报，1936，12（1）：1-4.
② 本会第四次年会讨论会记录［J］.中华图书馆协会会报，1939（4）：1-11.

通过与教育主管部门的良好沟通，借助行政力量来推动民众图书馆的发展，影响可谓深远。

## 四、社会教育团体的助力

20 世纪以来，我国公民社会发展迅速，各种社会团体如雨后春笋般涌现。这些社会团体利用专业知识，推动各项社会事业进步，其中包括民众图书馆事业。如全国省教育联合会在第九届会议时提出了"请各省教育会提倡小图书馆案""提倡设立公共图书馆与巡回文库案"等；中华基督教教育联合会第一次会议提出的"各图书馆互借办法案"等。在各种社会教育团体力量中，对民众图书馆发展影响较大的社团主要有：

1. 全国教育会议

全国教育会议是我国教育界为解决教育问题、规划教育发展而召开的全国性会议。1912 年中华民国成立后，经常召开全国性的教育会议。然而，在推动民众图书馆事业方面，南京国民政府更为积极。1927 年南京国民政府建立后，经常不定期地召开全国教育会议，剖析教育弊端，解决教育问题，展望教育发展，对民众图书馆事业也是如此。

1928 年南京国民政府召开了第一次全国教育会议，通过了众多提案，关于民众图书馆方面的提案主要有：

"实施民众教育案"。该案由 5 个提案合并议决修改表决通过。其第 4 案为提案预备委员会提交的"请大学院提交国民政府议决以明令颁布分期施行民众教育案"。该案认为，为了达到彻底的国民革命，必须唤起民众，而"唤起民众的根本方法，莫过于民众教育，否则以不识不知的民众，而欲达到彻底的国民革命，于其事理为不可能"。该案提出，唤起民众教育的设施主要有"城乡民众实验学校、民众学校，民众图书馆……图书馆"等[①]。

"改良民众读物案"。该案由梁俊章提出的"拟请大学院组织民众教本编纂委员会赶本年八月前编印完竣以资应用案"、范云六提出的"改良民众

---

① 实施民众教育案［M］. 全国教育会议报告 . 商务印书馆，1928：393-395.

读物案"、王祝晨提出的"拟请学术界全体动员编审民众教育补助课本案"合并讨论修改表决通过。提案者的主要理由有："民众教育为国民革命之基础，故全国各校所用教本，应有统一性""民众读本者，民众教育之利器也，尤宜速编""民族读物，轻而易举，但极其流弊，不可胜数。就其荦荦大端者言之：在思想方面，有反革命的……有过于淫秽的……有涉于迷信的"。经讨论，提出："由大学院调查民众读物，予以审查，分别奖励或取缔。"①该案虽然没有直指民众图书馆，但给正在兴起的民众图书馆建设提供了有益的参考。

此外，由刘国钧提出，审查会和大会通过的"请规定全国图书馆发展步骤大纲案"等也都包含了发展民众图书馆之意。

1930年第二次全国教育会议第4次大会修正通过了"改进社会教育计划"案，其中有很多关于民众图书馆的内容，包括"中央应筹设民众图书馆于首都，开办费约十万元，经常费约每年十万元""教育部应调查各省图书馆实况，设法督促改善，未设者督促逐渐筹设""各省教育厅应调查各市县图书馆实况，设法督促改善，并推广设立分馆，巡回书车、书报流通处及代办所等，未设者督促逐渐筹设""各级学校内图书馆，应令逐渐公开"等等②。

第二次全国教育会议贯彻了国民党的教育主张。1929年3月，国民党第三次全国代表大会通过"确定教育宗旨及其实施方针案"。根据国民党方面的提议，1930年召开第二次全国教育会议，并规定事前由教育部组织教育方案编制委员会，根据国民党政纲及历届代表大会等关于教育的议决案，编制教育发展方案。教育部随后拟定了"改进全国教育方案"，由国民党方面同意后，交大会讨论。换言之，这次会议关于民众图书馆的设想，既是国民党关于教育的议决案，也是教育部的政见，同时得到了教育界的支持。因此，第二次全国教育会议极大地促进了民众图书馆事业的发展。

---

① 改良民众读物案［R］.全国教育会议报告，商务印书馆，1928：597-601.

② 改进社会教育计划［J］.教育部公报，1930（14）：8.

1939 年 3 月，第三次全国教育会议在重庆召开。这次全国教育会议关于图书馆的提案分别为国立中央图书馆筹备处和国立北平图书馆联合提出的《请确定全国图书馆制度以广文教案》《请确定图书馆员教育制度以宏造就案》等。有关民众图书馆的内容没有单独列出。

南京国民政府时期召开的全国教育会议，不管由大学院召集，抑或由教育部主持，都贯彻了国民党关于教育的方针政策，也是大学院或教育部的施政方向。作为最高教育主管部门，它们关于民众图书馆的提案，一般都会付诸施行。这是全国教育会议与其他社会团体推动民众图书馆事业发展明显不同的地方。

2. 全国教育学术团体联合年会

全国教育学术团体联合年会是抗日战争期间成立的全国性教育团体组织，内有中华图书馆协会等 13 个教育科研团体。1938 年 11 月，全国教育学术团体第一届联合年会在重庆召开，会上通过了众多关于图书馆的议决案。关于民众图书馆的议决案主要有两件：

一是"设立难童及难民图书馆阅览室案"。该案提出的理由为：1. 各地难民收容所应借助图书馆力量，对于不识字的人予以识字教育；对于已识字的人予以政治教育及职业教育。2. 无论正在受教育或还没有接受教育的难童，对于书报供给，实有必要。解决办法为：请教育部会同赈济委员会、战时儿童保育会及中华图书馆协会，组织专门机关，统筹办理[①]。

二是"拟请建议中央拨款补助内地各省普设县市乡镇图书馆案"。该案表示：图书馆事业为供给民众增进智识的机会，利用闲散场所，提高文化水准事业。对于抗战建国尤其有密切的关系，但内地各省教育经费困难，此项事业多付阙如，以致民众义教的进行也少助力，实为当前教育的极大缺陷。解决办法为：由年会建议政府及各文化基金机关，拨款补助各省，以能从

---

① 中国教育学术团体联合年会有关图书馆事业议决案汇录［J］. 中华图书馆协会会报，1939（4）：10.

速普设，以固建国基础①。

1939 年 7 月教育部公布的《图书馆工作大纲》、1941 年 2 月公布的《普及全国图书教育暂行办法》等文件，尤其《普及全国图书教育暂行办法》，与战时教育学术团体联合年会的议决案一脉相承。社会团体的合理建议为教育部所接受，并付诸实施。

3. 中华教育改进社

中华教育改进社成立于 1921 年，是 20 世纪 20 年代初我国规模最大的全国性教育团体，对我国图书馆事业的发展影响较大，其中亦包含对民众图书馆事业的推动。中华教育改进社第三次年会提出了"各县宜普设农村图书馆案"，其理由为："通俗图书馆各城市多已设置办理，虽未尽善，然基础已具，不难逐渐改良。至于农村人每忽视，鲜有设置图书馆者。其实风气蔽塞之区，尤需开发。我国农村社会远逊欧西。近亦有提倡农村教育者，图书馆之设，乃当务之急。其理由分述如下：一、已识字之村民得以增长普通知识；二、未识字之村民藉以引起读书观念；三、增加平民继续读书之便利；四、补助学校教育之不足；五、规模简单，易于设置。"② 此外，"请中华教育改进社转请政府及美国政府以美国将要退还庚子赔款三分之一作为扩充中国圕案"等，也都与民众图书馆的发展息息相关。

4. 中国社会教育社

中国社会教育社是中国近代社会教育类的重要团体，所以对民众图书馆事业也极为关注。1933 年，中国社会教育社召开第三届年会。会上，陈涛提出"拟请筹设各省流通图书馆，以普及乡村教育为乡村建设之基础案"。该案表示："流通图书馆为新兴社会教育事业之一种，因其借书手续便利，不受时间地域及经济能力之限制；流通方法又可因时因地制宜；或通信借书，或到馆借书，或整批陈列，或分组巡回，或派人收送，或托人代理，故能

---

① 中国教育学术团体联合年会有关图书馆事业议决案汇录［J］.中华图书馆协会会报，1939（4）：10.

② 各县宜普设农村图书馆案［J］.浙江公立图书馆年报，1922（9）：67—68.

民间得大众之赞助。"该案称，浙江流通图书馆创设于前，已有成效；江苏流通图书馆更继起于后，也渐具规模。其借书人大半为邻镇上小商人、农民、小手工业工人，小学教员、社教机关同人及自由职业者次之，城市知识分子则很少。借书类别除文艺外，兼及农业技术、工业制造、商业经营等，对法律常识以及专门技能书籍，需要更为迫切。借书人都知道此种事业之伟大，起而协助：有捐赠图书者，有捐助现金者，且集合同好，自动组织图书代理处，与省馆取得密切联络，足见乡村民众知识上的饥渴。该案提出："欲建设乡村，首在普及教育，而普及教育，流通图书馆亦为重要设施。江浙两馆，皆为本社社员私人所经营，各省似亦可仿行。"①年会议决通过。确定办法为：呈请教育部令饬各省市教育厅局，设立流通图书馆；由本社社员自动发起筹设，本社理事会应尽力协助其发展，予以精神上经济上之帮助；本社社员及各地社教机关，请尽量供给出版物及著作，捐赠流通图书馆，使成为民众之大书库。

社会团体，尤其教育类、社会教育类或图书馆类社会团体或会议，在推动民众图书馆建设方面发挥了重要作用。如安徽省党务整理委员会宣传部于1931年提议将结余党费项下，在安徽全省各县筹设民众图书馆。经安徽省政府第85次委员谈话会议决，一级图书馆为安庆市等11处，各支开办费670元，月支经常费40元；二级图书馆为大通市等20处，各支开办费600元，月支经常费40元；三级图书馆为宿松县等26处，各支开办费530元，月支经常费40元；四级图书馆为婺源、郎溪、凤台3处②。这样的例子很多，不再一一列举。

民国初年社会教育的地位已极为重要。有人认为："政治、军事、教育、实业，盛衰枢纽，皆惟社会教育是赖"③，提出社会教育实施主体应该是官方与民间"合作进行"，"抑尤有进者，从事社会教育，其道有三：私人行之，

① 中国社会教育社.中国社会教育社第三届年会报［R］.中国社会教育社，1934：49.
② 皖省党部扩大各县图书馆组织［N］.中央日报，1931-03-06（5）.
③ 江涛.社会教育之方法［J］.中华教育界，1912（2）：1.

一也；联合团体，二也；国家提倡，三也。此三者宜并行之，互相补助，收效乃宏"①。可惜这种"合作进行"模式在实践中不尽如人意，民国时期，社会教育大多由私人或社会团体主导，存在着经费支绌、"人亡政息"等各种问题。以私人或民间团体作为推动社会教育主力的探索失败，为之后办理主权让渡政府埋下了伏笔。

## 第三节　民众图书馆的兴起

### 一、学术研究较为繁荣

自 1910 年谢荫昌提出设立国民图书馆或通俗图书馆后，学者关于通俗图书馆的论文论著数量逐渐增加。1912 年，中华民国成立，教育总长蔡元培十分重视社会教育，在教育部内专门设立了社会教育司，负责包括通俗图书馆在内的社会教育事业。在教育部的推动下，关于通俗图书馆的研究日渐兴盛，如 1912 年《巡回书库普及方法议》②、1914 年《通俗图书馆》③、1915年《通俗图书馆》④ 等。

笔者基于李钟履所编《图书馆学论文索引（第一辑，清末至 1949 年 9月）》，统计发现，中国近代学界 50 位学人，共发表了约 100 篇关于民众图书馆（包括公共、通俗、普通等类图书馆和民众教育馆图书室等在内）的主题论文。主要分布在 56 种刊物上（同一篇论文发在不同刊物上时，只计一种刊物），其中刊文数在 2 篇以上的有以下几种刊物：《民众教育月刊》9 篇，《教育与民众》《天津市市立通俗图书馆月刊》各 5 篇，《中华图书馆协会会报》4 篇，《北碚月刊》《图书馆学季刊》《浙江民众教育》各 3 篇，《晨报副

---

① 江涛.社会教育之方法［J］.中华教育界，1912（2）：3.
② 谢荫昌.巡回书库普及方法议［J］.通俗教育研究录，1912（4）：15–17.
③ 通俗图书馆［J］.讲案，1914（3）：1–6.
④ 通俗图书馆［J］.教育公报，1915（4）：1–8.

刊》《民众教育辅导半月刊》《现代民众》《中国出版月刊》《社会教育辅导》《中华图书馆协会第二次年会报告》各 2 篇。

其他刊登了与民众图书馆相关主题论文的期刊报纸有:《安徽省立图书馆季刊》《北平市立第一普通图书馆馆刊》《大夏学报》《大声周刊》《妇女杂志》《更生月刊》《广西民族教育馆》《教育通讯》《教育杂志》《教育建设》《教育辅导》《教育公报》《教育与社会周刊》《量才流通图书馆馆刊》《木斋图书馆馆刊》《民众生活》《民众周报》《民众教育通讯》《民众教育学报》《民众周刊》《青岛交运月刊》《上海市立图书馆馆刊》《山东民众教育月刊》《山东文教》《时事新报》《社教之友》《社会教育月刊》《图书馆半月刊》《图书展望》《文华图书科季刊》《皖北民教》《现代读物》《西京日报》《新民》《之江日报》《政育与训育》《中华教育界》《中国图书馆声》《浙江省立图书馆月刊》《浙江教育行政周刊》《浙江第一学区图书馆协会会刊》《浙江省图书馆协会会刊》《浙江公立图书馆年报》等①。这些期刊报纸,以图书馆类为最多,其次是教育类,再次为民众类,新闻类报纸也会刊发与民众图书馆有关的文章。民众图书馆问题已经成功吸引社会各界关注的目光。

上述 56 种刊物中,实际上只有 16 种是图书馆界的专业刊物,其余都是社会教育或民众教育类刊物。换言之,民众图书馆学研究论文在社会教育或民众教育期刊中占有重要地位,有不少民众教育人员对民众图书馆的相关问题进行了深入思考。这也从一个侧面反映了民众图书馆不仅仅是图书馆事业的革新,更是社会教育事业的创举。

《图书馆学论文索引(清末至 1949 年 9 月)》收录的论文反映了近代中国民众图书馆学研究的概貌,但因种种因素的影响,还有很多遗漏。如:邓崇礼的《民众图书馆教育与民众教育》②《民众图书馆经管办法》③、刘锡铭的

---

① 李钟履.图书馆学论文索引(第一辑)[M].北京:商务印书馆,1959:41-47.

② 邓崇礼.民众图书馆教育与民众教育[J].北平社教,1937(创刊号):27-31.

③ 民众图书馆经管办法[J].民力月刊,1936(6/7/8):365-388.

《民众图书馆与民众教育》①、江阴巷实验民众图书馆的《民众阅读兴趣调查报告》②、魏泽馨的《民众教育与民众图书馆》③、李小缘的《对于通俗图书馆的几个意见》④、张子文的《怎样管理民众图书馆》⑤、朱英的《对于民众图书馆图书分类法之刍议》⑥、蒋希益和袁世忠的《民众图书处图书分类法》⑦、赵光潘的《民众图书馆的新使命》⑧、朱家治的《民众图书馆选择书籍的问题——以切合民众需要为原则》⑨等。1931年,《民众教育》月刊(江苏省立南京民众教育馆编印)第4、5期合刊,专门出了一期"民众图书馆",共29篇,分论著、管理、推广、研究、法规等几个部分,有250多页。加上其他各种来源的论文论著,保守估计,中国近代学人有关民众图书馆的主题论文应不少于200篇。

1937年中日战争全面展开,战火纷飞的岁月已容不下一张安静的书桌,从事科学研究的氛围戛然而止,我国图书馆学论文论著也随之急剧下降。根据相关统计,1937—1945年间,我国发表的图书馆学论文仅510件,远远不能与1928—1937年间的4065件相比肩⑩。这510件中,涉及民众图书馆者,

① 刘锡铭.民众图书馆与民众教育 [J].辅导月刊,1937(2):21–32.

② 江阴巷实验民众图书馆.民众阅读兴趣调查报告[J].无锡图书馆协会会报,1933(3):35–41.

③ 魏泽馨.民众教育与民众图书馆 [J].辅导月刊,1937(2):15–20.

④ 李小缘.对于通俗图书馆的几个意见 [J].民众教育,1928(2):42–43.

⑤ 张子文.怎样管理民众图书馆 [J].辅导月刊,1937(3/4):31–34.

⑥ 朱英.对于民众图书馆图书分类法之刍议 [J].时代教育,1934(3):15–23.

⑦ 蒋希益,袁世忠.民众图书处图书分类法 [J].民众教育,1931(4/5):27–28.

⑧ 赵光涛.民众图书馆的新使命 [J].民众教育,1931(4/5):25–26.

⑨ 朱家治.民众图书馆选择书籍的问题——以切合民众需要为原则 [J].民众教育,1931(4/5):25–26.

⑩ "国立中央图书馆"编印:中华民国图书馆年鉴 [M].台北:"国立中央图书馆",1981:281.

寥寥无几。其中较为重要的,有杜定友的《社会教育与民众图书馆》①、徐植璧的《县镇民众图书馆的实施方法》②、黄企平的《怎样管理民众图书馆》③、王憎蝠的《怎样选择民众图书馆图书?》④等。

此外,中国近代学人还出版了众多关于民众图书馆的论著。如:《民众图书馆特刊》(十六铺外咸爪街民众图书馆 1926 年印);俞家齐的《民众图书馆设施法》(中央大学区立通俗教育馆推广部 1929 年印);《民众图书馆书目》(江苏省立教育学院 1930 年印);吴培元的《民众图书馆设施法》(宜兴县立图书馆 1930 年印);姜和的《民众图书馆规程及簿表》(江苏省立教育学院实验民众图书馆 1931 年印);赵为容的《民众图书馆设施法》(山东省立民众教育馆 1932 年印);徐旭的《民众图书馆图书分类法》(江苏省立教育学院实验民众图书馆 1932 年印);《民众图书馆的行政》(章新民译,文华图书馆学专科学校 1934 年版);徐旭的《民众图书馆实际问题》(中华书局 1935 年版);徐旭的《民众图书馆》(世界书局 1935 年版)和《民众图书馆学》(世界书局 1935 年版);《民众图书馆设施法》(省立南京民众图书馆,印刷时间不详)等。

在图书馆界、教育界等众多学者的努力下,中国近代民众图书馆研究蓬蓬勃勃地开展起来,不仅极大地丰富了我国图书馆学的研究内容,更是直接推动了民众图书馆事业的发展,在我国图书馆事业发展中写下了浓墨重彩的一笔。民众图书馆研究的繁荣也反哺社会,对社会教育、学校教育、儿童教育等产生了积极影响。

## 二、实体数量增加迅速

民众图书馆的前身是通俗图书馆。我国第一所通俗图书馆成立于 1912

① 杜定友.社会教育与民众图书馆 [J].社会教育辅导,1944(3):16-19.
② 徐植璧.县镇民众图书馆的实施方法 [J].社会教育辅导,1944(3):54-57.
③ 黄企平.怎样管理民众图书馆 [J].广西教育通讯,1940(11/12):23-28.
④ 王憎蝠.怎样选择民众图书馆图书 [J].广西教育通讯,1940(9/10):18-20.

年①。中华民国成立后，教育部在北京设立通俗教育调查会，调查北京有关通俗教育等情形。根据该会的调查，京师学务局设宣讲所8处，通俗图书馆1处②③。同年，河南等省也都开始筹设通俗图书馆。

1916年，教育部刊布了全国图书馆统计数据。截至1916年4月，全国图书馆及通俗图书馆计263所，其中通俗图书馆238所，分别为京师通俗图书馆1所，湖北44所，奉天35所，山东23所，河南22所，福建、浙江各21所，湖南14所，山西9所，广东、云南各6所，江苏5所，直隶、安徽、新疆、四川各4所，吉林、黑龙江各3所，甘肃2所，广西、热河各1所④。图书馆仅25所。山西、绥远、甘肃、新疆、察哈尔等省向教育部报称"尚未成立"。江西省教育厅并没有按照教育部的要求呈报该省图书馆状况，也未解释原因，所以数据中没有江西省的信息。

1918年，沈祖荣发表了《中国全国图书馆调查表》。根据《中国全国图书馆调查表》，1918年前，他收到的调查表共33份，即33所图书馆填写了调查表，其中通俗图书馆为4所，分别为北京的通俗图书馆、江苏的松江通俗图书馆、广东的通俗图书馆、云南图书馆设书报室1处（该书报室按通俗办法办理）⑤。1922年，沈祖荣撰写的《中国各省图书馆调查表》发表。根据该表，他收到的数据来自52所图书馆，"其中通俗图书馆10所，分别为北京的京师通俗图书馆、吉林的滨江县立通俗图书馆、河南的高等图书馆附设通俗图书馆、江苏无锡县泰伯市通俗图书馆、江西临川县公立图书

---

① 关于我国第一所通俗图书馆的成立时间，逯铭昕认为1911年创设于山东滕县（见逯铭昕.民国时期山东省地方图书馆考论［J］.国家图书馆学刊,2016（6））因资料缺乏，待考。

② 各地通俗图书馆进行情形［J］.通俗教育研究录,1912（3）:23.

③ 不少学者认为，北京第一所通俗图书馆成立于1913年，如张树华.北京近代图书馆的产生、发展和现状（三）［J］.大学图书馆学报,1990（3）；李林.通俗图书馆［J］.鲁迅研究月刊,1995（5）等.

④ 图书馆.教育公报［J］,1916（10）:1-10.

⑤ 沈祖荣.中国全国图书馆调查表［J］.教育杂志,1918（8）:38-44.

馆兼具通俗图书馆之书籍、江西省立通俗图书馆、湖北省立图书馆内附设通俗阅览室、广东的通俗图书馆、四川合川县立通俗图书馆、云南图书馆系通俗办法"[①]。沈祖荣的调查显示，我国通俗图书馆的数量呈增长趋势。

南京国民政府成立后，民众图书馆发展迅速。根据陈训慈的统计，1929—1932 年间，我国民众图书馆数量的增长情况如表 1-1[②]：

表 1-1：1929—1932 年民众图书馆数量

|  | 1929 年 | 1930 年 | 1931 年 | 1932 年 |
|---|---|---|---|---|
| 民众图书馆 | 1131 | 1273 | 1393 | 1479 |
| 民众教育馆 | 386 | 645 | 900 | 1003 |
| 合计（所） | 1517 | 1918 | 2293 | 2482 |

说明：表 1-1 系根据陈训慈的《二十年来我国之民众图书馆与其展望》一文改编而成。

根据表 1-1，从 1929 年到 1932 年间，我国民众图书馆的数量平均每年增加 200 所以上。陈训慈编制的表格中的数据，也许不一定十分准确，但有一点可以肯定，那就是民众图书馆数量呈逐年增长趋势，且增长速度较快。这一时期，很多民众图书馆或许还很简陋，无法与丹麦等西方国家比较。不过，其发展呈现了可喜的增长趋势，这一点是非常明显、不容置疑的。

20 世纪 30 年代前期是民众图书馆普及的年代。1936 年，陈训慈指出："中华图书馆协会十七年（1928 年）统计全国图书馆仅 642 所，至二十年（1931年）则达 1527 所，其增加者什九为民众图书馆。二十一年度（即 1932 年 7月至 1933 年 6 月）教部之社教统计，民教馆一项较十九年度（即 1930 年 7月至 1931 年 6 月）增加 300 余所，此中大都有了一个图书馆部。民众图书馆之扩充，及其由数处大都市而渐渐普及于内地，即此可见"[③]。这一观点符合民众图书馆的普及发展趋势。

此后，我国民众图书馆数量持续增长。1934 年，《申报年鉴》社与陈训

① 沈祖荣.中国各省图书馆调查表［J］.新教育，1922（1/2）：191-200.
② 陈训慈.二十年来我国之民众图书馆与其展望［J］.教育辅导，1936（8/9）：43.
③ 陈训慈.民国廿四年之我国图书馆事业［J］.文化建设月刊，1936（4）：146.

慈合作，就我国图书馆的数量展开调查。根据《申报年鉴》，1934 年时，我国民众图书馆为 2121 所，较前一年度增加了 311 所；图书馆为 1398 所，较前一年度增加了 120 所。民众图书馆的发展，无论增速或增幅，均有突出表现。

1935 年，《申报年鉴》社与陈训慈再度合作，调查我国图书馆的数量。现将该项调查总结列为表 1-2。

表 1-2：1935 年全国各省市各种图书馆数量统计表 [①]

| 省市别 | 单设图书馆 | 民教馆圕 | 机关附设圕 | 学校圕 | 共计（所） |
| --- | --- | --- | --- | --- | --- |
| 广东 | 167 | 87 | 12 | 357 | 623 |
| 河南 | 159 | 87 | 2 | 194 | 442 |
| 河北 | 178 | 105 | 4 | 152 | 439 |
| 湖南 | 154 | 26 | 1 | 181 | 362 |
| 浙江 | 54 | 125 | 21 | 125 | 325 |
| 山东 | 69 | 108 | 3 | 138 | 318 |
| 辽宁 | 36 | 1 | 2 | 276 | 315 |
| 四川 | 138 | 37 | 2 | 64 | 241 |
| 上海市 | 60 | 4 | 18 | 158 | 240 |
| 广西 | 63 | 57 | 1 | 75 | 196 |
| 福建 | 52 | 28 | 6 | 96 | 182 |
| 山西 | 91 | 7 | 5 | 74 | 177 |
| 安徽 | 38 | 44 | 1 | 80 | 163 |
| 湖北 | 24 | 65 | 5 | 69 | 163 |
| 江西 | 49 | 23 | 15 | 74 | 161 |
| 江苏 | 30 | 76 | 7 | 44 | 157 |
| 北平市 | 8 | 1 | 3 | 84 | 96 |
| 云南 | 4 | 14 | 5 | 68 | 91 |
| 陕西 | 30 | 10 | 1 | 30 | 71 |
| 吉林 | 12 | 10 | 2 | 47 | 71 |

① 陈训慈.中国之图书馆事业［J］.图书馆学季刊，1936（4）：672-673。

续表：

| 省市别 | 单设图书馆 | 民教馆圕 | 机关附设圕 | 学校圕 | 共计（所） |
|---|---|---|---|---|---|
| 甘肃 | 12 | 19 | 4 | 26 | 61 |
| 哈尔滨 | 6 | 23 | 1 | 25 | 55 |
| 南京市 | 4 | 3 | 30 | 15 | 52 |
| 贵州 | 17 | 8 | 1 | 15 | 41 |
| 绥远 | 18 | 6 | 1 | 14 | 39 |
| 黑龙江 | 6 | 3 | 1 | 17 | 27 |
| 热河 | 4 | 5 | 1 | 15 | 25 |
| 青海 | 8 | 5 | 1 | 3 | 17 |
| 东省特区 | 2 | / | 1 | 10 | 13 |
| 青岛市 | 2 | 1 | 1 | 5 | 9 |
| 宁夏 | 2 | 1 | 1 | 3 | 7 |
| 西康 | 3 | / | 1 | 2 | 6 |
| 威海卫 | 1 | 1 | 1 | 3 | 6 |
| 新疆 | 1 | / | 1 | 3 | 5 |
| 总计（所） | 1502 | 990 | 162 | 2542 | 5196 |

说明：本表根据陈训慈编《中国之图书馆事业》一文改编而成。

表 1-2 数据统计了 28 省、6 个直辖市区，西藏及蒙古没有来得及统计。根据表 1-2，民众教育馆图书部（民众图书馆的一种新型表现形式）的数量依然在增长，接近 1000 所。这一数据不包括单设民众图书馆数量。当然，陈训慈的统计数据也存在问题，所以仅具参考价值。如，根据他的调查，1931 年时，民众教育馆图书部的数据为 900 所，1932 年为 1003 所，1933 年也有增加，1935 年反而降为 990 所。对于这一反常下降，他没有给出解释。不管具体数据如何，民众图书馆的发展依然保持普及趋势，这是符合历史本真的。

教育部的图书馆调查统计也表明了民众图书馆的普及趋势。1935 年 1 月，教育部制定了图书馆调查表，通令各省市教育厅局，将各该省市所有各项图书馆状况详细调查报部。1936 年 2 月，教育部公布了截至 1935 年年底全国图书馆统计数据：普通类，358 所；专门类，34 所；学校类，1526 所；民众类，864 所，流通类，37 所；机关类，100 所；私立类，6 所。以上 7 类共 2925 所 [①]。西康、新疆两省因特殊情形，未能及时报部。通过各类图书馆数量的比较，可以看出民众图书馆的数量仅次于学校图书馆，发展速度着实令人瞩目。

1937 年 7 月，教育部根据各省市所填报数据及其他调查材料，再次公布了全国图书馆调查统计的数据：普通类，576 处；专门类，11 处；学校类，1967 处；民众类，1255 处；流通类，37 处；机关类，175 处；私家类，20 处。以上各类图书馆，总计 4041 处 [②]。根据该调查统计，民众图书馆的数量依然仅次于学校图书馆，远远多于其他类型的图书馆。

1937 年中日战争全面展开后，我国图书馆事业遭到沉重打击，图书馆数量锐减，民众图书馆也未能幸免。根据 1948 年出版的《第二次中国教育年鉴》记载，1947 年，我国民众教育馆图书部仅 716 处，单列图书馆为 418 处，学校图书馆为 1492 处，机关社团附属图书馆为 76 处，各类图书馆总数为 2702 处 [③]。民众图书馆的数量依然仅次于学校图书馆，位列第二。

民众图书馆的数量，从 1912 年的 1 所，到 1936 年的 1000 多所，甚至有人统计为 2000 多所，其数量增长极为明显。尽管因为抗日战争，到 1947 年时下降为 700 多所，但不能否认民众图书馆在我国图书馆事业中依然占有较大比重，是中国近代图书馆事业的重要构成部分。

## 三、分布范围日渐广泛

清朝末年，我国著名的藏书家大多分布在沿海一带。如山东聊城杨氏海源阁、常熟瞿氏铁琴铜剑楼、归安陆氏皕宋楼、钱塘丁氏八千卷楼等。民

---

① 最近全国图书馆调查统计［N］.中央日报，1936-02-14（8）.

② 全国图书馆统计［N］.中央日报，1936-07-27（8）.

③ 第二次全国教育年鉴［M］.上海：商务印书馆，1948：1123.

国肇始，社会教育风行，普设图书馆、开化民智渐成社会各界的共识。1927年国民政府奠都南京后，开始实施以"唤起民众，训练民众"为旨归的民众教育，作为民众教育事业之一的民众图书馆更为教育当局所重视。民众图书馆不仅数量大幅增加，影响范围也逐渐从中心城市向边陲乡村辐射。表1-2（1935年全国各省市各种图书馆数量统计表）不仅反映了当时民众图书馆数量的迅猛增长，也可以看出其地域分布状况。到1935年时，民众图书馆已不再局限东南沿海经济文化发达地区，西北、西南、东北等边陲地区也都创设了民众图书馆。虽然有些边陲省份民众图书馆数目不是很多，但至少是让人看到了民众图书馆日渐普及的趋势。

星星之火，可以燎原。随着地方政府对文化教育的重视，尤其全面抗战爆发后，东部地区大量文教机关和文教人员西迁，西部地区的文化教育事业日趋繁荣，有的省份因此而成为新的文化重镇。比如位于西南边陲的广西省，1931年时只有7所民众图书馆，在全国排名较为落后，但这种落后状况自1936年后有所改观。如广西思乐县政府，以本县人民穷苦者很多，每有穷苦子弟高小毕业以后，即无向上求学之机会，故中等以上学校毕业者，为数寥寥，"为救济失学之儿童及成人起见，除令饬每校均增设成人班之外，复将该府所存《万有文库》一部一二集，丛书集成一部，小学生文库一部，及各项杂志新闻纸等，拨还海渊乡中心校负责管理，附设民众图书馆一所，一俟布置妥当，即可举行开幕，供众阅览，各界民众自得此讯后均皆欢欣云"[①]。1940年5月，广西省政府为配合广西国民基础教育运动，尤其是成人教育年的推行，颁布了《广西省普设民众图书馆计划》。该计划强调："本府为谋推广文化运动，使普遍深入乡村起见，决定本年度于本省各乡镇中心校内普设民众图书馆。兹制定广西省普设民众图书馆计划，暨广西各市县中心国民基础学校设置民众图书馆及其管理巡回运用通则，随电送呈，即希查照"，要求广西省在1940年度，"于每中心国民基础学校设置民众图书

---

① 思乐筹设民众图书馆［N］.南宁民国日报，1936-06-30（6）.

馆一所，计全省应设置二千三百零二所"①。

《广西省普设民众图书馆计划》从设立目标、设置计划、图书分配及运用方法、经费来源等方面对广西省普设民众图书馆的宏伟计划进行了详细说明。如，明确了广西省普设民众图书馆有加强成人教育、推广文化深入乡村、灌输公民常识三个目标，"1. 充实各中心国民基础学校民众图书馆设备，并为经济的利用，以加强国民基础学校成人教育。2. 推广文化运动使普遍深入乡村，造成人人随时随事从事学问，以谋国民生活之改进。3. 介绍适合民众之基础读物，灌输公民常识，建立三民主义之共同信仰以完成国民教育"。要完成计划目标，光喊口号肯定不行，必须要有可靠的经费保障，对此，《广西省普设民众图书馆计划》也有合理规划："1. 各中心校民众图书馆之基本图书由省款汇购，分发，所需购置费以每套二十元，估计全省中心校 2302 所，全省乡镇共 2336 处，各发一套共 4638 套。共需国币 92760 元。除扩支中央补助之民众教育经费全数 25000 元外，其余 67760 元由本年度义务教育经费项下扩支。2. 各基础校及其他学校机关、公私团体商店工厂所需购置费，由当地政府劝令筹款购置。"② 随着《广西省普设民众图书馆计划》的推行，广西省的民众图书馆事业发展取得了令人瞩目的成就。该计划在广西省政府的大力推动下，不仅完成了 2302 所的年度计划，到 1941 年 12 月时，各类型民众图书馆合共约 6000 所，远超他省。时人评价："无疑地，这是一件伟大的教育工程。"③ 广西隐然成为全国民众图书馆建设的翘楚。

再如我国内陆省份安徽，对民众图书馆的创设也有系统的规划，在民众图书馆的普及推广中表现突出。该省图书馆原极缺乏，"而省馆则四五年来颇著成效，于是风声所播，芜湖地方当局遂于二十四年三月成立皖南图书馆，而省府旋即拟订《各专员区设立图书馆办法大纲》，规定每区必设图书馆一所，馆址与常费就地筹划，图书则由省款拨购，同时并着省馆担任

①　广西省政府.广西省普设民众图书馆计划［J］.广西省政府公报，1940（795）：3-4.
②　广西省政府.广西省普设民众图书馆计划［J］.广西省政府公报，1940（795）：3-4.
③　庞敦志.第一期普设民众图书馆工作总报告［J］.国民教育指导月刊，1942（6）：49.

馆员之训练，去冬第四区图书馆已在寿县成立，不久可望普设"①。

　　潇湘大地湖南省，在民众图书馆建设方面颇有成就，声誉远播全国。湖南省政府以省款统一购书，发给各县，督促各县从速设立民众图书馆。短短几年间，湖南省的图书馆数目从省城寥寥数所发展到遍布全省各县市。在这过程中，湖南省教育厅厅长黄士衡出力尤多。其中情形可从黄士衡致教育部长蒋梦麟的信函中窥知："属省民众教育素鲜倡导，对于民众图书尤感缺乏。迭奉钧令励行民众教育，并颁布规程及识字运动方案，使一般成年失学之民众均有受教育之机会，意美法良。属厅以为推行民众教育，则民众图书尤为先务，调查属省 77 县市原有图书馆者为数寥寥，且多残缺不备，与民众教育尤属无关。属厅有鉴及此，姑于励行民众教育之余，筹划民众图书馆之设立，特于十八年秋季提出省务会议，划拨巨款购备基本图书发给各县市，以资激励并通令各市县，限于三个月内成立民众图书馆。业于十八年九月呈奉钧部核准备案在卷。兹查属省 77 市县除会同、大庸两县……未能如期筹设民众图书馆外，其余 75 市县均已遵令先后呈报成立，合其他图书馆总计之共得 96 所。属厅又因民众图书馆系属创办，管理乏术，成效卒鲜，特饬属省民众教育委员会拟定各市县立民众图书馆暂行规程，颁发各市县教育局，俾资遵循，藉维民众教育之发展。所有筹设民众图书馆经过情形，理合造具各市县民众图书馆清册及暂行规程各一份，备文呈请钧部察核"②。随函附呈湖南省市县立民众图书馆清册及暂行规程各一份。湖南省教育厅也因督办民众图书馆有方，受到教育部指令嘉奖："该厅就本年度民众教育费预算项下，拨款购置图书馆基本图书，分发应用。俾全省各县民众图书馆，得以同时成立。计划有方，殊堪嘉许"③。

　　中东部、西南地区如火如荼进行民众图书馆建设之时，西北边陲地区

---

①　陈训慈.中国之图书馆事业［J］.图书馆学季刊，1936，10（4）：687.

②　教育厅呈教育部呈报筹设湖南各市县民众图书馆经过情形由［J］.民众教育，1930（4）：2-3.

③　教育部嘉奖教厅成立全省民众图书馆［J］.湖南教育，1929（11）：6。

的民众图书馆事业蓝图也在织就中。如 20 世纪 30 年代初,陕西省连年荒旱,农村破产,各县县政府及教育当局,虽在灾害严重之下,对于各县民众教育,犹能积极推行,不遗余力。从 1926 年至 1933 年,各县先后已成立的图书馆,计共有长安等 40 余县①。位于陕北的鄜县,距省会遥远,群山围绕,交通甚是不便,文化闭塞尤甚。县长杜炳言有鉴于此,在旧有民众公园,设立民众图书馆,又从己身薪俸项下,撙节大洋数百元,前向省垣各大书店购买各种书籍图画,邮寄到县,令教育局陈设,俾众阅览,以期发展社会教育②。1932 年 1 月的《西北文化日报》,在颂扬陕西鄜县县长杜炳言德政时,也再次提到鄜县设立民众图书馆一事,"……注重教育,检师增薪,对于基金力使巩固,各校前途颇放光明,建设公园,设立民众图书馆,陈列各种新书画报,开启民智,增识匪浅,游览者无不称颂歌德"③。虽然《西北文化日报》有对地方长官溢美奉承之嫌,但确实也展现了鄜县设立民众图书馆、开启民智的事实。再如,同在陕西的褒城对于文化教育也是颇为注意,"除令助理员米雪堂,对于现在各级小学巡回视察指导纠正外,其余社会教育方面,已令筹办民众图书馆,及拟具推行平民识字运动方案,更于县政会议通过"④。

甘肃省多地设立民众图书馆的消息也是时见报端。如 1933 年 11 月 15 日,《甘肃民国日报》报道镇原县教育局长对于社会教育特别注意,"今春拟设民众图书馆,俾众浏览,其筹备颇费时日,迨至月前,甫行就绪,并委张元一为馆长,内部设列甚佳,新旧图书共百余种。标语标本高悬壁间,观众遂一观览拥挤,一时间交口称赞"⑤。武威县教育局鉴于该县民众既苦于知识之浅陋,又苦于图书无从获得,致使一般民众知识程度降至冰点以下,且该局历年来购有《万有文库》《小学生文库》,以及其他零星图书等,亦

---

① 长安等四十余县图书馆暨全年经费调查 [N].西北文化日报,1933-12-12(5).

② 鄜县设立民众图书馆 [N].西北文化日报 1931-09-19(3).

③ 颂扬鄜县县长杜公炳言德政 [N].西北文化日报,1932-01-30(4).

④ 褒城社会状况(续)[N].西京日报,1934-12-08(6).

⑤ 镇原民众图书馆已正式成立 [N].甘肃民国日报,1933-11-15(4).

复不少，"该局长为利用此项图书以期启发民智起见，即积极筹划民众图书馆。兹悉于该局大门左侧修竣民众图书馆一处，书台书架等多已布置就绪。管理图书人员亦已任定，一日内即可成立"①。民乐县也积极筹办民众图书馆，"本县党委，鉴于民智闭塞，风气晚开，特拟筹办民众图书馆及阅报室各一处，以期宣传党义，唤醒民众"②。

华北地区，在创设民众图书馆方面，同样大放异彩。如1929年时，河北各县呈报举办民众学校及民众图书馆者已达三分之二。"河北教育厅为推行社会教育，前曾依据该厅计划，通令各县一律举办民众学校及民众图书馆。兹闻呈报业经举办者已达三分之二，计最偏僻区域，有十余处。中县及大县，有三十余处或五六十处不等"③。北平特别市教育局长李秦莱，注重民众教育，特设民众图书馆，聘关寄云为馆长，"添购新书百余部，其中有党义书籍甚多。此外教育局原有之图书，一概移藏该馆。新旧书籍，共有三千余部。该馆地址，设在东铁匠营教育局对门，闻下星期内，即可开馆云"④。

其他地区的民众图书馆建设也为政府高度重视，如福建省在民众图书馆建设中也是可圈可点。该省寿宁县党部以该县交通梗阻，文化落后，一般民众知识异常闭塞，推其原因，实系教育不振所致，加以连年匪祸之余，地方教育益濒破产，小学教育只能从事敷衍。其他教育设备俱付阙如，甚至全县向省内外订阅报纸杂志者亦属寥寥。一般社会民众对于外来之一切情形茫然无知，民智如此低落，影响社会进步实大。寿宁县遂将党部"前后收存之图书全部捐出，附设民众图书馆一所，一面并就经费项下按月津贴购置各种图书杂志及报纸公开陈列，以便各界民众观览"⑤。

通过上述中国近代大江南北种种民众图书馆建设的实例，透视其创立

① 武威教局民众图书馆即将成立［N］.甘肃民国日报，1934-08-13（3）.

② 民乐党办事处筹办民众图书馆［N］.甘肃民国日报，1935-02-11（3）.

③ 河北各县呈报举办民众学校者达三分之二［N］.新中华报，1929-11-06（7）.

④ 民众图书馆下周开馆［N］.新晨报，1929-05-16（5）.

⑤ 寿宁县党部成立民众图书馆［N］.求是报，1937-03-02（3）.

目的不外乎三种：（一）为普及民众教育而创立。为了这个目的而要创立民众图书馆者，其动机大都起于教育当局，如有的县教育局，因为要实施普及全县民众教育的计划，于是规定某年度拟设民众图书馆几所，某年都拟增设民众图书馆几所。民国时期所设民众图书馆，大多数是根据这个目的而创立的。（二）回应民众需要而创立。有的机关或团体感觉到在其所在地的一般民众，有求智的渴望，读书的需要，于是即将该团体或该机关的图书室，扩大开放而成民众图书馆。或应大众的需要，而特别创设一所民众图书馆，借以满足民众的求知欲。民国时期因此目的而设立的民众图书馆，多集中在学术文化发达的省份。（三）为纪念名人而创立。因某富人捐巨资兴建图书馆服务民众，为纪念其善举而名之，如上海叶鸿英图书馆便是此种类型。此种纪念型的民众图书馆并不是很多。其实，在中国近代数千所民众图书馆群体中，根据创立目的所作的分类，亦只是大略粗分。即便同一种类型的民众图书馆，也因地域、经济、人员等种种因素而有高下之分，如有门可罗雀、了无生机的，也有每月阅览人数超千的；有因循守旧被动等待读者的，也有主动开展阅览推广服务的。总之，正是这些类型不同，各具特色的民众图书馆共同展示了中国近代图书馆事业的风姿美态。

然而，我国民众图书馆的黄金发展时期并不长久。随着抗日战争爆发，尤其 1940 年后，全国经济恶化，社会教育经费更加局促。当一个县既建有民众图书馆，又设立民众教育馆时，其财政根本无力承担两馆的经费开支。鉴于民众教育馆所设图书股与民众图书馆的职能重复，各县大都采取同一机构两块招牌的模式——在同一所馆舍内，既是民众图书馆，又是民众教育馆。随着中日关系日趋紧张，国内很多地方的民众图书馆开始陆续归并到民众教育馆内。如湖南省曾经在全省轰轰烈烈推行的民众图书馆建设运动，到 1934 年时开始改弦更张，各县民众图书馆逐步并入到民众教育图书馆内。在县立民众教育馆内设有图书室，承担着公共图书馆的社会职能。民众图书馆并入民众教育馆的过程持续了近十年的时间，直至 1942 年才完成。湖南大多数县级公共图书馆以县立民众教育馆图书室的形式延续下来。

# 第四节 民众图书馆的特性及使命

## 一、民众图书馆的特征

不同类型的图书馆，具有不同的内涵特征。学校图书馆，主要为师生读者提供服务。国立省立图书馆，更多的是为学者研究提供参考，民众图书馆则强调为普通民众阅览提供服务，其特征也基于此而产生。主要有：

一是平等性。清末民初，图书馆还未脱离"重藏轻用"的樊笼，大多储藏高深古书，以供文人学士参考，一般民众不能问津，图书馆成为特殊阶级享用的专利品。而兴盛于 20 世纪 20 年代末的民众图书馆则坚持服务的平等性，它以普通民众为服务对象，以使全社会各阶层的民众都得到求知的机会为使命。有学者表示："不收费的民众图书馆制度包含了一些促使民主政治发展的基本原则……民众图书馆能提供无限的机会以实行这些原则。他不被任何权威者，所辖制占有。他承认个人的自由以求个人的幸运。他不是离开民众独立的制度，也不仅为哪一个阶级服务。"[①]徐旭也强调，民众图书馆："是全体人民的图书馆，凡属圆颅方趾，不论其智、愚、贫、富、老、幼、男、女，均可进馆享受服务。"[②]平等性可视为民众图书馆的首要特征，其无性别、年龄、程度、职业、贫富等差异的限制。不论男女老幼、士农工商、贫富贵贱都有权利走进民众图书馆，"使未受教育者，得启发其智能之生长；使现受教育者，得辅助其智能之生长；使已受教育者，得继续其智能之生长"[③]。南京市立民众图书馆自 1932 年开办以来，坚持服务于不同读者群体。男女老少，各行各业应有尽有。关于民众图书馆的平等特性，可从南京市

---

① Adams Love. 民众图书馆的行政［J］. 章新民译. 文华图书馆学专科学校季刊，1933（3/4）：183.

② 徐旭. 民众图书馆实际问题［M］. 上海：中华书局，1935：2-3.

③ 徐旭. 民众图书馆学［M］. 上海：世界书局，1935：8.

立民众图书馆阅览人职业统计成的表 1-3 中窥见一斑：

表 1-3：南京市立民众图书馆阅览人职业统计（1947 年 10 月—12 月）[①]

| 性别 | 共计 | 政 | 法 | 军 | 警 | 农 | 工 | 商 | 学 | 医 | 其他 |
|---|---|---|---|---|---|---|---|---|---|---|---|
| 合计 | 6327 | 179 | 56 | 267 | 57 | 31 | 277 | 486 | 4907 | 36 | 31 |
| 男 | 4200 | 117 | 46 | 266 | 55 | 30 | 160 | 280 | 3213 | 14 | 19 |
| 女 | 2127 | 62 | 10 | 1 | 2 | 1 | 117 | 206 | 1694 | 22 | 12 |

　　从表 1-3 可以得出两个信息：一是南京市立民众图书馆读者面甚广，他们来自各行各业，政、法、军、警、农、工、商、学、医及其他职业无不有之；二是男女性别读者均有，表明南京市立民众图书馆不存在性别歧视。需要指出的是，上述表中 6327 人是指成人读者，同时段的儿童阅览人数则另有统计。在 1947 年 10—12 月间，南京市立民众图书馆儿童阅览人数高达 5760 人，其中高年级是 1746 人、中年级是 1734 人、低年级是 2280 人[②]。儿童阅览人数统计，表明南京市立民众图书馆对儿童阅览事业十分重视，以及儿童读者人数众多。总之，南京市立民众图书馆多样化的读者构成，是对民众图书馆平等性的精彩诠释。

　　二是活动性。旧式藏书楼及清末民初的图书馆不仅是特殊阶级享用的专利品，同时也是被动的、静止的，它实施向心式的教育，把民众集中到馆里阅览图书。如始建于 1904 年的湖南图书馆，在《湖南图书馆暂定章程》中明确规定："凡阅书诸君，不得携出室外，随地观看，更不得私自借出馆外。"[③] 这一规定使那些偏远之地及忙于生计的民众，因无暇来馆而不能利用图书。这种被动式的图书馆好比是贮水池，是一种死物，发生不出效力。

---

① 南京市教育局.本市市立民众图书馆儿童阅览人数统计、阅览人职业统计、阅览图书类别［J］.南京市统计季报，1947（12）：23.

② 南京市教育局.本市市立民众图书馆儿童阅览人数统计、阅览人职业统计、阅览图书类别［J］.南京市统计季报，1947（12）：23.

③ 李希泌，张椒华.中国古代藏书与近代图书馆史料［G］.北京：中华书局，1982：156.

而拥有社会教育"活的中心"美称的民众图书馆则一改静止性图书馆的惰性，实行离心式的教育方法，活用图书的设备，主动将书送到民众手中，体现出很强的活动性。它通过自身活动，去寻找民众，感化民众，启发民众，使不需要的感到需要，使不发生兴味的感到兴味，使需要的获得满足，使疑难的获得解决，使愚昧的变得智慧，使无能的变成有能。民众图书馆好比是那流动不止的喷泉，给民众带去源源不断的知识。俞庆棠表示："民众图书馆并不是专藏几本书便能济事，它要真能做到知识的流通机关，则须使馆内有生气，注重联络与活动，注重设法增加民教事业之效果，注重如何使民众可以获得受教育之机会。"[①] 因此，民众图书馆不应当仅设置成图书的借阅处，更应当组织、设置多种社会教育活动及场所，如设识字班、读书会、研究会、通俗讲座、娱乐室、职业咨询处等，以满足民众知识的供给。

在民众图书馆所有的特征中，活动性可视为最重要、也是最能体现民众图书馆本质的特征。民众图书馆常通过推行巡回文库、流动书车、设立图书代理处、实施通信借书或函借筒、张贴壁报等举措，实施流通服务，把知识送到真正需要但又不便来馆的民众手中。民众图书馆种种积极主动灵活的服务，对那些处于穷乡僻壤、交通不便的民众来说，尤显珍贵。如抗战时期位于西南大后方的重庆北碚民众图书馆，"因为经济上的关系，不能设图书担，只好用两个手提篮，选派两位青年工作人员，每天携着书篮，挨户劝人读书，宣传读书的好处，并劝人登记，他们只要登记了姓名，每次便可借两册书去阅读"[②]。这项工作累了民众图书馆员，却惠及了普通底层民众。在 1936 年 4 月至 1937 年 3 月这一年期间，城乡民众共借阅图书 9845 次，图书流通成效明显。当然，民众图书馆的活动性不只是体现在上述流通措施上，民众图书馆还根据民众需求，举办商徒补习学校、读书会、家事改进会、询问处、代笔处、巡回讲演、注音符号传习班等各种活动，以满足民众求知及生活的基本需要，充分展示了民众图书馆活动性的本质特征。

---

① 茅仲英. 俞庆棠教育论著选［M］.北京：人民教育出版社，1992：216.

② 张惠生. 一年来的民众图书馆［J］北碚月刊，1937（9/10）：116.

三是通俗性。民国时期有识之士表示："一国之强弱，并不在乎造成少数的特殊人才，乃在谋大多数人都有一种相当的知能，使整个国家的文化提高。"① 也就是说，要面向广大民众普及知识，传授技能，才能提高民众素质，最终唤起民众，改良社会。图书馆作为知识的集聚和发散地，被视为社会教育的第一大机关，受到倡导社会教育者的高度重视。但旧式藏书楼及清末民初的图书馆搜藏的图书，不是偏于经史子集，便是偏于诗词歌赋；不是偏于专门的图书，便是偏于难以解释的册子。这种图书馆趋向于高深化和专门化，只是供给少数人享用。大多数的人虽欲问津，但也只能"望书兴叹"。这种贵族式的图书馆一向只是一所书库，只是一所油墨纸张的堆栈。它没有一些社会的活动，它的实际内容和一所修道院一般，只是那些少数的清闲阶级在里面修身养性，享受一些清福。民众图书馆则截然不同，其目的不在培养一二学者，而在教育千万国民；不在考究精深学理，而在普及国民教育。民众图书馆一改旧式图书馆的贵族特征，尽力做通俗化的工作，以方便大众阅览。民众图书馆的通俗性，主要体现在图书内容的通俗、图书分类的通俗，以及管理方法的通俗等方面。

民众图书馆的服务对象主要是知识程度不太高的普通民众，过于高深的图书显然不合国情和民情，不能引起民众的阅读兴趣。此外，过于专业的杜威十进分类法，或是杜定友的世界图书馆分类法、王云五的中外图书分类法，用之于民众图书馆，也总不太相宜。如果借书阅览手续还如藏书楼那般的烦琐，民众肯定会望而却步。所以，民众图书馆要想走进民众队伍中，要想吸引民众来馆中乐读，必须要革新自我，以民众需要的、欢迎的方式开展服务，唯有如此，民众才会趋之若鹜，民众图书馆方可门庭若市。如重庆北碚区实验民众图书馆注意将不同文献分开陈列阅览，以满足不同程度读者的需求。其既在阅览大厅展示"人之一生"挂图，引导读者排队参观；也特别辟设"乡村建设参考室"满足科研者个性需求。②

① 谢春满.中国民众图书馆之改造［J］.教育杂志，1935（7）：257.
② 张惠生.一年来的民众图书馆［J］.北碚月刊，1937（9/10）：117.

四是自由性。民众图书馆作为一种重要的社会教育机关，它有着学习上的自由性。民众不仅可以自由选择学习内容和学习时间，而且可以自由进出书库选择图书。徐旭认为，民众图书馆无时间性和阶级性的限制，其经济化和科学化的工作方法，可以在顾及读者不同需求的同时，在陶冶民众德性、提高民众知识、增进民众技能等方面发挥着重要作用[1]。民众图书馆较为宽松灵活的服务时间和方式，使得读者一方面可以自由的疗养精神上的病态，获得愉快的新颖的感觉，另一方面可以在无形中获得所需要的新知识与新启示。民众图书馆也因它学习的自由性，而比学校机械的教育便捷，民众教育效果因此也更好、更广。

学校教育有机械的授课内容与授课时间，学生并不能自由选择。这种死板的教育方式对于大多数想提高知能，但整天苦于为生计奔波的民众而言，显然是不合适的。学校严厉的传授着孤立无依的知识，使得本来知识程度不高的民众厌倦烦躁，感到知识与实际问题相远离，从而缺乏学习的兴趣与动力。民众图书馆则通过多样的学习方式，让求知者自由选择学习内容与时间，以弥补学校教育的不足。此外，民众图书馆实施开架陈列，便利民众自由阅览的举措，免去了民众检查卡片或目录的麻烦，给予读者自由阅览图书的权利和舒适便捷的阅读体验。民众也因可以畅游书海，触类旁通，得到意外的收获，而陡添许多的阅读兴趣，闲暇争相拥往民众图书馆，逐渐成为社会新风尚。如浙江省立民众教育馆，"鉴于图书馆收藏图书，应以供民众利用为原则，然便利民众莫如开架式之收效为最大。故最近已改行开架阅览，实行以来，统计结果，阅览人数，较前已觉增多"[2]。

民众图书馆除了上述平等性、活动性、通俗性、自由性四个特征外，当然还有一些其他特质，如实用性、便利性、公开性等。民众图书馆不是附庸风雅的高深学府，而是与民众生活紧密相连的教育机关。故其选购图书，须以该馆所在环境为凭断。如所在地为商业区，则宜归重于商业常识、

---

① 　徐旭.民众图书馆学［M］.上海：世界书局印行，1935：10.

② 　浙民教馆图书部行开架式［J］.中华图书馆协会会报，1932（5）：27.

珠算或簿记；所在地为工业区，则宜归重于工业常识，简明理化等。供给既然合于民众需要，则实用价值自然显现。当然在民众图书馆诸多特性中，最重要的一点，也是最能体现民众图书馆本质的便是其活动性。民众图书馆通过各种图书流通方法，为书找人，从而由一个储藏知识的死书库变为流通知识、传播知识的文化播种者。

## 二、民众图书馆的时代使命

民众图书馆是特定历史时代的产物，因此也肩负着特定历史时代的使命。

使命之一是实施文字教育。书籍，是天下的公器，用之而不弊，取之而不竭。民众图书馆是民众自由使用"公器"的公共场所。民众图书馆在社会上的地位与学校并重，而责任则比学校要大。因为民众图书馆里的"公器"无中外古今之别，无服务特定对象之弊。前往民众图书馆自由使用"公器"的人，也无贵贱，无老幼，无男女，无主仆之别，故与有限制的学校相比，其教育的意味更为广泛。

近代中国文盲众多，文盲的生活对于个人来讲是黑暗的生活，对于国家民族来说，则足以使民族国家衰弱，阻碍社会进步。综观世界各国，莫不尽力扫除文盲。欧美各强国文盲人数皆在 6% 以下，德、丹两国只有 0.2% 的文盲，而我国文盲数则在 80% 以上。与欧美诸强比较，相悬太甚。这种民智的低下已引起近代有识之士的警醒，"现在举国从事民教的人，皆一致努力识字运动。教育部最近颁布民校课程标准草案，亦以'简易文字的学习'为编订目标之一。本年度中央及各省都增加了短期义教经费。这种种，皆可想见扫除文盲的重要"[①]。民众图书馆作为民众教育的中心，应该切实负起民众文字教育的责任。民众图书馆可以附设阅读辅导班、读书会、或问字处等实施文字教育类组织，以辅导民众读书。它无异于一个活动的学校，没有普通学校的机械形式，而用活动不拘的方法，普遍地、通俗地、灵活地供给民众必需的知识。中国民众就十分需要这样一种学校，没有固定的时间，

---

① 方梓京.民教讲义 [J].皖北民教，1935（6）：53-54.

不要缴纳大宗的学费，不限程度，不分等级，什么人都能随时随地获得知识。

有人提出，办理民众图书馆，目的是提供书籍给有需要的人使用：第一，就是供给那些欢喜做自修功夫的成年者，帮助他们做选读书籍的顾问，指导他们怎样研究而为民众终身的教育机关。第二，就是指导为父母的人，如何教育儿女，代替父母设计教育儿童的方法，或代为创设家庭文库，以为家庭教育之辅助。第三，就是供给学校教师的教材和参考书代教员或学校因鞭长莫及而教育学生，使学生加入图书馆中种种学术研究会，而探讨在学校所不能得的学问，以为学校教育的辅助。第四，就是供给社会人士关于地方上所有种种成人教育消息，如什么成人学校开设何种学科，哪一个博物院在何时有特殊的陈列等，成年的人寻找教育的机会，就可以做他们求学的指导。第五，就是以书籍帮助社会上从事成人教育的团体，使他们得到许多参考书，便利改进他们的设施，这也是图书馆的一个根本责任。就广泛的民众来讲，图书馆的书籍供给功用是极需要的。

图书馆教育以书籍文字为实施教育的工具，这种教育能否收效的关键，在乎这种工具能否尽量运用。如果在民众尚无能力运用这种工具的地方，图书馆就几乎要失去它的作用，至少要减少到极低限度。有人提出，民众图书馆要能够真正实现价值，真正作用于民众生活，就需要一方面重视图书馆的价值，尽量利用书籍；另一方面又要顾到实际的情形，不畏浪费和徒劳。所以，在民众语文教育幼稚的地方，民众还没有能力运用文字吸收教育的时候，民众图书馆数量的增加还不是最切要的。最迫切的是民众图书馆要实施文字教育，帮助提高民众识字水平，这样才会与民众图书馆的发展形成良性循环①。

使命之二是灌输民众常识，启迪民众思想。人生之大患，惟贫与病，民族、国家亦然。而贫与病的根源又与弱、愚相连，其中愚更是贫病最大的症结。民国时期我国民智普遍低下，尤其是乡村农民大多处于蒙昧无知状态，甚

---

① 许公鑑.怎样办民众图书馆［J］.教育建设，1933（5）：97.

至影响到国家民族存亡。所以民众教育的首要急务，是当民众的文字教育达到相当程度的时候，怎样将人生生活必需的新知识灌输给他们，以期他们的生活得到改进。而图书馆的功用是汇集有益的图书，随大家的知识欲望，用经济的时间，自由使用。虽然任何图书馆都有汇集有益图书，服务民众，满足阅读的功用，但民众图书馆作为最贴近底层民众的图书馆，对于灌输常识这一点，理应更加注重。在大多数民众的知识需求被生活的重石抑压之时，民众图书馆须予以刺激或诱发，把灌输常识作为自己的中心使命。

民众图书馆在灌输民众常识的基础上，还肩负着启发民众思想的重责。有识之士认为，中华民族数千年来，几乎谈不上有开明的思想，除开诸子争鸣的那一段很短的战国时代。追溯中国人的思想史，始而是受了神权思想的笼罩，接着宗法封建思想一直支配中国数千余年的中国民众。直至受欧潮的震撼，才有思想上的解放，而开始了一个文化的黎明期。但大多数民众仍然蜷伏在黑暗的囚笼里，没有嗅着光明的气氛。比起欧美诸强的民众思想，不能不算作是大落伍了。大多数民众的头脑里除了宗法封建、礼教道德、阴阳五行、神佛鬼怪等等东西而外，装不进、容不下新鲜知识。如此的民众，又怎能侥幸于弱肉强食的世界。所以，要想让我国民众有向上的热诚与思想，建设极其充实的农村经济，每个人都过着很优美和谐的生活，这就需要启迪民众的思想，开阔他们的眼界，发散他们的思维。"不教学生做学问的生活，但启发学问的动机，使他们回到农田、工厂和商店的生活时，对于人生与其问题，能有最深切的领悟"①。而要达到这一目标，以普及教育为己任的民众图书馆，无疑是较好的选择之一。因为民众图书馆可以在日常服务中，润物细无声地实现灌输民众常识、启迪民众思想的目标。

使命之三是引领民众养成健康的休闲方式。民众图书馆是一切民众受教育的公共场所。当民众进入这样一个图书林立，如此清静雅致之地，自然会广受熏陶，形成自觉的公德之心，认识自己在"公共场所"中的地位，

---

① 方梓京.民众图书馆对于民众所应负的使命［J］.皖北民教，1935（6）：58.

从而生出互助的精神，爱群的心理，并提醒自己对于社会的责任。民众图书馆通过营造优美阅读环境，丰富阅读内容，提供针对性服务等举措将民众吸引到馆中，使民众工作之余，能拥有一隅之地安放俱疲的身心，静坐于图书馆一角披卷细诵。即使不为刻意求得智德方面的提升，单就依个人兴趣爱好而浏览趣味浓厚的书籍和含义深远的精美图画，也是赏心悦目的一种，是日日繁重苦闷生活的一种健康排遣。因为随手可得的图书，无论内容是人类成功的历史，离奇理想的谈荟，还是古今中外的智囊，皆是陶冶性情的最好消遣品。

其实，在伟人的传记中，可以看到许多文学家、哲学家、科学家、政治家，正是从图书馆里走出来的。图书馆中重要的元素之一是书籍，最能教化人启发人的也是书籍。所以，可以直截了当地说，相当一部分名人正是图书孕育出来的，书籍是世界名人的工具与出产品。好读书之人，整日埋头书中，无异于与圣贤豪杰同聚一室，自然会在不知不觉中接受潜移默化的影响。"久入芝兰之室，而不闻其香"说的就是这样一种优美环境育人的道理。中国近代时期的民众图书馆已经充分认识到自己肩负的时代使命，在提高民众知识程度之时，也着意培养民众的阅读习惯，以养成健康休闲方式。如成立于1929年6月的福州西湖民众图书馆，位于福州西湖公园内，风景绝佳，空气新鲜，且距乡村较近，为实施社会教育的理想空间。特别是1930年3月迁入澄澜湖后，民众图书馆因处于公园中适宜地点，环境雅致，空气流通，游园者多进馆内阅览。民众休闲游乐之余，手捧一卷，倚栏听湖，怡然自得[①]。

当然，民众图书馆要完成时代赋予的使命，应该结合当地经济状况及民众生活实际，秉持自由开放的原则，怀抱以我就人态度，实行民有民治民享，辅助学校教育的不足，与社会协同发展。这里需特别提及的是，民众图书馆当注意运用社会化的经济政策，以最少的金钱购得最多量的图书，

---

① 李煜.福建教育厅设立西湖民众图书馆二十七个月的工作报告［J］.民众教育研究，1931（创刊号）：1-6.

从而实现最大社会效益和经济效益。吴培元提出，中外古今图籍浩如烟海，绝不是少数人经济能力所能完全购读的。如果民众图书馆能以社会为背景，适应社会之需要，引起社会之兴趣，使自身与社会相亲善，社会则会给予民众图书馆以协助。合众人之力，民众图书馆亦得以顺利发展，最终亦裨益于社会，从而形成文化事业与社会发展进步的良性互动。[①]

特定的时代赋予了民众图书馆特殊的时代使命，民众图书馆人铭记在心，未敢忘怀，付诸努力，希望达成朴素的美好愿望。有人满怀憧憬："民众们走进图书馆阅览室也如回到家里一般，工作疲劳之余，在这里打开书卷如迎春风，得着精神上的慰安，洗净心头上的烦恼，忘却过去的苦痛是我们第一个愿望已达。进一步，民众们在这里能求得人生处世的指示，各种疑难的解答，生存上应具的知识，算我们第二个愿望已达。至于人生和宇宙的真理的探求，高尚情绪的涵养，刚坚意志的锻炼，缜密思想的修琢，丰富见识的养成，那只有希望民众本身去努力追求了。"[②]

# 小　结

兴起于 20 世纪 20 年代末的民众图书馆坚持服务的平等性，它以全社会的民众为服务对象，以使全社会各阶层的民众都得到求知的机会为使命，完全跳脱了传统图书馆"重藏轻用""嘉惠士林"的樊笼。它不仅收藏图书，且教民众充分利用图书；不单保存文化，且借以发扬国家文化；不分阶级，而注重教育机会均等；不拘呆板，而采用活动教学法，以满足各人需求；除任人进库找书外，更用各种图书流动法，为书去找人；任人自由阅览之余，更实行无保证的出借图书制度。民众图书馆人的诸多努力与尝试，奠定了其在民众教育中的重心地位。近现代著名图书馆学家陈训慈也多次撰文宣传鼓吹民众图书馆的社会效用，他说："现代图书馆是一切教育的重心，其

① 吴培元.民众图书馆设施法［M］.宜兴县立图书馆出版.1930：76.
② 景台.我们的图书馆［J］.山东民众教育月刊，1931（1）：10-11.

重要已日益为社会所认识。而语其效力之普及，则自以通俗的公共图书馆（或称民众图书馆）为最。因为附设于机关或学校的，其效用限于局部；而汇藏专门高深图籍之专门的或学术图书馆，亦只供各科专门或少数学者的需要。民众图书馆则以全社会的民众为对象，适应各方面的需要，充其效能，足以辅助各级教育与各种事业的进展。"① 此外，还有人把民众图书馆誉为商人的兵工厂，工人的试验厂，农人的研究室，各界的问事处、参考室、俱乐部等。每个人到民众图书馆来，总能寻得自己需要的知识。未受教育的得增进其智能之生长，已受教育的得继续其智能之生长。

① 陈训慈. 浙省民众图书馆改进的管见 [J]. 浙江教育月刊，1936（4）：24.

# 第二章 民众图书馆的组织管理

民众图书馆的组织管理自成体系。法规方面，主要有组织条例、服务规则、阅读推广规约等；经费方面，一是厉行节约原则；二是多方争取支持；机构设置方面，在筹备期和运行期，因时制宜，各不相同；馆员方面，重视发挥馆员的主观能动性，提高职业素养，注重管理法制化。然而，从总体上讲，馆员社会地位不高，待遇微薄，工作环境艰苦，但这并不妨碍馆员主观能动性的发挥。

## 第一节 建章立制奠事业之基石

### 一、民众图书馆的组织条例

（一）完善民众图书馆的组织机构

1915年10月，教育部公布了《通俗图书馆规程》。这是我国第一部由中央政府公布的通俗图书馆法规。1927年南京国民政府成立后，一直到1949年退出历史舞台，大学院或教育部都没有公布专门的民众图书馆法规，更不必说行政院或立法院。南京国民政府时期公布的民众图书馆法规，多为各省市级行政机关所为。

现存较早关于民众图书馆的组织法规，为1928年公布的《上海特别市市立民众图书馆暂行条例》。根据该《暂行条例》第2条及第3条规定，"本馆各种事务暂不分股"，只设"管理员一人，秉承本局，处理全部事务"①。按照此项规定，上海市立民众图书馆内缺少独立的组织机构，该馆所有事务都要听命于市教育局，唯一的管理员只不过是上级指示的执行者。1930年公布的《吉林省民众图书馆办法大纲》，对于民众图书馆组织机构的设立，依然没有很大变化。该《大纲》第7条规定："馆中设指导员一人，负责指导及保管之责任。"②随着民众教育的深入及民众图书馆事业的发展，上述粗放型的组织管理已越来越不能适应民众教育的需要，精细化方向成为民众图书馆组织建设的必然选择。

南京市立民众图书馆在这方面发挥了表率作用。1932年7月15日，南京市政府公布了《南京市立民众图书馆组织规则》，规定该馆"隶属于南京市政府社会局""设主任一人，馆员4人，书记1人，办理全馆事务"，并设立总务、编藏、阅览三部。此外，该馆设立图书购置委员会等各种委员会，并规定举行各种展览会及研究会等③。关于各机构名称及其职责，详见表2-1。

表2-1：南京市立民众图书馆组织机构简表④

| 机构名称 | 工作职责 |
| --- | --- |
| 总务部 | 掌理关于文牍、会计、庶务、交际及其他不属于各部事宜 |
| 编藏部 | 掌理关于图书之选择、介绍、编目、保管及借阅事宜 |
| 阅览部 | 掌理关于图书、杂志、仪器、标本、模型及统计图表之汇集展览事宜 |
| 图书购置委员会 | 由社会局聘定委员若干人组织之，从事建议及审查应购之图书 |
| 他种委员会 | 负责举行各种展览及研究事宜 |

---

① 大学院公报编辑处.上海特别市市立民众图书馆暂行条例［J］.大学院公报,1928（4）：95.

② 吉林省民众图书馆办法大纲［J］.中华图书馆协会会报，1930（1）：40.

③ 南京市教育局.南京市立民众图书馆组织规则［J］.南京市政府公报,1932（5）：74-75.

④ 南京市教育局.南京市立民众图书馆组织规则［J］.南京市政府公报,1932（5）：74-75.

1932年10月，江苏省政府委员会第536次会议上修正通过了《江苏省各县县立图书馆组织暂行规程》，对民众图书馆的组织管理则有更为精细化的规定。首先，人事构成进一步明确，各县立图书馆设馆长、部主任、干事，必要时设书记一职；其次，机构分工进一步细化，各县馆下设总务、选购、编目、指导、保管、推广六部，并成立普通、特别、妇女、儿童等阅览室；再次，设立各种委员会，并附设巡回文库、民众阅报处等。关于江苏省各县立图书馆的机构及分工情况，详见表2-2。

表2-2：江苏省各县立图书馆组织机构简表 [①]

| 机构名称 | 工作职责 |
|---|---|
| 总务部 | 庶务、会计等属之 |
| 选购部 | 图书之选择、购买、征求、介绍、登录、交换、寄存等属之 |
| 编目部 | 图书目录之编制整理及图书增减调查等属之 |
| 指导部 | 指导阅览、答复问题、讲演、书报内容等属之 |
| 保管部 | 图书之保管、整理、收发，以及报纸剪裁、汇集等属之 |
| 推广部 | 书报之介绍、编辑刊印、审定取缔及一切推广事项等属之 |
| 各种委员会 | 未明确 |
| 巡回文库及民众阅报处 | 未明确 |

综观上述民众图书馆的各款组织条例，从1928年上海市民众图书馆"只设管理员一人"，到1932年江苏各县立图书馆设立六部及各委员会，表明民众图书馆的组织机构日趋完善，分工亦趋精细，这为民众图书馆社会教育功能的发挥奠定了法规基础。

（二）明确馆长及馆员的任职资格

近代中国图书馆学专业人才缺乏，图书馆学归国人员及文华图书馆学专科学校培养的人才，根本无法跟上图书馆事业快速发展的脚步。人才是事业发展的根本所在。虽然图书馆专业人才很是缺乏，但很多地方的民众图书馆并没有因此而降低对馆员的任职要求。江苏省关于民众图书馆人才

---

① 江苏省各县县立图书馆组织暂行规程［J］. 教育季刊，1933（4）：202-203.

的资格要求即非常明确，甚至可以说是严格。

关于民众图书馆馆长的任职资格。《江苏省各县县立图书馆馆长任免及待遇暂行规程》规定，馆长须由教育局长连同县长选荐合格人员，呈请教育厅核准派充。合格的民众图书馆馆长的基本资格为"人格高尚、服膺党义"，且具有下列资格之一：（1）大学或专门学校毕业并于图书馆学有相当研究者；（2）中等学校毕业并曾修习图书馆学专科得有毕业证书者；（3）中等学校毕业且曾任图书馆主要职务三年以上，卓有成绩者；（4）国学确有根底，对于图书馆学及社会教育有相当研究者①。图书馆馆长以久任为原则，但有下列情事之一，经省督学、县政府或教育局查明属实者，呈准教育厅撤换之：（1）违背国民党党义或中华民国教育宗旨者；（2）违背法令者；（3）治事不力，改进无方者；（4）操守不谨，侵蚀公款者；（5）行为不检，人格堕落者；（6）身心缺陷不能执行职务者②。馆长是图书馆的灵魂人物，他的办馆理念及行政能力对图书馆的事业发展有着重要影响。江苏省教育厅对民众图书馆馆长严格的任职资格及从业要求，这在一定程度上保证了民众图书馆事业发展的专业性。

关于民众图书馆馆员的任职资格。《江苏省各县县立图书馆馆员聘任及待遇暂行规程》规定，图书馆馆员分指导员、事务员两种，均须由馆长聘任，并呈县教育局报厅备案。其基本资格为"人格高尚、服膺党义"，且具备下列资格之一者方能成为指导员：（1）大学或专门学校毕业者；（2）中等学校毕业且对图书具有解难析疑之知能者；（3）国学具有根底且对阅览人善于诱导者③。而具有上述资格之一者，或曾任教育职务一年以上、对于图书馆学有相当研究者可充当事务员。图书馆馆员聘期为一年，新聘馆员则以半年为一期，期满经考查，确有成绩者得以继续聘任。图书馆馆员在聘约期限未满时不得任意撤换，但如若有"违背本党党义或中华民国教育宗

① 江苏省各县县立图书馆组织暂行规程［J］.教育季刊，1933（4）：204.
② 江苏省各县县立图书馆组织暂行规程［J］.教育季刊，1933（4）：204.
③ 江苏省各县县立图书馆组织暂行规程［J］.教育季刊，1933（4）：205.

旨、违背法令、治事不力改进无方、操守不谨侵蚀公款、行为不检人格堕落、身心缺陷不能执行职务"之一者，经查明属实，由馆长呈准教育局长撤换之①。这种资格要求极为严格。馆员是图书馆事业发展的灵魂，是图书与读者之间的桥梁。制定相关的从业标准，不但有利于提升图书馆馆员的形象，也有利于推进图书馆事业的发展。

（三）厘定馆长及馆员薪俸标准

薪俸（工资）是图书馆馆员待遇的核心问题。薪俸与馆员选任及图书馆运作效果有很大关系。按照洪有丰的说法："薪金表之规定，大有助于工作之稳健，使薪金以级而升，则人乐于服务而鲜他迁之思。"②即制定合理的薪俸标准和递增制度，可以稳定人心，留住人才，从而保障馆员队伍的稳定。基于此，在民众图书馆的组织条例建设中，教育部门不仅重视组织机构的完善，明确馆长及馆员的职责，而且也特别注意薪俸标准的厘定，以保障民众图书馆职员的基本生活需求及民众图书馆职员队伍的稳定。如在《江苏省各县县立图书馆馆长任免及待遇暂行规程》《江苏省各县县立图书馆馆员聘任及待遇暂行规程》中对县立图书馆馆长及馆员月俸做出规定。其中馆长月俸分为六个等级，第一级，60—55 元；第二级，55—50 元；第三级，50—45 元；第四级，45—40 元；第五级，40—35 元；第六级，35—30元③。指导员分为五个等级，第一级，45—40 元；第二级，40—35 元；第三级，35—30 元；第四级，30—25 元；第五级，25—20 元。事务员分为五个等级，第一级，35—30 元；第二级，30—25 元；第三级，25—20 元；第四级，20—15 元；第五级，15—12 元④。

客观上说，民众图书馆馆长和馆员的薪俸待遇普遍较低。1928 年，即从 1928 年 7 月至 1929 年 6 月，江西省立一中教职员平均每月薪俸 80 元，

① 江苏省各县县立图书馆组织暂行规程［J］.教育季刊，1933（4）：206.
② 洪有丰.图书馆组织与管理［M］.上海：商务印书馆，1926：4.
③ 江苏省各县县立图书馆馆长任免及待遇暂行规程［J］.教育季刊，1933（4）：205.
④ 江苏省各县县立图书馆馆员聘任及待遇暂行规程［J］.教育季刊，1933（4）：206.

二中平均 90 元，三中平均 89 元，一女中平均 77 元，二女中平均 81 元[①]。同样是 1928 年度（1928 年 11 月份），国民政府各机关简任以下职员，其最低部门为蒙藏委员会，平均月薪 76 元；最高为建设委员会，平均月薪达 231 元；教育部职员，平均月薪 211 元[②]。江苏省各县民众图书馆馆员的月薪完全无法与国民政府各机关职员薪俸相提并论，也远远无法与江西省立中学教师月薪一比高下。江苏各县民众图书馆馆长和馆员的平均薪俸与青海西宁中小学教师相仿。1934 年，有人计算后提出，青海省城西宁，"教师每月平均有四十六元的收入，方才够用。而实际所得，中小学教师的平均数，不过二十元，收支相抵，不敷二十六元，试问怎么能维持生活？"[③]西宁中小学教师薪俸过低，导致教师抗议，乃至威胁要示威。

民众图书馆馆长、馆员任职资格及从业要求较高，且工作又较辛苦，但他们的薪酬并不是很理想。且不谈他们不能与当时收入较高的政府官员、中学教师相提并论，即便与同时代其他类型图书馆工作人员相比，也低了一大截。

试看民国时期其他类型图书馆职工每人每月薪金情况：1929 年浙江省立图书馆职工薪金情况是：主任（馆长）180 元，国文部主任 160 元，指导员 100 元，编目 80 元，文牍 60 元，会计 40 元，庶务 40 元，掌书 35 元，西文打字 35 元，缮录 30 元[④]。1936 年安徽省立图书馆职工收入情况是：馆长 180 元，股长（部主任）80 元，职员 50 元，录事 30 元，工役 15 元[⑤]。1935 年，《北平大学职员待遇规则》规定，图书馆主任分 1—10 级，月薪分别为 160 元到 80 元，每级每月相差 10 元；图书馆馆员薪俸分 10 级，从 1

① 十七年度省立中等以上学校职教员薪俸平均统计表［J］.江西教育公报，1929（4）：52.

② 中央政府各机关简任以下职员之平均薪俸比较图［J］.审计院公报，1930（6）：369.

③ 元本.薪俸问题［N］.青海评论，1934（新年特大号）：18.

④ 陈训慈.浙江省立图书馆概况［M］.杭州：浙江省立图书馆，1932.

⑤ 陈明远.文化人的经济生活［M］.文汇出版社，2005：147.

级到 13 级，月薪分别为 100 元到 40 元，每级每月相差 5 元 [①]。1934 年，安徽大学图书馆组员月薪最低 60 元，最高 90 元 [②]。同行业间薪金差别如此之大，不禁令人唏嘘。

以上罗列的图书馆，都是普通类型的图书馆，不包括国立中央大学图书馆、国立北平图书馆等。这些大馆的馆员平均月薪更高。民众图书馆职工的薪金标准远远低于上述各级图书馆，诚然，民众图书馆大多在县级以下，整体工资水平不如大中城市，但同行业间薪金差别如此之大，怎能不令人感叹基层图书馆员的不易？

近代中国图书馆学专业人才紧缺，大部分图书馆学专业毕业生选择在高校图书馆及国立、省立图书馆任职，愿意下沉到基层民众图书馆从业的专业人员十分稀少。中国近代最为著名的图书馆学专科学校——文华图书馆学专科学校的毕业生，没有一人到民众图书馆任职，更不必说图书馆学专业留洋归来的精英。尽管如此，民众图书馆馆长及馆员薪俸标准的厘定，在一定程度上起到了稳定民众图书馆职员队伍的作用。这是毋庸置疑的。

## 二、民众图书馆的服务规则

### （一）明确民众图书馆馆长职责

为了规范运作，很多民众图书馆对包括馆长在内的图书馆工作人员职责进行了明确规定，其中江苏省的规定较为具体全面。1932 年 6 月，江苏省教育厅公布了《江苏省各县公共图书馆馆长服务细则》。根据该项服务细则，图书馆馆长需承担 15 项任务，即（1）每学期开始前制定本馆进行计划；（2）每学期开始前制定本馆行事历及工作预定表；（3）每年度开始前支配馆员之任务及俸额；（4）每年度开始前及终了后编制本馆预算及决算；（5）每月召集馆务会议一次并为主席；（6）每月终召集经济稽核委员会稽核收支报告；（7）每月终编造本馆工作报告；（8）每日考查馆员服务状况并加以指导；

① 平大各学院职员薪俸待遇划一 [N].益世报，1935-05-17（8）.

② 本校职员薪金月支表 [J].安徽大学周刊，1933（123）：4.

（9）每日记载本馆大事记及重要教育消息；（10）定期考察本区民众教育状况，并参加各种民众运动；（11）裁可馆员之建议及工作；（12）制订本馆各项规程及章则；（13）代表本馆对外接洽；（14）办理教育局指定事项；（15）处理日常馆务[①]。

另外，为强化工作纪律，该细则特别规定图书馆长不得兼任有给职务，每日"除考察本区民众教育外，须按照办公时间在馆办公"。图书馆馆长如因事请假，"非先呈请教育局核准不得离馆，在请假期间并须于馆中指定代理人负责执行"[②]。图书馆馆长在每学期终了时，还须将馆务状况、工作要项、服务心得等缮具详细报告，呈由教育局转送教育厅备核。

《江苏省各县公共图书馆馆长服务细则》具有重要影响。1940年汪精卫在南京建立的伪政权成立后，仿造《江苏省各县公共图书馆馆长服务细则》，制订了《南京市立民众图书馆馆长馆员服务规则》。根据该规则，南京市立民众图书馆馆长须承办13项事务：（1）关于综理全馆对内对外一切事项；（2）关于指导职员分掌馆务及各组活动事项；（3）关于编造预算决算事项；（4）关于图书公物之保管及调查统计事项；（5）关于图书之征集采购及分类编目出纳事项；（6）关于规划市内巡回文库及图书流通事项；（7）关于指导民众增进阅览图书兴趣事项；（8）关于定期举办有关民众教育活动事项；（9）关于书报刊物之装订及目录编印事项；（10）关于收集保存本地已刊未刊各种有价值之著作事项；（11）关于主持馆务会议并执行决议事项；（12）关于教育局指令办理的事项；（13）关于其他应行呈报事项[③]。同时规定，在每年6月底前须将馆务概况汇编报告书呈报教育局，转呈教育部备核。此外，为保证工作纪律，该规则还规定馆长"系专任职，不得兼任馆外任何有给职务""不得私自离馆，如有事或因病请假者，须请人代理。其假期在三日

---

① 江苏省各县公共图书馆馆长服务细则［J］.教育季刊，1933（4）：207.

② 江苏省各县公共图书馆馆长服务细则［J］.教育季刊，1933（4）：207-208.

③ 南京市立民众图书馆馆长馆员服务规则［J］.南京市政府公报，1941（76）：16.

以上者须呈报教育局核准始能离馆"①。

对比南京市立民众图书馆及江苏县立图书馆馆长服务规则，不难发现二者在馆长服务内容及工作纪律等方面有很多共同之处。或者说，后者吸收了 1932 年《江苏省各县公共图书馆馆长服务细则》的精神内核。这说明民众图书馆馆长对内主持馆务，对外联络宣传及从严要求自己，已成为当时社会共识。

（二）确立民众图书馆馆员职责

民众图书馆馆长的工作内容多体现在对民众图书馆的宏观规划上，如馆务管理、方针制定等，具体微观事务则需馆员办理。很多省市民众图书馆对馆员职责也进行规范，上海在这方面做出了表率。1928 年公布的《上海特别市市立民众图书馆办事通则》规定馆员须负责 12 项具体事务，具体内容如下：（1）文书收到及发出时，摘录事由、登记编号；（2）保管及分类庋藏各种图书及刊物；（3）馆内应用物品，随时查察登记；（4）督促及管理工役打扫清理及一切事项；（5）招待来宾参观，遇有研究问题，应尽力答复；（6）留心各书坊新书报告，察书籍内容，择最适宜者，列表呈报；（7）新书及杂志到馆时，加盖馆章，随时登录；（8）阅览人借阅图书时，依据阅览规约办理；（9）阅览人送还书籍时，注意有无损坏及评点等事；（10）每时填写阅览及参观统计表，每月呈报一次；（11）虫蛀霉烂破裂图书及刊物，随时注意处理；（12）定期刊物每卷终了，日报每月终了，均装订成册，分类庋藏②。

与《上海特别市市立民众图书馆办事通则》中对馆员工作事务的规定不同，1932 年公布的《江苏省各县图书馆馆员服务细则》对馆员的分工更为精细。该《服务细则》按 6 大部门，分别指定相应工作任务，分为：选购部馆员之任务（6 条），编目部馆员之任务（6 条），指导部馆员之任务（6 条），保管部馆员之任务（6 条），推广部馆员之任务（7 条），总务部馆员之任务（12

①　南京市立民众图书馆馆长馆员服务规则［J］.南京市政府公报，1941（76）：17.

②　大学院公报编辑处.大学院公报［J］.1928（4）：95.

条)①。上海与江苏民众图书馆之所以会出现馆员分工宽泛与精细的差别，原因在于两者组织机构的不同。上海市立民众图书馆各种事务暂不分股，只设管理员一人，秉承教育局意旨，处理全部事务，而江苏县立图书馆则机构众多，设六部、成立各种阅览室及委员会。机构愈多，馆员分工自然更为精细。上海特别市市立民众图书馆成立较早（1928 年），此时，民众图书馆在近代中国还属于新生事物，关于民众图书馆的管理经验几乎无从借鉴，一切还处于摸索中。而江苏各县公共图书馆馆员服务细则的颁布则在 1933年，此时我国民众图书馆经过数年的发展已日渐繁荣，随着全国各地民众图书馆的兴起，其管理经验自是日趋丰富和成熟。

民国时期除要求民众图书馆馆长"须按照办公时间在馆办公""不得私自离馆，如有事或因病请假者，须请人代理"外，对馆员工作纪律也有明文要求。《上海特别市市立民众图书馆办事通则》中，第 3 条规定"各馆职员须按照规定时间办公"；第 4 条规定"各馆开放时间，除星期一上午停止外，每日上午 9—12 时，下午 1—6 时"；第 5 条则要求"各馆职员因特别事故或疾病请假时，应呈明市教育局，派员代理"②。《江苏省各县图书馆馆员服务细则》第 3—7 条则对民众图书馆馆员进一步明确工作纪律，如要求图书馆馆员"除因工作外出外，均须依照办公时间在馆办公；……不得兼任馆外任何职务；……如因事请假，应请人代理职务，但须得馆长之同意；……图书馆员须依照规定出席馆务会议，如因事不能出席时须先期请假；……图书馆员均有协助馆长改进馆务之责"③。

各省市对民众图书馆馆长、馆员严格工作纪律，明确工作职责，有利于民众图书馆向专业化和规范化的方向发展，标志着民众图书馆法治化程度在不断地提高，为民众图书馆事业的发展提供了强大的法理支撑。众所周知，无论何时何地，严明的工作纪律，绝对是事业发展的坚强保障。如

---

① 江苏省各县公共图书馆馆员服务细则［J］. 教育季刊，1933（4）：208-209.

② 大学院公报编辑处 . 大学院公报［J］.1928（4）：94.

③ 江苏省各县公共图书馆馆员服务细则［J］. 教育季刊，1933（4）：209.

果一个单位纪律松弛，人员散漫，无组织无纪律，必将给事业发展添堵添乱。

### 三、民众图书馆的阅览推广规约

#### （一）订立民众图书馆的阅览章程

阅览规章是图书馆的基本规则之一。民众图书馆的阅览章程，主要对阅览时间、阅览方式、阅览注意事项等予以规定。《上海特别市市立民众图书馆阅览规约》中，第1—2条即是对阅览时间的规定，"阅览时间每日上午9时至12时，下午1—6时，星期一上午停止""停止阅览日期临时布告"[①]。第3—6条是对阅览方式的说明，"阅览场所分图书、日报两部""本馆备有阅览券，入览者须按式填就，向管理员领书""借阅图书同时不得过二册""本馆图书日报概不外借"[②]。第7—11条是对阅览注意事项的罗列，"阅览室内不得高声诵读、谈话、吸烟及其他妨碍公众之行为""阅览者如欲摘抄书籍，不得用毛笔墨汁，以自备铅笔为限""阅毕后交还本馆，经管理员检查无误，然后出室""无论何项图书不得在书上圈点批评及割裂，如有损坏图书情事，应照原书全部价值赔偿""全书未阅完，次日须接阅者，不得折角及用铅笔勾点为记"[③]。《吉林省民众图书馆办法大纲》第6条对阅览方式的规定为："书报依其性质分别陈列，并用直接陈列法以便随时阅览，但书报丰富或馆地狭小得兼采直接陈列二法。"[④]

民众图书馆是一所没有围墙、没有区别对待的社会大学。它的大门向所有民众开放，它的馆藏为全体民众服务，坚持服务的平等性。同时，民众图书馆也坚持服务的自由性，让民众自由借阅，自由阅览，但任何自由都是在法治规约范围内的有限自由，切不可因自己的所谓"自由"而去侵害他人的合法权益。所以，民众图书馆为了保障所有读者的正当权益，通过

---

① 大学院公报编辑处.大学院公报［J］.1928（4）：96.

② 大学院公报编辑处.大学院公报［J］.1928（4）：96.

③ 大学院公报编辑处.大学院公报［J］.1928（4）：97.

④ 吉林省民众图书馆办法大纲［J］.中华图书馆协会会报，1930（1）：40.

制定阅览章程，将阅览时间、阅览方式及阅览注意事项予以明确，让读者有章可循，有法可依。尽量减少读者服务工作中可能出现的矛盾因素，从而保证所有读者的阅读权益。让读者乘兴而来，满意而归。

（二）颁布民众图书馆的推广规则

阅读推广是民众图书馆的工作内容，也是民众图书馆特色工作之一。为规范阅读推广工作，民众图书馆一般都会有明确的规定。《吉林省民众图书馆办法大纲》第8条要求民众图书馆，"得兼办巡回文库，并得另设指导员一人司输送图书及指导阅览之责，不能另设指导员者得由讲演员兼司其事"[1]。广西省政府为推广文化运动，决定自1940年开始在广西省各乡镇中心校内普设民众图书馆，为此特制定《广西省普设民众图书馆计划》[2]，暨《广西各市县中心国民基础学校设置民众图书馆及其管理巡回运用通则》[3]。

在《广西各市县中心国民基础学校设置民众图书馆及其管理巡回运用通则》中，关于民众图书馆的巡回推广规则有详细说明。如第5条："每馆应就本乡镇村街之多寡划分为若干巡回组，每组分配图书若干册，以两个月巡回一周为原则，其巡回办法及阅览规则由乡镇中心校拟定呈县核定之"；第8条："各村街校校长应依照巡回次序按期派人向阅览期满之村街校领取全组巡回图书存校，各该村街民众阅书报处公开阅览并负管理全责"；第9条："本馆图书如遇有污损遗失，应由负责保管人员负赔偿之责，并将污损遗失情形于图书目录内详细登记签名盖章，所有上项赔偿款项应缴交乡镇中心校汇缴县府保管作添置图书之用"；第10条则规定各村街校应于图书运到时作下列各种宣传：（1）通告村属民众周知，（2）于村民大会时尽量鼓励民众阅读，（3）将图书内容优点提要向民众介绍；第11条，指导民众阅览事宜由各乡镇村街校教员担任之；第12条，"各县府第三科人员应随时考察，各民众图书馆之保管巡回阅览情形随时督导改进，并按期将督导情形报县

---

①　吉林省民众图书馆办法大纲［J］.中华图书馆协会会报，1930（1）：40.

②　广西省政府.广西省普设民众图书馆计划［J］.广西省政府公报，1940（6）：3-4.

③　广西省政府.广西省普设民众图书馆计划［J］.广西省政府公报，1940（6）：5.

备查"① 等等。

江苏省立民众教育馆也制定了实验区内借书简则及申请借书证规则，其内容主要有："本馆为增进本实验区内民众读书之机会起见，除时常出行流动书车外，特制申请书分散各户，应许借书籍阅读""凡本实验区内民众皆享有向本馆图书部借书权""欲借阅书籍者须先填具申请，送交本馆图书部，由部给予借书证，然后方可借书""借出图书以寻常本为限（凡字典辞书等不出借）""每次借出书以一种三本为限，俟期满交还后方得再借他书""期满欲续借者须将该书随同借书证交图书部声明续借，并换盖借书戳记，惟不得过二次""新购图书在一月以内者概不借出""借书时须将借书证携来交图书部检阅并盖借书戳记""书籍出借后一次不按期交还，则停止其半月借书权。二次停止一月，三次则停止其半年或永久借书权""借书证务请保存，倘有遗失，须来本馆图书部注销""借出书籍不得转借他人""借阅书籍如有损失，借者应负赔偿之责""在整理书籍时期停止出借"②。尽管有这样或那样的问题，该规则对规范阅读推广依然有促进作用。

民众图书馆的主要服务对象是工农大众，他们终日为生活奔波，极少有闲暇时间到馆读书，所以民众图书馆积极推行巡回文库制度，将图书主动送至民众手中。这种创新性的服务方式灵活多样，便捷民众利用书籍，得到了民众的热烈欢迎，对近代中国教育转型及教育下沉发挥着重要作用。

上述所举法规均由省市政府教育主管部门颁布，其实地方民众图书馆也都以主管部门的法规为蓝本，再结合本馆实际，因地制宜，制定本馆的各项规章制度，以促进馆务发展。如江苏宜兴县立图书馆制定的《宜兴县立图书馆职员公约》，就从上下班时间、工作前奏及工作期间应循事项、请假方式、馆务会议制度等方面对馆员行为进行约束与引导。"（1）本馆职员除月曜日（周一）外，每日上午八时到馆，十一时半返家午饭，下午一时到馆，六时散馆。（2）本馆职员在每日上午八时至九时，得阅书报一小时，以后则为办公时间。

---

① 广西省政府.广西省普设民众图书馆计划［J］.广西省政府公报，1940（6）：5.

② 徐芳田.怎样活用民众图书馆［J］.民众教育，1930（4）：11.

（3）本馆职员应各尽所同，其需协同办理事项，仍须协商办理之。（4）本馆职员在办公时间，不得任意谈天，或接待宾客，或枯坐，或阅书消遣。（5）本馆职员除承受委托公出外，不得无故告假，遇不能到馆时，须预早告假，请本馆职员暂代。如告假在三日以上，须请相当之人代理，并按日扣薪。（6）本馆每星期开馆务会议一次，本馆职员一律须参加，凡议决由各人负责办理之事项，须负责办竣"[①]。

法治化是现代社会治理的趋势，民众图书馆事业也不例外。我国图书馆界对民众图书馆法治化的意义有深刻认识。李小缘认为法治建设是图书馆事业发展的基石。1926年，他指出，公共图书馆建设"首必有法律上之根据，或受法律之许可。关于设立图书馆之规定，多载在各城各省各国之典章宪法……既有法律根据，图书馆从而基始"[②]。民众图书馆也深谙此道，对法规建设颇为重视。严格意义上讲，中国近代并没有从中央政府层面颁布的民众图书馆相关法律，而是各地主管教育部门积极颁布了具有一定行政效力的规章文件，如组织条例、服务规则及阅览推广规约等，逐步完善民众图书馆的组织机构，规范人事任免及明确服务职责，在一定程度上保障和推动了民众图书馆的规范化建设。民众图书馆的法治化路径，以不同寻常的方式展开。

# 第二节　筹划经费为发展插上双翅

## 一、民众图书馆经费问题

南京国民政府时期尽管内忧外困，经济困窘，但对社会教育还是相当重视。1927年7月，大学院通令各省市教育厅规定社会教育经费应占教育经费总额的10%~20%。1929年6月24日，教育部第848号训令中指出，"自

---

① 吴培元.民众图书馆设施法［M］.宜兴县立图书馆出版，1930：6.

② 李小缘.公共图书馆之组织［J］.图书馆学季刊，1926（4）：610.

十八年度起社会教育经费应切实执行占全教育费百分之十至二十"①,从法令上规定社会教育经费的构成,政府拨款因此成为社会教育经费大宗。但由于受社会传统等因素影响,尽管中央政府对社会教育和学校教育一视同仁,三令五申,但大多数省市很难真正落实,达到社会教育经费的部定标准。有人表示:"现在注重教育的人,只晓得拼命地把全力用在正式教育,分小小余沥敷衍民众教育。"②根据时人统计,达到部定标准的仅有江苏、浙江、福建等 7 省,云南、湖北等 5 省为 5%,最低者为山西省,其社教经费仅占教育经费的 0.4%③。民众图书馆作为社会教育事业之一种,其经费丰简程度与社会教育经费有密切关系。在社会教育经费普遍不达标的情况下,民众图书馆的经费自然也成了心头之痛,直接影响民众图书馆的正常发展。

经费与藏书关系密切。经费不足,直接影响馆藏。中国近代民众图书馆的发展呈现阶段性及地域性特征,经费问题为影响主因。民众图书馆独立建制时,经费已不丰裕。民众图书馆撤销,被合并到民众教育馆时,经费更为紧张。

山东省立民众教育馆 1929 年 7 月至 1930 年 6 月图书购置费预算每月150 元,书籍添置之多,以此时为最。后因经费困难,自 1931 年 10 月起,图书费预算每月减至 40 元,内中还为民众学校儿童班、成人夜班学生所用书籍占去大半,所余无几,因之许多杂志都停止订购,书籍的添置也无从说起④。

河南省镇平县于 1931 年 4 月创办了民众图书馆,其辖下 10 个区也相继设立了区图书馆、平民阅报处和巡回文库。1931 年 4 月至 1939 年 9 月,县立民众图书馆馆舍 4 间,约 48 平方米,藏书 7654 册,馆长 1 人,管理员1 人,全年经费 249 元。区立图书馆总藏书 8867 册,总经费 1566 元,平均

① 训令第八四八号十八年六月二十四日 [J]. 教育部公报,1929(7):45-46.

② 高柳桥. 中国民众教育运动的透视 [J]. 教育与民众,1946(1/2):15.

③ 陈大白. 各国社会教育经费之比较研究 [J]. 教育与民众,1932(5):879.

④ 景台. 我们的图书馆 [J]. 山东民众教育月刊,1931(1):19.

每区藏书不到 900 册，全年经费每区约 180 元。[①] 剔除薪资，用于购置书籍的费用极为有限。

陕西省各县民众图书馆经费至多 1920 元，为长安县立第一民众教育馆附设的二桥民众图书馆、草滩民众图书馆、新筑镇民众图书馆、引驾回民众图书馆等四处。华县设立咸林中学校图书馆及县立高小学校图书馆两处，全年经费共 50 元。全省 42 县，平均每县民众图书馆年经费约 376 元[②]。除去职员薪水及杂支，真正用于购书发展业务的已所剩无几。

经费缺乏是民众图书馆的普遍现象。以近代中国民众教育馆图书馆最发达的浙江省为例。浙江民众教育馆图书馆藏书之多，以诸暨县立民众教育馆图书馆为最，置书凡 28000 册，然其经费，每年仅 420 元，则每月平均仅 35 元。除去薪水及办公费，添置书籍及改善设备，则为数甚少。全省中经费最多，首推省立杭州民众教育馆图书馆，全年为 720 元，除订购日报，其真正用之于购书，则为数亦属寥寥。经费最低微者，如杭州市立第二民众教育馆图书馆每年经费仅 36 元，余姚县立浒由民众教育馆图书馆及南田县立民众教育馆图书馆各 30 元，长兴县立民众教育馆图书馆 24 元，某县河东镇镇立柳汀民众教育馆图书馆 12 元，而金华县立孝顺民众教育馆图书馆竟然低至 10 元，其藏书之少，亦所仅见，据调查为 102 册，只能与一个初中学生的私人藏书相比较[③]。各馆之书，因经费支绌，未能添置，多属旧书造物，不能引起读者的阅读兴趣。在这种经济状况下，若要谈图书馆人才之延聘与设备之改进，无异于痴人说梦。

北平市立民众图书馆在 1932 年经历了一场保经费的运动。时年北平市政府以收入减少、经费困难为由，决定减成发薪。这一决定引发民众图书馆的极大恐慌，"教育局所属各民众图书报处经费原本甚少，平时即感不敷，

---

① 镇平县文化局.镇平县文化志（初稿）[M].镇平：镇平县文化局编辑室，1987：232-233.

② 长安等四十余县图书馆暨全年经费调查[N].西北文化日，1933-12-12（5）.

③ 陈训慈.二十年来我国之民众图书馆与其展望[J].教育辅导，1936（8/9）：45.

若再按八成开支，更属困难"①。因此，北平市立民众图书馆馆长周慧仪及各民众阅书报处、学校等，特呈请教育局长周学昌设法维持。周据呈文后，转呈市府核齐办理。后北平市长以民众图书馆所请属实，准予照原数开支。这也从一个侧面反映了当时北平市立民众图书馆经费拮据状况。

1933 年，北平市立民众图书馆全年经费 876 元，按月由北平市社会局从教育经费项下拨发，全用于职员薪金及办公费夫役工资等。图书之购置，则按需要之情形，随时呈请并无专款。这种经费状况，使得该馆藏书没有发展，全靠外借他处资源提供服务，"该馆组织极为简单，全馆仅设管理员一人，事务员二人，管理全馆一切，保管阅览采购及其他对内外各事宜……该馆现有经史子集共 330 余部，计 3200 余册，中文新书一共 3300 余部，计 6900 余册，西文书籍 500 余部，计 800 余册，均系借自小学教员巡回文库，及北平市教育局之图书室者"②。如果一个图书馆的日常经费只够支付馆员薪俸及杂支，馆务还空谈什么发展呢？巧妇难为无米之炊，没有经费的支持，藏书建设、宣传推广、业务拓展等等全都是空中楼阁。所以，积极争取稳定及足额的经费来源，就成了民众图书馆关心的头等大事。

## 二、中华图书馆协会的破解之方

任何事业要想发展，经费虽不是绝对性因素，但没有经费绝对不行。经费保障是事业发展的必要条件。近代中国战争频仍，经济凋敝，百业荒芜，中央及地方政府用于教育的经费有限，用于社会教育者更少，用之于社教中之图书费者，更是微乎其微。当时图书馆界力谋民众图书馆经费的解决，集思广益，献计献策，中华图书馆协会也发挥了积极引领作用。中华图书馆协会以研究图书馆学术，发展图书馆事业，并谋图书馆之协助为宗旨，以争取与维护图书馆界权益为己任，力谋保障民众图书馆经费。

1929 年 1 月，中华图书馆协会第一次年会在国民政府首都南京召开。

① 平市民众阅览处市府昨通令教育局经费不减 [N].益世报，1932-03-17（6）.
② 本市图书馆之调查——民众及中山图书馆 [N].华北日报，1933-08-29（7）.

会上，沈祖荣、李小缘等众多会员提出了解决民众图书馆经费问题的方案，主要有：

"确定省市县图书馆之经费案"，沈祖荣提出。关于县图书馆经费方面，他提出：（1）县图书馆的经费须列入县政用费预算案；（2）经费多少依各县户口统计居民多少，至少每人每年须摊派大洋一角；（3）由田赋收入中按月摊给，不另立项征收。关于市图书馆经费方面：（1）市图书馆经费须列入市政用费预算案；（2）经费多少依户口统计。普通市镇，每人每年至少须摊派大洋一角;（3）普通市镇由市财政局按月拨给，统归社会局监督取用。此案经大会通过后，呈请教育部须令各省政府，并转各县市施行。自经规定后，指定款项，不得任意挪用。①

"各省民众图书馆经费当与学校教育同等看待案"，李小缘提出。该案认为，民众图书馆与学校教育同等重要，经费应当同等看待。他提出的解决办法是："增加民众图书馆经费，使与各地学校教育相同""由各省政府通令各县，指定一种或一种以上之捐税，为办民众图书馆之用，其值当与学校教育相等。有不遵行者，其各县当局以漠视民众教育处罚。万一因地方经济不裕，教财当局当另筹他法以行之"②。

此外，第一次年会上讨论的"呈请教育部通令全国各学校于每年经常费中规定百分之三十为购书费，并通令各省教育厅及各特别市教育局县教育局应于每年经常费中规定百分之二十为办理图书馆事业费"等案，也均与民众图书馆的经费有关。

1933 年中华图书馆协会第二次年会上，讨论及通过的与民众图书馆经费相关的提案有数条：

一是"呈请教育部通令各省市县在乡村区域从速广设民众图书馆案"。

① 中华图书馆协会.确定省市县图书馆之经费案[R].中华图书馆协会第一次年会报告，1929：106。

② 中华图书馆协会.各省民众图书馆经费当与学校教育同等看待案［R］.中华图书馆协会第一次年会报告，1929：107.

此乃国立暨南大学洪年图书馆原案，大会修正议决通过。理由是，"我国之乡村人民，知识最感缺乏，其原因实为民众教育之不普及，扩充民众教育应各处设民众图书馆，使民众有相当读书阅报之机会，民众图书馆设立愈多，读书阅报者亦愈众，人民之知识自有进步，所以民众图书馆须从速广设，补助民众知识之进步"[①]。解决办法的第一条就是事关民众图书馆经费，"民众图书馆须重在乡村区域，首先创办经费由公款中划出一部分，或另募捐款项办理"[②]。

二是"建议中央通令各省于各宗祠内附设民众图书馆案"。此乃王希隐原案，大会修正议决通过。理由为："我国农民最多，每有聚族而居，各族皆有宗祠。祠产贫富不一，广东等省，有一祠而数十万者，并有祭祠之房屋。及故家大族之藏书，为创办图书馆最好资料。诚宜劝导酌设民众图书馆，就各宗祠状况，或独设或并立，以原有产业为族之学术机关，就当地人才创办图书馆事业，则事半功倍，发展可期矣。"解决办法第二条是关于"经费与人才"之策，"由宗祠自行议定，在收入项下拨出若干成举办图书馆。办理人员，由各宗祠遴选。经费与人才有不足时，则由地方图书馆尽量协作办理"[③]。

三是"县市图书馆与民众教育馆应并行设立分工合作案"。此乃江西省立图书馆刘凤林原案，大会合并修正议决通过。此案原案有三条，即"县市图书馆与民众教育馆应并行设立以明责任案""通俗图书馆宜离开民众教育馆独立案""各省市图书馆不应划入民众教育馆案"。图书馆与民众教育馆，各有其特殊之使命。民众教育馆中的图书阅览，只是其事业中的一部分，其效能贵普遍，而不必求深造，而图书馆则以研究为尚，其造诣可由一知半解，而进为学者专家，所以图书馆与民众教育馆图书部两者宗旨不同，而各自尽量谋发展。但近年各省，"往往因经费之限制，县市图书馆当不能与民众

---

① 中华图书馆协会第二次年会报告［R］.中华图书馆协会事务所，1933：39.
② 中华图书馆协会第二次年会报告［R］.中华图书馆协会事务所，1933：39.
③ 中华图书馆协会第二次年会报告［R］.中华图书馆协会事务所，1933：39.

教育馆均衡发展，且原有图书馆之设立，或一并于民众教育馆，形同附属，图书馆之功能于焉暗淡"。对此，中华图书馆协会列出三条解决之道，首要之举，就是建议教育部通令全国各县市图书馆、各通俗图书馆与民教馆各自独立，不得兼并，另行制定完善之图书馆条例，以助长图书馆事业之发展。此外，很重要的一点就是提出了图书馆经费独立问题，"实行教育部颁布图书馆经费标准，极谋经费之独立于保障"①。

中华图书馆协会第二次年会收到的图书馆界提案总数有上百条，最后真正通过的不足 10%，在这通过的宝贵提案中就有数条事关民众图书馆经费问题的议案。由此可以看出，中华图书馆协会对民众图书馆经费问题的高度重视与密切关注，此举对后续民众图书馆争取经费指引了方向，提供了专业依据。

1934 年初，中华图书馆协会经费标准委员会拟就了"对于圕经费案之意见草案"②，以提供教育部民众教育委员会之参考。其对各省市县图书馆经费应占各该省市县社会教育经费之成数，以视其社会教育经费所占全数费成数而定，其拟定之标准如表 2-3：

表 2-3：图书馆经费应占社教费之成数

| 社教费已占教费之成数 | 图书馆经费应占社教费之成数 |
| --- | --- |
| 不足百分之十者 | 百分之四十 |
| 不足百分之十五者 | 百分之三十 |
| 不足百分之二十者 | 百分之二十五 |
| 不足百分之三十者 | 百分之二十 |

根据中华图书馆协会的草案，当时社会教育达全数费百分之十以上者，仅江、浙等数省，图书费占社会教育经费百分之二十以上。皖、赣、鄂、鲁图书费占社会教育经费百分之三十以上，则由于这些省份社会教育经费成

---

① 中华图书馆协会第二次年会报告［R］.中华图书馆协会事务所，1933：41.

② 对于圕经费案之意见草案［J］.中华图书馆协会会报，1934（1）：3.

数甚低之故。因此根据上列的标准，诚有推进之必要。而且社会教育包括事业极为广泛。以民众教育馆为例，有民众学校、图书部、陈列室、演讲部、运动部、娱乐部种种，但为提高图书馆效率，应占全部事业费中百分之四十。不过，各民众教育馆对事业费向无确定的比例，往往为谋某部之发展，将图书费任意挪用。因此为增进民族之智能，实有明确规定之必要，同时中央政府对于社会教育经费，在可能力量内应力予提高。

中华图书馆协会关于民众图书馆经费的提案，反映了民众图书馆的窘况，对破解民众图书馆的经费问题，不无可采之处。

## 三、民众图书馆的经费预算

解决民众图书馆的经费问题，首先必须明确其经费支出。根据经费支出情况，确定合理的经费预算，进而寻求问题的解决之道。关于民众图书馆的支出，主要有三大部分，即创办费、开办费和经常费，每一部分内又可分拆为若干项目。

（一）创办费预算

创办费是指一个图书馆由创议至成立期间支出的一切费用。任何新成立的图书馆都必须有创办费，即使接收改造一个旧图书馆，而只对它进行修缮改进，也都需要这笔费用。创办费的支出主要有四项——建筑费、设备费、图书费、事务费，其标准不大容易确定。凡新建图书馆，建筑费包括土地的购置、馆舍的建筑或修葺；设备费包括办公用具及书架桌椅等的购备；图书费即图书的征集和购买费用；事务费则包括经营创立图书馆人员的薪金及其他如宣传用费、办公用费等。近代学者关于民众图书馆的创办费用问题，见仁见智。归纳起来，主要有这样几种预算方法：

1. 客观法预算——量出为入

此种计算方法的代表人物是富济。富济提出，按照图书馆服务范围内的人口，作为确立创办费标准的依据。也就是说，这个区域内人口众多，则图书的数目自应增加，建筑物面积必因之而大，设备也必因之更为广泛，预算费用也应增加。

如果馆舍待建，图书购置费则应按当地人口比例进行计算。服务范围小，供邻近阅览的，每 5 人应备 1 册，为 5∶1；服务范围大，供一乡阅览者则每 10 人应备 1 册，为 10∶1。人数更多，则其比例数也应该随之改变。其他设备费、建筑费、事务费的比例，也应该随图书馆所在范围大小而定。从经费支出结构来说，凡在 1000 元以内者，其比例应为：建筑 60%，设备 20%，图书 10%，事务 10%。凡是经费在 5000 元以上者，其比例为：建筑 60%，设备 16%，图书 16%，事务 8%。凡是经费在 10000 元者，其比例为：建筑 70%，设备 12%，图书 12%，事务 6%[①]。

如果馆舍已有，创办费的分配比例则视经费宽裕程度而作相应调整。凡是经费在 500~1000 元左右者，比例可为：设备 40%，图书 30%，事务 30%。凡是经费在 2000 元左右者，比例可为：设备 40%，图书 39%，事务 21%[②]。

富济关于民众图书馆创办费的设想有两大特色：一是根据区域人口动态确定创办费的数量。这要求必须对该区域的人口有相对准确的估计；二是明确了创办费的支出构成。这种支出结构，因不知道其依据，所以只能作为创办者的参考。支出以实际需要为原则。

2. 主观法预算——量入为出

关于民众图书馆经费的主观法预算，有两种说法：一是根据常年维持费而推算创办费。即，图书馆的常年经费先有决定，根据该项费用的多寡，而定图书馆措施的简繁及创办时规模的大小，确定创办费数目。另一种是根据已指定创办费数量为标准，做预算，所谓有多少经费做多少事业，量入为出。无论依据常年维持费，抑或指定创办费数量，都是一种逆向推测法，即根据经费确定数量。关于创办费的分配问题，据多数图书馆学者的主张，其四项的分配比例为：建筑费占 60%；设备费占 20%；图书费和事务费各占 10%。

---

① 富济. 民众图书馆的理论和实施［J］. 大夏，1934（2）：122.

② 富济. 民众图书馆的理论和实施［J］. 大夏，1934（2）：123.

徐旭编制了一个"民众图书馆创办费预算表"作为民众图书馆界参考[①]，见表2-4：

表2-4：民众图书馆创办费预算表

| 创办费总额（元） | 建筑费 | 设备费 | 图书费 | 事务费 |
| --- | --- | --- | --- | --- |
| 500 | 300 | 100 | 50 | 50 |
| 1000 | 600 | 200 | 100 | 100 |
| 5000 | 2500 | 800 | 1400 | 300 |
| 10000 | 5500 | 1000 | 3000 | 500 |

徐旭表示，此表所列比例，不是一成不变的，可因地制宜而相互增减，有数项要点应注意：（1）创设公立民众图书馆，往往使用公地，故不列购买土地费；（2）设备可在创办后随时添置，所以建筑费不敷时，可移用设备费之十分之一或十分之二；（3）在创办时，不要将所有图书费于短期内全部购书，以免仓促选书之不慎及因整理编目之费时，而迟延开馆日期;（4）如果创办费极少，那么采购图书费，必然极少，藏书与人口之比例的差距，必然很大。那么，事前必须与其他图书馆接洽三件事：图书互借法；经理代借图书；接受巡回文库，或者函索捐赠、寄存等，都应该早为考虑[②]。

必须指出，无论是量出为入的客观法预算，还是量入为出的主观法预算，都牵涉馆舍问题。中国近代的民众图书馆大多公立，其馆舍常常借用公共机关的房屋，如庙宇、祠堂、学校、机关等空置屋舍。只有在既无法利用公共的房屋，又租借不到适用的民房时，才需设法筹措经费建筑馆舍，所以真正需要建筑馆舍的民众图书馆为数寥寥。

馆舍与民众图书馆作用发挥、活动和事业的设施都有极大关系。所以关于馆舍问题，有人提出，无论是利用旧有民房、庙宇或其他公共建筑，或另建新址，应该符合下列条件：（1）地址要适中，便于民众来往；（2）房舍

---

① 徐旭．民众图书馆学［M］．上海：世界书局，1935：71.

② 徐旭．民众图书馆学［M］．上海：世界书局，1935：71.

要宽敞僻静（最好四周有空地种植草木），外观宜宏壮美观；（3）馆内陈设要整齐雅洁，装置适宜，阳光空气宜充足；（4）一切器具要经济、美观而坚固耐用。馆内各项设备，也以适用为原则，安全便利为目的。书库的设备要留心避免火患、潮湿，有充分的光线、空气。书架的装置要适用而检查便利。阅览室要光爽清静，办公室要接近书库和阅览室，管理始得便利[①]。

如果是新建馆舍，中央大学区立通俗教育馆俞家齐提出应遵循三原则：一要适用；二要坚固；三要美观。所谓适用，就是注意光线适度，空气流通，阅览室、藏书库、办事室等场所的配置适当，以及各项图书馆卫生问题。所谓坚固，就是建筑材料之选择、工程之牢固等，此项宜借助于建筑学。所谓美观，就是图书馆环境的美化，其主旨在能引起阅书者兴趣。馆内的间架结构，馆外的一花一草，务使合于美化的原则，不可以当无足轻重而忽视之[②]。

图书馆的建筑形式颇多，但民众图书馆因经费种种关系，馆舍形式宜求简单、便利。徐旭根据民众图书馆业务开展需要，设计了城区与乡间两种建筑式样。城区民众图书馆可包含有入口大门、置雨具处、布告处、会客室、阅书室、书库、办公室、中心陈列室、阅报室、儿童阅书室、后面空地等11处独立空间。阅览室可容五六十人，四壁置以书架、杂志架等，用开架式办理颇为适宜。书库内可存报章、杂志、小册子等。中心陈列室为每周每旬或每月中心单元运动之用，将相关专题图书均陈列于此。民众图书馆日后规模扩大、图书增多时，可将移动隔断拆去，作为通道与留有空地，另建书库。此种房子约有二三千元即可建造。乡间民众图书馆可包含入口大门、走廊、会客室、阅报室、办公室、儿童阅览室、天井通道、阅书室、书库等9处独立空间，费用也在两三千元左右。总之，无论是城区还是乡间民众图书馆，在馆舍选址时最好能在馆舍四面留以空地，以备未来扩充之用[③]。

---

① 逸民.怎样办民众图书馆［J］.民众园地，1932（2）：12.

② 俞家齐.民众图书馆设施法［M］.南京：中央大学区通俗教育馆推广部，1929：9.

③ 徐旭.民众图书馆学［M］.上海：世界书局，1935：63-64.

（二）开办费预算

开办费是指馆舍已有，设备较妥，开始办公时所需的费用。该项费用，包括设备、图书、用品、印刷品、修缮费、杂支等六项。徐旭精心设计了民众图书馆开办费预算表，见表2-5所列[①]。

表2-5：民众图书馆开办费预算表

| 开办费总额（元） | 设备 | 图书 | 用品 | 印刷品 | 修缮 | 杂支 |
|---|---|---|---|---|---|---|
| 200 | 70 | 50 | 30 | 20 | 20 | 10 |
| 300 | 120 | 80 | 40 | 20 | 20 | 20 |
| 500 | 160 | 200 | 50 | 30 | 40 | 20 |
| 1000 | 400 | 360 | 70 | 50 | 80 | 40 |
| 2000 | 800 | 860 | 100 | 80 | 100 | 60 |

其中修缮一项，要依据现有房屋情形而定其修理费。表2-5所示，指现成房屋，可以应用，不必大加修理，所以修缮费用很少，只不过粉饰墙壁、添配玻璃等。如果是民众教育馆图书部，则可利用馆中一部分为馆舍，不需要另行建筑。关于开办费的分配比例问题，署名"逸民"者认为，如果开办费总数1000元，那么，分配方案的比例为设备费400元（40%），图书费500元（50%），杂费100元（10%）。如果遇到特殊情形，分配比例可酌为增减。经费来源，除政府指拨外，或移拨公款（如庙产、乡祠等经费），经公议通过而得政府批准者，或直接捐税或私人捐助[②]。从总体上看，关于开办费预算的讨论并不多见。

（三）经常费预算

经常费预算是图书馆经费预算的核心所在。经常费，也叫常年经费，或常年维持费。这种经费，是用来维持馆务常年进行的。该项经费中，包括下列各项的开支：薪金与工资；房租（如图书馆设立在一个公共地方时，此

---

① 徐旭.民众图书馆学［M］.上海：世界书局，1935：72.

② 逸民.怎样办民众图书馆［J］.民众园地，1932，1（2）：11.

项支出可不列入预算）；图书、杂志、报章的购订费用；事务费（包括馆务扩充、图书流通等费）；办公费（包括煤油、茶水、文具、印刷等费）；杂支（包括消耗、修缮等费用）。有学者对经常费做了一个大致分配：薪俸 50%，图书 30%（图书及装订 24%、杂志及报章 6%），其他 20%（活动 10%、杂支 10%）[①]。宜兴县立民众图书馆的经常费支配标准则为：薪工 50%，图书 25%，设备 10%，装订 3%，杂用 7%，准备金 3%，印刷 2%[②]。

徐旭借鉴美国对图书馆经常费的确定方法，"以每人每年出 1 元为标准而定"，例如某城市有居民 30000 人，此民众图书馆之经常费，即为 30000 元。根据这项原则，他制定了江阴巷实验民众图书馆的经常费预算表。江苏省立教育学院江阴巷实验民众图书馆划定区内，共有民众 7000 多人，每人每年出 0.5 元为准，则全年的经常费，即得 3500 多元。所以该馆于 1931 年 7 月至 1932 年 6 月年度的经常费预算为 3636 元。该民众图书馆经费支配表，具有典型意义，列表 2-6[③]：

表 2-6：江阴巷实验民众图书馆经常费预算表

| 支出名目 | 薪金 | 房租 | 图书 | 事务 | 办公费 | 杂支 |
|---|---|---|---|---|---|---|
| 支配金额（元） | 1872 | 466 | 600 | 432 | 144 | 120 |
| 百分数（%） | 51 | 13 | 17 | 12 | 4 | 3 |

凡已有房屋为馆舍的民众图书馆，可省去房租一项，可将此费用的五分之三充作图书费；五分之二用于活动事业费。此预算表，更合教育部所规定的社会教育机关经费，当以百分之五十为俸给、百分之四十为事业费、百分之十为办公费的标准。

馆员俸给占事业费的一半，主要依据是通过明确的俸给留住馆员。民众图书馆所发生效能的大小，不在图书多少，而在馆员能力的强弱。能使

① 逸民．怎样办民众图书馆［J］．民众园地，1932（2）：11．

② 吴培元．民众图书馆设施法［M］．宜兴：宜兴县立图书馆，1930：9．

③ 徐旭．民众图书馆学［M］．上海：世界书局，1935：73．

图书充分发挥作用，是馆员之力。所以要使图书馆增进效能，则当聘请良好的馆员；要聘请良好的馆员，则当酬薪从丰。逸民也认为："图书馆不是专任保护图书的书库，要能活用所有图书，使每本书都能发生教育的效果，故职员人数不能太少。薪金也不能太薄"[①]。

徐旭依照教育部所规定社会教育机关经费分配之规定及江苏省现行图书馆长馆员之待遇条例，拟定了最低限度的民众图书馆经常费预算书，如表 2-7[②]：

表 2-7：民众图书馆最低限度的俸给开支

| 职员等级 | 月给（最末级） | 年给 |
|---|---|---|
| 馆长（1人） | 35 元 | 420 元 |
| 馆员（1人） | 25 元 | 300 元 |
| 练习生（1人） | 8 元 | 96 元 |
| 仆役（1人） | 8 元 | 96 元 |
| 总计 | 76 元 | 912 元 |

从表 2-7 可知，民众图书馆单单在俸给支出上，一年就达 912 元，这还是一个最低限度的标准。事实上，民国时期很多民众图书馆的常年经费低于 500 元，更有许多低于 100 元的。经费如此缺乏，严重制约了民众图书馆事业的发展及其作用的发挥。

图书费的确定。图书、杂志、报章、装订、修理五项的总和，名图书费。徐旭提出，确定这项费用，当先根据下列各项的估计：A. 估计国内一年间发行图书的数量；B. 每部书的平均价格；C. 决定本馆拟采购的数量；D. 拟购中外杂志报章的数量；E. 估计用书人数、每书使用次数、修理费用、杂志装订费用等。估计后，即可定图书费各部分的比例。例如每年购书费为600 元，其分配如表 2-8[③]。

① 逸民 . 怎样办民众图书馆 [J] . 民众园地，1932（2）：11.

② 徐旭 . 民众图书馆学 [M] . 上海：世界书局，1935：74.

③ 徐旭 . 民众图书馆学 [M] . 上海：世界书局，1935：74.

表2-8：民众图书馆图书费分配简表

| 经费应用名目 | 图书 | 杂志 | 报章 | 装订 | 修理 |
|---|---|---|---|---|---|
| 经费支配金额（元） | 360 | 60 | 120 | 30 | 30 |
| 百分比（%） | 60 | 10 | 20 | 5 | 5 |

宜兴县立图书馆则对图书费的分配更为精细，对各学科购书费用做了明确规定，详见表2-9[①]：

表2-9：图书费学科支配总表

| 类别 | 总记 | 哲理 | 教育 | 社会科学 | 艺术 | 自然科学 | 应用科学 | 语言学 | 文学 | 史地 | 总计 |
|---|---|---|---|---|---|---|---|---|---|---|---|
| 经费（元） | 24 | 10 | 12 | 40 | 10 | 8 | 30 | 4 | 50 | 12 | 200 |
|  | 72 | 30 | 36 | 120 | 30 | 24 | 90 | 12 | 150 | 36 | 600 |
|  | 120 | 50 | 60 | 200 | 50 | 40 | 150 | 20 | 250 | 60 | 1000 |
| 百分比 | 12% | 5% | 6% | 20% | 5% | 4% | 15% | 2% | 25% | 6% | 100% |

徐旭提出了经常费的基本标准。他说，若图书每册平均以大洋三角计，年购900册，计270元。杂志每种每年平均以大洋3元计，年定15种，计45元。报章每月定10余种，年计120元。装订完卷之杂志，及每月报纸之汇订，年计25元。图书修理，每册平均以5分计，年修图书之五分之一，计15元。所以，民众一年最低限度图书费约为450元[②]。此外，文具、邮电、印刷、修缮、添置用具等办公费及杂支，一年也需316元。假如此民众图书馆只供给阅览书报，不作其他活动教育事业，仅馆员俸给、图书费、办公费及杂支数项经常费已需上千元。依此标准,最低限度民众图书馆的经常费，当为1700—1800元。换言之，维持民众图书馆的最基本运转，也需要一大笔费用，私人非有雄厚财力者恐难以为继，公款按时拨付才能从根本上解除民众图书馆的后顾之忧。

---

① 吴培元.民众图书馆设施法［J］.宜兴：宜兴县立图书馆，1930：8.

② 徐旭.民众图书馆学［M］.上海：世界书局，1935：75.

民众图书馆学者逸民提出经常费的支出比例：职员薪俸应占百分之五十。薪俸占比较高，由民众图书馆的性质所决定。因为图书馆不是专任保护图书的书库，而是要活用所有图书，使每本书都能发生教育的效果，为达此目标，必须充分动员职员，发挥其主观能动性，所以职员人数不能太少，薪金也不能太薄，否则难以安定人心，实现民众图书馆的宗旨。图书购置费约占百分之三十，活动费占百分之十，一切杂项开支应占百分之十。[①]

此外，临时费用也不能忽略不计。图书馆遇有特别事件的发生，如遇有大批用具的添购，大批书籍的添购时，即需要动用临时费。在公共图书馆，这项费用可临时向地方行政当局请领。对于私立图书馆，则颇成问题。所以图书馆界为了避免临时费的困难，每月可有计划地划出临时基金，以补充常年费的不足，及作临时费的开支。当然，这对本来经费有限的民众图书馆来说，极为困难。

经费问题是影响中国近代民众图书馆发展的主要因素。学者的估计与实际的差距往往很大。徐旭等关于民众图书馆经常费的设想，反映了学者的基本态度和美好愿望。但这种近乎理想的设计，往往被现实击得粉碎。

## 四、民众图书馆的经费来源

民众图书馆的各种支出，尤其经常费，决定了民众图书馆必须有稳定的经费来源，才能维持正常的运转。民众图书馆的经费来源，依据民众图书馆的归属，各不相同。归纳民国时期民众图书馆的经费来源，主要有以下数途：

（一）公立民众图书馆的经费来源

1. 教育经费划拨

公立民众图书馆的经费，主要来自教育经费划拨。姑且不论各地所拨经费的多与少，其经费总算是有了稳定来源。如陕西省民众教育委员会第

---

① 逸民．怎样办民众图书馆［J］．民众园地，1932（2）：11-12.

一民众图书馆，其经费来源即由省民众教育委员会划拨[①]。

　　福建西湖民众图书馆经常费，由教育厅按月拨给。1929 年 6 月至 9 月，每月经常费定为 150 元；10 月份起，每月增加 30 元。经费的支配：薪水工食 94 元，书报 50 元，余为办公费。另，该馆图书购入，每年经常费是 480 元[②]。

　　广西省自 1940 年开始在全省各乡镇中心校内普设民众图书馆。各中心校民众图书馆基本图书由省款汇购、分发，所需购置费每套 20 元，全省中心校 2302 所，全省乡镇共 2336 处，各发一套，共 4638 套，共需 92760 元。"除扩支中央补助之民众教育经费全数 25000 元外，其余 67760 元由本年度义务教育经费项下扩支"。各基础学校及其他学校机关、公私团体商店工厂所需购置费，由当地政府劝令筹款购置[③]。

　　1929 年，湖南教育厅通令各县县长，于三个月内，仿照《万有文库》的方法，成立民众图书馆 1 所，以发展民众教育。同时咨请财政厅发款："查成立会省各县民众图书馆，以省款预购《万有文库》作基本图书一案。业经省政府委员会第三十四次常会，公决照案通过在卷。现为实施该案起见，应于本年度民众教育预算项下，筹拨此项图书价金 26812 元。分为 8、9、10 三个月支付。每月应摊银 8904 元。相应检同第一次请款凭单，咨请贵厅，烦为查照。"[④][⑤] 在《湖南省市县立民众图书馆暂行规程》第 11 条中，也明确了图书馆经费由教育局于市县民众教育经费内支给，且规定至少须以全馆

①　陕西省民众教育委员会第一民众图书馆［J］.陕西教育周刊，1929（34/35/36）：21–22.

②　李煜.福建教育厅设立西湖民众图书馆二十七个月的工作报告［J］.民众教育研究，1931（创刊号）：3.

③　广西省政府.广西省普设民众图书馆计划［J］.广西省政府公报，1940（795）：3–4.

④　教育厅令各县限三个月内成立民众图书馆［J］.湖南教育，1929（11）：3–4.

⑤　这里如果按月摊 8904 元计，三个月总拨款应为 26712 元。湖南教育厅咨请财政厅一文中的 26812 元可能有误。

经费十分之三作为添置图书、杂志、报章之用①。

农村图书馆也因得到教育经费资助而发展顺利。湖北黄安七里坪农民图书馆即是由"教厅按月补助经费 200 余元,而能从此进行当益顺遂矣"②。

1936 年,甘肃省民众图书馆经费由省政府一次性拨付设备及购置费 2000 元,经常费也按照预算拨付。《甘肃民国日报》刊载了如额拨付的消息:"现该馆已将上月应领款数领到,相继已订购著名书报充实阅览室内部。如本年向商务印书馆预购了《丛书集成》,其初期现已出版。该书总目计 131 种,总 400 册,已全数收到。"③

民众图书馆的经费由教育主管机关拨付,但当教育经费紧张不足以支付民众图书馆的额外预算时,教育主管部门则需向上级请款,以利进展。1929 年,南京市立民众图书馆本按计划利用孔庙余屋建设,分期循序进行。然而,拨款迟迟未到,南京市教育局局长顾树森只得再次呈请催促市政府迅予拨款:"呈为第一期整理孔庙计划亟待进行,仰祈迅予拨款,刻日兴工事,窃职局奉令整理孔庙一案,前拟具分期整理计划,业经均府第 73 次市政会议议决、修正、通过,所须经费职局已于去年 11 月 19 日用投标法,由各营造厂按照分期计划堪估招工修筑在案。兹查该庙第一期计划系遵照部令利用孔庙余屋设施民众图书馆以启迪民智。以图书馆关系一国文化至重且巨,近世欧美各国莫不注意于图书馆之发展,其对于首都民众图书馆尤见发达,如英伦、柏林、华盛顿等每城不下数十处。返观吾国则瞠乎其后,殊无以壮观瞻,而启民智。现值训政开始,一切建设首都应为全国模范,是则民众图书馆实有急待筹办之必要,为特备文呈请均长鉴核,迅予拨款,以利进行而广民教,实为公便。"④南京市政府随即批复:"指令教育局呈请迅予拨款,利用孔庙余屋建设民众图书馆,仰先造具预算呈送核办案由(指

① 湖南省市县立民众图书馆暂行规程〔J〕.湖南教育行政汇刊,1930(5):71–74.

② 湖北黄安七里坪设农民图书馆〔J〕.中华图书馆协会会报,1934(4):27.

③ 省民众图书馆计划增订书报〔N〕.甘肃民国日报,1936–08–03(3).

④ 教育局呈请拨款建设民众图书馆案〔J〕.首都市政公报.1930(53):34–35.

令第 270 号，1930 年 1 月 21 日）""呈请迅予拨款利用孔庙余屋建设民众图书馆，祈鉴核由呈悉，查整理孔庙计划虽应分期循序进行，惟近来市库支绌，亦当统筹并顾，所拟筹设民众图书馆究需经费若干，仰先撙节估计造具预算呈送，再行核办此令"[①]。

还有一种情况，从另一个角度来说明教育经费的足额划拨对民众图书馆发展的重要性。如北平市府一度以收入减少，经费困难，决定减成发薪。但教育局所属各民众阅书报处，"经费原本甚少，平时即感不敷，若再按八成开支，更属困难"[②]。民众图书馆经费本就有限，如果再被缩减，那基本事业保障和普通馆员生活就会陷入困境。民众图书馆馆长周慧仪及各民众阅书报处学校等，特呈请教育局长周学昌设法维持。周氏据呈后，已转呈市府核齐办理。时任周市长以所请各节属实，已准予照原数开支。

教育经费划拨是公立民众图书馆的稳定来源，是民众图书馆事业开展的基本保证。尽管由于各种原因，经费划拨不一定能及时到账，但从总体上看，教育经费拨给还是民众图书馆最为稳定的经费来源。

2. 党部经费拨付

曾有人言："有怎样的政治需要，便有怎样的教育设施；有怎样的教育设施，便有怎样的政治收获。"[③]其实，无论在中外古今，这一准则是亘古不变的，即政治引领教育，教育为政治服务，政治与教育互为因果。有鉴于此，南京国民政府时期有不少地方党部利用公款筹办民众图书馆，并按月拨付经费以适应训政社会治理需要。如甘肃民乐县党部，"鉴于民智闭塞，风气晚开，特拟筹办民众图书馆及阅报室各一处，以期宣传党义，唤醒民众"[④]。福建寿宁县党部以该县交通梗阻，文化落后，一般民众知识异常闭塞，其原因实系教育不振所致，加以连年匪祸，地方教育濒临破产，小学教育只能敷衍

① 教育局呈请拨款建设民众图书馆案 [J]. 首都市政公报 . 1930（53）：34–35.

② 平市民众阅览处 市府昨通令教育局经费不减 [N]. 益世报，1932–03–17（6）.

③ 寒梅 . 社会教育与民众图书馆 [J]. 上海图书馆协会会报，1930（3/4）：4–5.

④ 民乐党办事处筹办民众图书馆 [N]. 甘肃民国日报，1935–02–11（3）.

从事。其他教育设备都很缺乏,甚至全县向省内外订阅报纸杂志者也是寥寥。至其他如书报所、阅报所等等社会教育机关,更付阙如。一般社会民众对于外来之一切情形茫然不识,民智如此低落,影响社会进步实大,遂决定"将前后收存之图书全部捐出,附设民众图书馆一所,一面并就经费项下按月津贴购置各种图书杂志及报纸公开陈列,以便各界民众观所有章程规则"①。寿宁县党部曾为此事,专文呈报省党部核备。

河北省站在全国的高度,呼吁把党费中的救国基金悉数充作民众教育经费,大力发展民众教育事业,包括兴办民众图书馆在内:"推广民众教育亦为本党政纲之一,值此训政伊始,努力培养民众革命学识及训练人民运用民权时期,拟请中央将上项救国基金全数拨充民众教育经费,不得移作别项用途,以期嘉惠无识民众。兹经职部拟具办法四项:一、统计全国现存救国基金实数;二、规划扩充民众教育实施方法;三、通盘支配经费,预由各该地高级党部及教育机关共同负责办理;四、限期成立民众学校及民众图书馆。以上所拟办法,是否有当,理合具文建议,呈请钧部鉴核。俯准转呈中央执行委员会,提交三中全会会议施行,伏乞令示祗遵,实为党便,谨呈中央训练部。"②国民党中央执行委员会虽然没有采纳这个建议,但各地党部时有资助民众图书馆的新闻见诸报端。

1933年,位于西北的陕西富平县党部为增进民众知识、辅助社会教育起见,特成立民众图书馆及民众问字处、民众工余借书处各一所。此举受到省指委会嘉奖,富平县党务指导员沈凤翔更是受到特别指令嘉慰:"该员办法颇善,除指令照准外,并予嘉慰以昭激励。"③

1934年,四川省党特派处也认识到民众图书馆在增进民众教育中的力量,决定先在重庆设立民众图书馆,次推及各地,以增进民众常识。"下东各通都大邑图书馆林立,而民众知识较之他处不无过人之处,此间党特派处

---

① 寿宁县党部成立民众图书馆[N].求是报,1937-03-02(3).

② 省训练部呈请中央用救国基金发展民众教育[N].益世报,1930-02-15(6).

③ 富平党部成立民众图书馆[N].西京日报,1933-10-27(6).

有鉴及此，近拟在各地添设民众图书馆。惟兹事体大，先从本市设立图书馆着手，闻现已决定在本市设置图书馆三所，择冲要之地设立。关于图书之设备等均已商有眉目。刻正进行选择地址中，一俟觅就，即便积极进行。"①

利用党费创办民众图书馆，对民众图书馆的发展来说，未尝不是一件好事。然而，其中法理问题也不能忽视。从权责角度看，经费来自教育部门时，民众图书馆为社会教育机构；经费来自党部时，民众图书馆则可能为宣传机构。经费来源，决定了民众图书馆的办馆方向。实际上，并没有看到国民党中央推广这一建议。将民众图书馆视为社会教育机构，符合社会各界对民众图书馆的价值期许。

3. 社会局拨付

民众图书馆的隶属关系比较复杂，经历了曲折的演变过程。民国初期，隶属于教育部门。南京国民政府建立时，民众图书馆独立建制，其经费由当地教育局（厅）主管。1930 年代初，民众图书馆被合并到民众教育馆下，其主管机关变为社会局，经费也相应由社会局拨发。如北平市立民众图书馆，由前学务局时所设立，原名社会教育办公处，附设通俗图书馆。1928 年北伐成功后，辖于市教育局，1929 年 5 月改称民众图书馆。教育局被取消后，民众图书馆又改辖于北平市社会局。该馆全年经费 876 元，由北平市社会局从教育经费项下按月拨发，用于职员薪金及办公费夫役工资等。图书之购置，则按需要情形，随时呈请，预算项下并无购书专款②。

该馆其他费用也由社会局拨付，如房屋修缮费等："市立民众图书馆，前在两期内房屋多被损毁，曾呈准社会局拨款修理，以壮观瞻。兹闻该馆各项修理工程，均已完竣，内部焕然一新，由前日起已恢复阅览时间。周慧仪馆长，以该馆各项书类多数年前购采者，近来到馆阅书者日为增加，顷为供公众阅览需要起见，拟呈请社会局酌为添购各种新书。"③从总体上看，

①　党特派处将设立民众图书馆［N］.四川晨报，1934-09-28（7）.

②　市立民众图书馆［N］.华北日报，1933-08-29（7）.

③　民众图书馆恢复阅览［N］.京报，1932-10-05（7）.

民众图书馆隶属于社会局的现象并不普遍。

4. 其他经费来源

公立民众图书馆除上述几种常规经费来源外，还会有一些"意外之财"。如一些地方职能部门，在执法时常有罚款惩戒发生。对于这部分罚款的去向不一而足，有的上缴财政，有的充实单位小金库，更有甚者进入私囊。但也不乏一些明智团体，其识见深谋远虑，将收得的罚款无偿捐赠教育文化事业，诸如用于民众图书馆建设等。如西安兴平县棉杂取缔所就将罚款捐赠给民众图书馆，以示提倡民众教育事业。"本县棉花掺杂取缔所，由去秋至今春办理违规棉花取缔章程之奸商颇多，计共得罚款洋百五十余元，为提倡民教起见，曾全数捐给兴平民众图书馆，以为购买新书，扩充馆务之资"[1]。

当然，公立民众图书馆除上述几种公款来源外，也有私人解囊相助的情况。如陕北鄜县，交通不便，文化闭塞。县长杜炳言有鉴于此，特在旧有民众公园，设立民众图书馆，又从自己薪俸项下，撙节大洋数百元，向省垣各大书店购买各种书籍图画，邮寄到县，供众阅览，大力发展社会教育[2]。国民政府行政院长戴季陶曾为陕西鄜县捐修图书馆，提倡西北文化。扶风县保卫团团长刘崇德也效仿嘉言懿行，联合全县士绅，在扶风建设图书馆。"现房屋粗成，地址即在龙光寺西偏大街路北，共计新屋五大间。后房屋数间，规模极为完美。……内设民众图书馆，识字处，问字处"[3]。

民众图书馆的这些"意外之财"，可遇而不可求。除非定期开展募捐活动，否则不能作为预算经费。

（二）私立民众图书馆的经费来源

私人创办图书馆者，并不多见。这主要是由图书馆性质决定的。图书馆的创设，至少需要创办费和维持费两项。尤其维持费，看似数量不多，但必须源源不断地供给，否则图书馆难以为继。而近代中国，社会动荡不安，

---

① 兴平棉杂取缔所罚款捐赠民众图书馆 [N]. 工商日报，1937-08-04（7）.

② 鄜县设立民众图书馆 [N]. 西北文化日报，1931-01-09（3）.

③ 扶风筑民众教育馆 [N]. 西京日报，1934-06-26（6）.

民不聊生。在这种历史环境下,资产恒丰者,少之又少。所以私人创办图书馆,实属凤毛麟角,私人出资创办民众图书馆更是少见。尽管如此,仍有私人创办民众图书馆,且卓有成效。这些私立民众图书馆的经费来源主要有:

一是由主办人自己掏腰包。冯平山创立景堂图书馆,即为这一类型。冯平山(1860—1931),广东会城高第里人,银行家,有"太平绅士"荣衔。天资聪颖,幼承庭训,富而乐善,扶危济困,捐资兴学。景堂图书馆,乃冯平山为纪念其父景堂公所建。西欧之风格,1925年竣工。时任广东省教育会会长、后任中山大学校长的金曾登手书《景堂像碑记》:"晚值清政不纲,鉴于国内形势,知非提倡社会教育不为功,弥留时犹谆谆以此嘱其长子平山君,勉绍厥志,经创办义塾小学校、职业学校,尚不取自以为足,民国十一年复建筑图书馆于邑城。"①冯平山自费筹建公共图书馆的义举在社会上引起了积极反响。时任国民党中央执委、宣传部长、国史馆馆长戴季陶,为景堂图书馆题写了"智识府库"四个大字。景堂图书馆收藏中外百科,古今经典。寒暑晴雨,馆门常开。皓首垂髫,鱼贯而入,诚民众之精神家园。冯平山也因"名馆毓秀,作育英才"而流芳百世。

上海叶鸿英也积极捐资兴办民众图书馆。叶鸿英(1860—1937),实业家、藏书家,自幼经商。鉴于中国文化教育未能普及,愿将部分资产捐献为公共事业所用。特设鸿英教育基金董事会,专办图书馆及乡村小学两项事业。所捐资产约100万元。叶鸿英对文教事业的捐助中最值得一提的是鸿英图书馆。该馆创建于1933年4月,前身是由黄炎培、马士杰、史量才于1924年发起创立的"甲子社"的图书室,规模很小,无专门名称。1931年"甲子社"更名为"人文社",该图书室遂定名为"人文图书馆"。1932年,人文图书馆计划兴建馆舍,扩充设备,估计需要资金40万元。黄炎培倡议,凡有私人独力捐助者,以捐助人之名命名此图书馆。叶鸿英前往该馆参观,认为图书馆为开发民智所急需,对乡村教育亦主张力谋推广,于是慷慨捐金50

---

① 新会景堂图馆[EB/OL].[2020-06-28]https://baike.so.com/doc/2128675-2252225.html#2128675-2252225-2.

万元，1933年6月图书馆改称"鸿英图书馆"。1935年正式成立图书馆董事会，管理约25万元资金余款。又成立鸿英教育基金会，由蔡元培等担任董事，1942年夏向社会开放，成为当时上海最具规模的五大图书馆之一。徐旭对叶鸿英嘉慧民众的善举赞誉有加："最近上海实业界巨子叶鸿英氏，捐产百余万元，指定办理图书馆及乡村小学用。业已成立董事会，呈奉教育部，最近正在积极筹备，一俟馆址决定，即附设民众图书馆一所。此于我国民众图书馆运动之助力，实可比之于美国的卡诺基。"[①] 叶鸿英私人捐资兴图嘉慧民众的义举，有极好的榜样示范效应，对更多的图书馆向民众开放起到了积极的推动作用。

浙江陈独醒创设杭州私立流通图书馆，则为民众图书馆园地增添了新气象。私立浙江流通图书馆，简称"浙江流通图书馆"，由杭州邮政职工陈独醒创建于1925年4月。陈独醒称："流通图书馆者，搜集中外古今图书，用各种流通的方法（阅览、到馆借，通信借、陈列、巡回、车送和代理）使无地处、时间、性别、保证等的限制，而无所取酬的借予全社会的民众阅读，以达其普及教育之目的。"[②] 根据这一办馆目的，浙江流通图书馆设图书、流通、宣传、事务四部，开展劝人读书、到馆借书、通信借书、陈列图书、巡回图书、车送图书、代理图书、设立各县露天阅报牌、发行中国出版月报等业务。后又增加出版《流通图书馆教育小丛书》、成立"均益读书会"两端，作为事业之补充。

浙江流通图书馆为我国流通图书馆之较有成效者，陈独醒的执着敬业精神令人钦佩，没有对图书馆事业的热爱是不可能办到的。即使办成了，也易中途夭折。陈独醒是图书馆迷，确切地说，是图书馆流通事业迷。1932年，杜定友表示："他们夫妇俩，以正当职业所收入，每月除最低生活费外，悉充图书馆经费。积之数年，现有图书一万五千余册，流通浙江六十余县，

① 徐旭.民众图书馆学［M］.上海：世界书局印行，1935：48.

② 陈独醒.究竟怎么叫流通图书馆［J］.中国出版月刊，1934（1/2）：1.

向他们借书的，年有三四万人，他们每月工作十余小时，始终不懈。"①有人对浙江流通图书馆评价很高：小小的房子，少少的办事人员，来来往往的邮包就是浙江流通图书馆所有的精神和事业所在。尽管地方不大，办事的人很少，但是所做的事业，竟胜过了经费充足的省立和市立图书馆②。浙江流通图书馆"以我就人"的服务创举，获得了社会的高度认可，赢得了广泛的社会赞誉，是20世纪图书馆界的一股清风。自此以后，浙江的省立县立图书馆大多仿效陈独醒的流通图书馆，而增设流通图书部；外省考察社教之人、学校参观团体、各地民众图书馆及通俗图书馆，涌往浙省参观及通信质询者亦络绎不绝。陈独醒为了便利民众图书馆界的交流及扩大流通图书馆的影响，遂将自己的办馆经验和心得撰成小册子，传播至国内各地，极大地促进了国内流通图书事业的发展。

陈独醒创设流通图书馆，其影响极为深远。一般认为，"流通"是传统藏书楼和近现代图书馆的分野。民国初期，图书馆对图书流通发展趋势的认识并不明朗，1930年出版的《辽宁省立图书馆馆刊》（第一卷）中，仍视"整理旧籍"为图书馆第一要义，通篇并无"流通"一说。这一时期，除了少数图书馆外，多数图书馆已经面向各阶层所有民众开放，从图书馆角度来看，似乎已尽其所能实现自身社会教育职能。但从民众角度来看，还是得不到读书的好处：一是阅读时间的限制。"无论农工商兵，依然保守着日出而作，日入而息的定例。上了年纪的男女老者，以及为家务羁绊，为子女牵累的女性，心向往之，身却不能行"③。最终，图书馆还是沦为少数文人学士的专利品。二是图书馆数量太少。省立图书馆，一省一个，县立图书馆，也是寥若晨星。有了开办费，没了维持费；有了维持费，没了购书费，捉襟见肘，窘态毕露，挂了块招牌，勉强支撑。不仅如此，有些图书馆还制定有严格的章程，使来馆读者，受到种种限制。最终结果是民众对图书馆无暇问津，

① 杜定友.图书馆迷［J］.中国出版月刊，1932（1）：13.

② 念馨.站在借书人的立场来说流通图书馆［J］.中国出版月刊，1934（1/2）：12.

③ 陈独醒.怎么叫做流通图书馆［M］.杭州：私立浙江流通图书馆宣传部，1932：2.

不敢贸然闯进。

陈独醒创办的流通图书馆一改图书馆陈旧的消极服务模式及态度，变被动为主动，允许民众将书籍拿到家里、店里、厂里、营里去读。民众足不出户，即能快乐地享受邮局或车夫带来的读物。图书的自由流通借阅不仅帮助一般民众摆脱时间和空间的约束，还助其摆脱图书经济方面的掣肘。当然，凡事都是互相作用的。流通图书馆也从图书流通中获得了更多的使用价值和社会效益，促进了自身藏书结构的改善和服务方式的改进。过去以搜集文献和保存国粹为己任的藏书楼式的图书馆，采取的是守株待兔式的消极服务，并不能很好地表现出它对社会一般民众的功用，对普通民众产生的影响微乎其微。在近代社会经济文化的发展要求下及开民智、广教育思潮的推动下，图书馆的民众化方向越发明确。陈独醒创办的流通图书馆可以说是极具代表性的一所，因为它是众多图书馆民众化中最彻底的一种。陈独醒的服务理念和服务方式也集中体现了民众图书馆精神和价值的精髓——图书馆是活动的，不是静止的，是为书去找人的而不是让书等人的，是平凡的而不是高贵的。

其他地区亦有精英投身于当地图书馆建设的例子，虽然他们的经济实力不及冯平山、叶鸿英等富商大贾，创建的图书馆规模也可能不如浙江私立流通图书馆之影响广泛，但其造福桑梓，服务乡邻的初心一样闪亮。如陕西扶风保卫团团长刘崇德，以扶风为灾区中心，大创之后，元气荡尽，武功现有农专，接近扶风，他日文化经济或可规复汉唐之旧。又以前在郿县随考试院戴季陶院长参观林场时，见戴季陶为郿县捐修图书馆，提倡西北文化，遂发愿联合全县士绅，自动在扶风建立图书馆。"现房屋粗成，地址即在龙光寺西偏大街路北，共计新屋五大间。后房屋数间，规模极为完美，刻因农忙停工，俟麦收秋种，即继续兴工，拟于八月后开幕，内设民众图书馆、识字处、问事处，并将环境电话附设其左右，以利保卫团"①。

---

① 扶风筑民众教育馆 [N].西京日报，1934-06-26（6）.

　　二是向民众劝捐。劝捐的方法甚多，可以请舆论界帮忙鼓吹和呼吁；可请求社会各界名流，利用公共集会的机会讲演，展开募捐活动；可以请地方各界有声望者及行政当局，做募捐人；可以给予乐捐的民众一种感激的鼓励，让他们乐于宣传。《现代普通尺牍大全》收录的一篇《为民众图书馆募捐》文："铭三先生左右：吾乡民智不开，风气闭塞，若不设法倡导，则长夜漫漫，甚可惧也。我辈生长是邦，徒以远游时多，未尝经意，此次假归两月，留心观察，觉民众图书馆实有设立之必要，爰与三五同志呼号奔走，着手组织，现已觅定馆址，粗具规模，但非广为勤募，则经费无多，收藏不富。先生望重乡邦，负先知先觉之责，倘承慨捐巨资，赞助公益，则愚昧之民，顿化高明，德泽普沾，永留纪念矣。"①

　　贵州省贵山民众图书馆的兴建费用，全由当时地方士绅及工商各界热心文化、教育人士所乐捐。开建之初，已感经费支绌，原预计拆除戏台，尚有部分梓材圆木可变价充作收入，不意拆下的圆木竟被盗走。旅居上海黔人陈夔龙原认捐 1000 元，因种种原因，也没能实现。抗战期间，通货膨胀，物价波动极大，原来的捐款已不能济事。其后由卢晴川找当时富商赖贵山商量，动员赖出资完成其事。许赖为首任馆长，于是工程乃得竣事②。

　　江苏镇江黄墟地方人士为感谢冷御秋抛弃政治生涯，蛰居乡里，专以提倡公益改进乡村造福乡里之功，在冷五十寿辰之际，为其祝寿。冷御秋体念物力，坚持勿许，于是公筹寿金，创设了黄墟新村图书馆。一以嘉惠地方民众，一以纪念冷御秋之功。图书馆将所筹寿金作为开办费，及原有各机关赠送的图书，其余尚无余力购置，所以发函向黄墟民众征集③。

　　为了协助私立民众图书馆筹措经费，李靖宇提出了募集动产基金法、

---

① 王邈汝编著 . 现代普通尺牍大全（上）[M]. 上海：商务印书馆，1936：238-239.

② 马培中, 徐泽庶 . 贵山民众图书馆 [M] // 贵阳文史资料选萃 . 贵阳:贵州人民出版社，2006：638-640.

③ 为黄墟新村民众图书馆征集图书启 [J]. 乡村建设，1932（11/12）：30.

募集不动产基金法、募集信用基金法、节蓄法等种种办法[①]。李靖宇设想的这些筹款方法，是否可行，可以商榷，但无疑为民众图书馆的资金筹措，提供了借鉴，有一定的参考价值。

（三）公私合建民众图书馆的经费问题

民众图书馆的经费来源，或是由教育经费拨付，或是由私人筹资，但也有部分民众馆的经费则是二者兼有。当地有识之士热心公益，慷慨解囊，地方政府也重视教育，乐于拨付经费。如无锡县县立泾滨民众图书馆，本是由严慰苍、宋泳孙、胡念倩、顾泾村、陈君璞等发起创办，筹集开办费400元，勘定张泾桥前泾东小学校校舍为馆址。后"虑经常费无着，复呈请无锡县教育局，每月拨付经常费银二十四元，当蒙核准"[②]。该馆于1928年5月正式成立，后因馆址偏僻，为便利来馆阅书人起见，复于1929年2月租赁本镇中市西庄王宅民房为馆舍。其经常费则由地方政府与热心人士共同担负，"县教育局年拨经常费银360元，临时费（作购置图书费）100元，其预算不足之数，概由地方人士筹集弥补"[③]。

泾滨民众图书馆地处无锡东北乡张泾桥，离城约三十里。泾水横贯东西，来往船只，必道经于此，交通便利，文化尚称发达。该镇居民，商最多，农次之，学又次之，工最少，居民殷实者，寥寥无几，大半贫困。加以近年来生活程度日高，年岁荒歉，以致民生凋敝。幸运的是，民众大都有职业，并且克勤克俭，民众生计，还可勉强维持。该处地方人士，热心公益者，不乏其人，尤其是对于公共机关，莫不赞助。因此，无锡县县立泾滨民众图书馆也得到他们的助力不少，因此对于经济问题之困难，莫不迎刃而解。

再如南通唐闸民众图书馆也是这种公私合办的模式。邑人李云良鉴于本县唐闸镇工厂林立，人烟稠密，民众图书馆之设立，实迫不及待。本爱护桑梓、提倡民众教育之热忱，倡议与省立南通民教馆唐闸实验区合资创

① 李靖宇.县单位民众图书馆的经营与管理［J］.图书馆学季刊，1937（2）：166-167.

② 无锡县县立泾滨民众图书馆概况［J］.无锡图书馆协会会报，1932（1）：12.

③ 无锡县县立泾滨民众图书馆概况［J］.无锡图书馆协会会报，1932（1）：12.

办唐闸民众图书馆一所。购书费由李云良一次筹募千元，经常费用及临时设备则由省民教馆负担。馆舍借用前唐闸区公所余屋，将来再由双方筹募巨款，自建规模宏大之馆舍。经积极筹备，图书方面由李云良在沪购定《万有文库》全部、《小朋友文库》及《初中生文库》全套。李云良本人并捐赠大批图书。该馆于 1936 年元旦正式开幕，唐闸镇遂又多了一所民众教育设施[1]。

河北保定东长店村民众图书馆是在村长杨长生、俱乐部主任杨长云、小学教师王贵儒、民校教师杨俊江、高级班教员李森、合作社干部杨长秋等十余人的筹备下，于 1947 年 4 月正式成立。接着，这十余人又凑款 22000 元用于购书[2]。从上述这些人的身份来看，有代表官方的村长、俱乐部主任、合作社干部等，也有代表个人的教师、学员等。所以说，东长店村民众图书馆也属于公私出资合建民众图书馆的代表。

针对民众图书馆经费普遍短缺的情况，学界也积极开展讨论，集思广益找出解决问题之道。如上海图书馆协会的寒梅在《社会教育与民众图书馆》一文中，就提出了三个筹措经费的建议，"A.请教育行政机关于编制预算时将社会教育经费，努力增加。B.没收军阀贪污土劣逆产，充作图书馆经费。C.将各地庙产划出一部分，充作图书馆馆址基地"[3]。无论何时，经费总是事业发展的基石，民众图书馆只有解决好经费问题，其发展才能免除后顾之忧而走上康庄大道。

## 第三节　合理设置机构各尽其职

### 一、筹备期的机构组成

民众图书馆的设立，一般包括筹备和成立两个阶段。不同阶段，其组

[1]　唐闸民众图书馆元旦开幕 [N].新江北日报，1935-12-29（3）.
[2]　东长店设民众图书馆 [N].冀晋日报，1947-04-04（1）.
[3]　寒梅.社会教育与民众图书馆 [J].上海图书馆协会会报，1930（3/4）：4-5.

织机构也不相同。民众图书馆的筹备，可由各方面主持其事，或由地方教育行政机关，或由当地的公团，或由私人办理。因主持人的不同，进行的方法也有些差异。综观中国近代的民众图书馆，绝大多数由教育当局为普及民众教育而创立，所以其创设程序及机构组成以教育当局为主导，具体由教育行政当局、筹备委员会及筹备主任或馆长组成。

（一）教育行政当局

教育行政当局，是指省、市、县教育厅（局）及社会教育科等。他们负责谋划的事宜包括：选定馆区、规定经费、聘请设计委员会、委任筹备主任或馆长等。具体来说，就是教育行政当局根据普及全省（市）县的教育计划及当地经济文化发展状况，选定馆区，逐步创设该地的民众图书馆。由于民众图书馆是一个不收费的公益性社会教育机构，需要持续的不间断的资金投入，所以教育行政当局在筹划民众图书馆时，对于筹备经费、开办经费，以及常年经费等，均须于事前做好筹措规定，以免民众图书馆因经费不足而发展停滞不前或中途夭折。民众图书馆是一种重要的地方文化事业，服务的是一方百姓，要想发展顺利，绝不可离开地方精英的协助。在民众图书馆事业开展之初，即应立一个坚固的根基，由教育行政当局聘请地方名流组成5—11人的设计委员会，以共谋地方文化教育大业。

民众图书馆的馆舍经费解决后，又得地方精英支持，是否就万事俱备只等开门迎客了？当然不是。因为真正决定图书馆日后发展方向的还得靠"东风"——主事之人的选用。专业的事由专业的人做，这是放之四海皆准的道理。民众图书馆是属于比较专门的事业，如果用人不当，势必会影响筹备工作。所以对于筹备主任或馆长委任，除须依照教育部（厅）所颁布任用馆长条例外，尤应注意其服务精神、对外公关对内管理、设计独创思想、善言能文等能力。此外，健全身体、和蔼性情也是基本要求。身体是革命的本钱，健全的身体为事业发展如虎添翼；性情的和蔼易于拉近读者及员工的距离，让人如坐春风，不致望而生畏，对图书馆产生恐惧。

馆址的勘察、经费的确定、筹备主任的聘请是教育行政主管部门筹划民众图书馆的基本内容。不过，这些要素不一定面面俱到，在实际过程中可能会有所出入。1927 年 10 月，上海市教育局筹划民众图书馆，先是依据专家之研究、国际之先例，确定筹设民众图书馆，进而选择适当地点，同时函请上海书业商会转致各书馆书局，捐助出版图书，并呈请上海市政府指拨寺庙等公有房屋，以作为馆舍①。上海市教育局筹设民众图书馆，注意到馆舍、地点、专家、募捐等因素，但经费方面没有予以明确。12 月，筹备工作就绪。第一图书馆在西林路西林庵，第二图书馆在关帝庙，并委任程、保两人分别为管理员，并公布了暂行条例 6 条，第 1 条即为"本馆隶属于上海特别市政府教育局"②。

1928 年，江宁县教育局筹备民众图书馆的做法则是先确定筹备人员，再由筹备人员负责规划馆址、建筑馆舍等。该馆聘请王国瑜为筹备人员。王毕业于江苏大学社会教育讲习会，富有学识经验。在其任筹备员后，商承教育科主任，细心规划，确定燕子矶村珠山地方，作为馆址。该山位于全村中央，地势平坦，与燕子矶、尧化门成鼎足之势，风景天然，交通便利。在筹划馆舍建筑时，以节约为原则，而求合于美观合用坚固三要素。以此为依据，拟定筹备时间、建筑设置、各项图式及预算等，分图并进，克日完工③。

其实，各馆筹备内容大同小异。因为任何一个民众图书馆的构成要素都是差不多的，馆舍、设备、图书、人员、经费等要素缺一不可。但居于主管地位的教育行政当局在筹备阶段尤显重要，因为民众图书馆发展基调及日后方向都要靠教育行政当局来把控。

（二）筹备委员会

筹备委员会，又称设计委员会，是民众图书馆创设的重要机构之一。筹备委员会成立后，根据赋予的职权，推进民众图书馆的筹备工作。在筹备期中，筹备委员会的工作主要分为四项：一是决定馆舍。馆舍是民众图

---

① 民众图书馆之筹设［N］.新闻报，1927–10–30（11）.

② 民众图书馆明日开放［N］.新闻报，1927–12–10（11）.

③ 呈江苏大学（呈报筹备民众图书馆情形由）［J］.江宁县教育行政月刊，1928（10）：13.

书馆展开工作的物质基础。馆舍的勘察，涉及面广泛，需要照顾方方面面。该工作由设计委员会完成，恰如其分，是其他机构或个人所无法替代的。二是制定方针。馆内部的专门工作，由馆长设计，但对于图书馆的行政大纲、设施方针，则须由设计委员会负责讨论制定，以为馆长推行事业的指南针。三是鼓吹宣传。设计委员会委员，大多数是本地人士，有力量，有威权。所以民众图书馆筹备期中，鼓吹宣传的工作，当由设计委员会负大部分的责任，以引起民众的热忱，渴望民众图书馆的成立。他们宣传的方法，不必要贴标语，发传单，公开演讲，举行游艺；只需在茶园里，友朋间，街头巷尾的随谈中，说明民众图书馆的需要和利益，就会一传十，十传百，不到三五日，传遍全区的民众。四是辅助筹备主任或馆长。教育局委任的筹备人员，必须符合部厅所颁布的条例，不一定是本县本地人。若外地人来此筹备民众图书馆，终有许多隔膜的地方，因此设计委员，必须将该地的人情风俗等，都详细地为之说明。筹备期中，筹备委员会应尽力辅助筹备主任或馆长一切事宜。其他可供事业进行的材料，则尤须随时告知。

富济在《民众图书馆的理论与实施》一文中，对筹备委员会的工作内容也有阐述，他认为筹备委员会进行的工作有以下四项：（1）决定图书馆的馆舍；（2）制定大体方针；（3）鼓吹宣传；（4）辅助筹备主任或馆长。具体在聘请筹备委员时，应注意以下几点：首先，他认为委员会的人数当以9—11人为最适宜，可自一年至三年每年改选三分之一。其次，委员的资格当以有学识经验，热心公益，对于图书馆有兴趣者为佳。再次，在委员会人数地域性的分配上，本区人应占多数。最后，筹备委员均应为义务职，每次酌给车马费，不领薪俸[①]。

（三）筹备主任或馆长

民众图书馆的筹备工作最终由筹备主任或馆长完成。如建筑新馆舍，似乎是设计委员会的工作，但经过他们规定式样、招标承造后，其他室内

---

① 富济.民众图书馆的理论和实施［J］.大夏，1934（2）：120.

支配、室外布置、监工照顾等，全部由筹备主任或馆长负责。筹备主任筹备期的工作主要分对外联络、调查、宣传、参观和对内设筹备处、请助理员、拟计划书等职责。

民众图书馆在筹备期，应尽量联络地方上领袖、机关和热心人士，借以获得同情而得其助力。如地方经济状况、一般民众教育程度、当地生产能力等，这些问题对于将来工作的展开，具有重要意义。筹备民众图书馆时，需要借助于宣传，如投登筹备消息或近况于报纸，或民众刊物，利用本地机关集会时，出席演讲等，引起社会各界对民众图书馆的兴趣与期待，为民众图书馆发展营造好的舆论环境。筹备人员善于学习别人所长，借他山之石，谋自身发展，如到附近各县的民众教育机关，或著名的民众图书馆去参观，借以取人之长，补己之短。如果经费不宽裕，时间不充分，则可少参观几处，务须精究详细询问各馆的设施实情，切忌走马看花。

筹备处的对外工作和对内工作同步进行。如果一时不能觅得合适的房屋为馆舍，则在筹备时，可由设计委员会设法借用当地的教育机关，或其他机关，暂时附设民众图书馆筹备处。筹备处一旦成立，行政上琐务，随之产生。如果事无大小，均由筹备主任一人负责处理，势所不能，所以可物色能力强、性情好、刻苦耐劳的助理员，襄理筹备工作。计划是事业实施的方针，工作进行的先声，所以计划愈详尽，则事业愈能按步设施，计划愈切实，则工作愈能顺利进行。所以，民众图书馆的筹备工作，也应包括撰写计划书。

民众图书馆因所处城乡环境的不同，面向的民众有别，其所肩负的使命和工作自是各异，所以组织也不相同。城区民众图书馆的事业主要有：（1）保藏本县特有文化学术图籍；（2）辅导乡区民众图书馆的创立和运营；（3）计划本县民众图书馆事业的推广工作；（4）实验研究民众阅读指导的方法。所以其机构组织可设为：教育局——设计委员会——馆长——事务部、指导部、图书部。事务部具体负责：文书、庶务、会计、交际、装订、出版等。指导部具体负责：图书之阅览、介绍读书、指导研究、调查及推广、辅导事业。图书部具体负责：图书的搜集收藏、流通、分类编目等。乡村民众图书馆的主要事业为：（1）普及民众读书机会；（2）实施各种图书流通事业；（3）

联络其他民众教育事业共同进行。其组织机构可设置为：教育局——设计委员会——馆长——下设事务部和书务部。事务部具体负责：出版、统计、庶务、会计、文书、交际、卫生；书务部具体负责：指导、阅览、典藏、编目、分类、登记、搜集、选购。

关于筹备期的组织机关，学者之间认识并不相同。胡耐秋将民众图书馆的组织分为总务、管理、推广三股，其系统及各股主理的事务由：民众图书馆——馆长——经济委员会、设计委员会、馆务会议——各股主任——推广股（教学、介绍、指导、代笔、询问、演讲），管理股（装订、阅览、出纳、保藏、编目、分类、选购），总务股（统计、调查、文书、会计）。馆长如为名誉职或兼职，则馆长下应设主任；设计委员会及经济委员会设立与否，可斟酌情形，职员最少两人，馆长兼管理一人，总务兼推广一人；最多十二人，馆长一人，各部主任三人，总务股干事二人。管理股、推广股管事各三人，此外，可招考辅助职员，或预备职员如练习生之类①。

当然，一些规模较小的民众图书馆则没有筹备委员会或筹备主任之类，只有简单的一个筹备员负责一切工作。如，北平市社会局于1936年时，为积极扩充社会教育起见，除将第一社会教育区大加整顿外，并增设第二、三、四各社会教育区，其中第三、四两区已经分别派员筹备。第二社区则由社会局委派省党部街小学校长王栋为筹备员，暂就市内东铁匠胡同民众图书馆为办公处，开始积极筹备。同时结束原市立民众图书馆业务，全部书具完全拨归第二社教区，人员亦全部调至第二社区服务。②

## 二、开馆后的机构组成

一般来说，民众图书馆实施的是馆长领导下的部门负责制。民众图书馆因其特殊的性质，在设计具体的机构组织时，一般都会考虑以下几个要素：一要适合一般民众的需要；二要适合经济的原则，即以最少的经费，办最

---

① 胡耐秋.民众图书馆的认识与商榷［J］.民众教育，1931，3（4/5）：38.

② 第二社教区委定筹备员开始筹备民众图书馆归并该区［N］.华北日报，1936-03-30（9）.

多的事业；三要适应社会环境；四是与民众联络亲近，设施以能引起民众注意为目的；五是力谋增加民众读书的机会；六是注重推广事业等。

民众图书馆组织机构可分为馆长与部门两大块。馆长负责从宏观上对全馆事务进行规划设计；各部门则从微观上协助馆长负责具体事务的实施，如总务、选购、编目、收发、典藏、指导、推广等部。图书馆部门众多，也不能说哪个部门最重要，哪个部门无足轻重。因为图书馆各部门之间是分工协作，环环相扣的，少了其中任何一个环节，图书馆的运转及任务的完成就会受到影响。只能说有些部门从事的是基础性的工作，对馆员的素质要求相对较低，如收发、典藏、流通等；而有些部门则是深层次的，如选购、指导、推广等部门。这些部门对馆员的要求较高，不仅需要熟悉图书学基础知识，还需要拥有其他学科背景，通晓其他学科知识，对读者的兴趣及心理要有所了解，如指导部下的询问（咨询）处，是专为解答读书人的质疑问难；读书会则根据不同读者对象，组织相应的如儿童读书会、成人读书会、妇女读书会等。馆长领衔下的部门负责制，是民众图书馆组织的大致结构。当然，各馆在实际组建中，会根据自身财力状况及工作目标而设置职责范围不尽统一的机构。

中央大学区通俗教育馆的组织机构分内部组织和外部推广事业两种，内部组织下设五股：总务股——编制统计设备等事；选购股——选择征求介绍图书等事；编目股——编制目录整理书籍等事；出纳股——图书之收发登记陈列等事；典藏股——图书保管整理暴晒等事。推广事业下设：借书处、巡回书库(巡回本市——流动书车,巡回外县——由本馆派人或邮寄)。此外，该馆设立了询问处及读书会（包括儿童读书会、成人读书会、妇女读书会）。该馆设主任一人，秉承馆长处理全部事务，管理员二人，协助主任分理各股事务。具体职责分工如下：

主任职责主要有：计划全部兴革事项、支配职员工作并予以指导、考查各股职员服务状况、审查选购股所拟定的图书、考查编目股编目恰当与否、调查收发股的记载情况、督促典藏股事务的进行、核阅部务日志、编制本部各项规约及表簿、召集部务会议、与他部接洽事项、其他进行事项[①]。

管理员职责主要有：总务股，编制本部统计及表册、执掌本部文牍及簿册、执行本部设备及装饰事项、执掌本部文书之收发及登记编号、购办图书及捐赠图书收受及登录、注意本部清洁及卫生事宜、招待参观人数及答复问题[②]；选购股，注意书坊新出图书、登录新书杂志报章、照规定预算选购图书；编目股，图书分类、编制目录、整理卡片目录、检查目录等、收发股，依据阅览规约收发书籍、注意阅览人交还书籍时有无损坏、新到书籍杂志等披露并登记、整理杂志及报章并登记、逐日填写日志及阅览统计表等；典藏股，保管本部图书并随时依法排列、整理并检查图书、随时通知总务股装订修理、杂志报章装订成册、曝书等[③]。

中央大学区通俗教育馆 1927 年开馆服务，不仅为南京本市居民提供多种多样的阅读服务，而且在江苏各县开办巡回文库，与各县的通俗教育馆、通俗图书馆、教育局等合作，开展图书巡回事宜。中央大学区通俗教育馆之所以能提供多层次，广地域的服务，与该馆拥有分工明确、高效运转的组织机构是分不开的。

无锡江阴巷实验民众图书馆，因其种种关于民众图书馆的实践探索及理论研究而声名远播。该馆隶属于江苏省立教育学院下的研究实验部，是名副其实的研究所实践基地。在该馆馆务会议之下全馆机构分为四股，各司其职：江苏省立教育学院——研究实验部——江阴巷实验民众图书馆——馆长——馆务会议——总务股、管理股、指导股、推广股。各股具体职责分工如下：总务股主理——交际、文书、会计、庶务、出版；管理股主理——选购、征集、登记、分类、编目、排列、整理、典藏；指导股主理——阅览、出借、介绍、答问、研究、调查；推广股主理——教学、演讲、集会、组织、

① 俞家齐 . 民众图书馆设施法［M］. 江宁：中央大学区立通俗教育馆推广部 .1929：7.

② 俞家齐 . 民众图书馆设施法［M］. 江宁：中央大学区立通俗教育馆推广部 .1929：8.

③ 俞家齐 . 民众图书馆设施法［M］. 江宁：中央大学区立通俗教育馆推广部 .1929：9.

展览、比赛、流通、教育活动①。

　　该馆机构不多，职员也只有馆长徐旭；主任干事胡耐秋，干事濮秉均、姜和、谢泽人、金问礼；助理干事骆纫之、王志廉；练习生徐世永等9名。但其工作内容却是极为广泛，除了图书采选、分类、编目、典藏等基本馆内事务外，还特辟有指导股和推广股两部，用于阅读指导和阅览推广。从江阴巷实验民众图书馆详细的工作计划及活动总结中，可以看出图书的阅览推广在该馆的工作中占有绝对中心地位，该馆推出的一系列阅读推广举措，精彩演绎了什么是真正的活用图书。即便在今天看来，亦堪称图书馆界阅读推广的经典之作，富于借鉴价值。

　　福州西湖民众图书馆直辖教育厅，设六股处理全馆一切事务：总务股——负责文牍、会计、庶务、设备等；编目股——负责编制目录整理书籍等事；选购股——选择征求介绍图书等；出纳股——负责图书之收发借阅等事；推广股——负责推广事业及指导等；典藏股——负责图书保存整理等事②。福州西湖民众图书馆位于西湖公园内，环境优雅，游客休憩之余争相一读为快。该馆组织机构数量及名称虽与江阴巷实验民众图书馆有别，但仔细对比每股的职责又不难发现，其核心工作殊途同归，都是围绕图书的采购——编目——管理——流通等展开。

　　江苏宜兴县立民众图书馆设馆长一人，由县教育局长聘任，主要负责事务有：总理馆务、任免职员、办理统计报告等。下设四股，股主任由指导员兼任，由馆长聘定，报局备案，职责如下：事务股——主理文书、会计、统计、庶务、交际等事项。管理股——主理选购典藏编目等事项。指导股——主理指导介绍答问、讲演等事项。推广股——主理推广教育、编印刊物等事项。该馆还设书记若干人，并招收练习生。为发展馆务，设各种委员会。

---

①　徐旭，胡耐秋，濮秉钧.三年来之本院江阴巷实验民众图书馆［J］.教育与民众，1933（9/10）：1675.

②　李煜.福建教育厅设立西湖民众图书馆二十七个月的工作报告［J］.民众教育研究，1931（创刊号）：2.

职员任期，第一期一年，第二期二年，第三期无定期，非因重大事故中途不得解约，进级与否，视其成绩①。从第三期起不得中途无故解约馆员的政策，有利于稳定馆员队伍及调动馆员工作的积极性。馆员经过前两期的实习磨炼，业务工作渐趋成熟，各方面能力明显提升，这样一支成熟的职员队伍来之不易，要稳定好、利用好，以利图书馆事业的进行。

无锡县立泾滨民众图书馆组织系统为：图书馆委员会、馆长——馆员——总务部（文书会计、购置登记、编目保管）、教导部（阅报指导——问字处、阅书指导——问事处、娱乐指导——代写处）、推广部（中心茶园、壁报、国民通俗讲堂）。该馆因经费支绌，不敷分配，所以馆长是兼任的（义务职），不支薪金，仅聘用馆员一人，维持馆内一切事务。截至1932年时，该馆历任职员计5人，胡念倩（馆长）、庞翼苍（馆长）、周应真（馆员）、周一清（馆员）、马廷栋（馆员）②。

如果说民众图书馆是一座座实施教育的文化大厦，那么各馆的组织机构就是支撑起大厦的根根钢架。如果把馆员比作灵动的发散维线，那么机构组织就是串起一根根维线的经线。无论从民众图书馆发展的宏观角度来看，还是从馆员作用发挥的微观角度视之，民众图书馆的组织机构实际上起到了一个承上启下、维持运转的作用。在保证民众图书馆正常运转，各项目标的实施上都起到了至关重要的作用。民国时期，民众图书馆的行政组织，大都因为经费问题而设置较为简便，每馆职员人数也是屈指可数，馆员身兼数职现象普遍存在，这种人少事多的现状对馆长及馆员的专业素养，工作能力及默默耕耘的奉献精神提出了较高要求。位卑亦未敢懈怠。遍布城乡基层的民众图书馆人，怀抱"以我就人"的职业理想，竭尽全力，在艰难困苦的环境下依然交出了优秀的答卷。

---

① 吴培元. 图书馆设施法［M］. 宜兴：宜兴县立图书馆，1930：20-21.

② 无锡县县立泾滨民众图书馆概况［J］. 无锡图书馆协会会报，1932（1）：12-13.

# 第四节　重视馆员作用以人尽其才

## 一、民众图书馆馆员的社会价值

（一）馆员是民众图书馆发展最重要的动力

民众图书馆由馆舍、馆员、设备、图书、读者等诸要素构成。在诸要素中，馆员的作用尤其重要。因为，馆舍虽重要，但就它本身来讲，不过是一个空躯壳，不会活动，不会施教，不会继续不断地工作，所以它绝不能算是民众图书馆教育的重心。其他如图书和设备，如果不能活用，便是无用的死物。再者，民众图书馆的读者知识程度一般比较低下，自我教育的能力非常有限，需要馆员的阅读指导和帮助。所以，在民众图书馆的诸多构成要素中，馆员才是推动其发展的最重要动力。徐旭表示："天下事之成功，绝不是单靠妥善的办法，或有完美的工具，或有优越的环境，或有成套的理论，而必要靠善于运用办法、工具、环境和理论的人。依之，民众图书馆运动的未来命运，能开展得快或慢，生长得好或坏，进行得顺或逆，结实得多或少，其关系于今日工作人员之用力方向是如何甚大。"[1] 此言甚是。

民众图书馆员无论是在馆内业务建设，还是在馆外阅览推广工作中都可以积极发挥主观能动作用，他们用脚步丈量知识的厚度，用双手画出知识的温度，把阅览服务送到底层民众手中，把智慧种子播散到乡野大地。

（二）馆员是民众图书馆图书的生命

民众图书馆条件有限，图书相对较少，但若能将有限的图书以一当十、以十当百，尽量供人应用，比之图书万卷而不能活用要好得多。不过，良好图书所藏的"黄金"，若要达到人人得而开掘，人人择优采掘，人人能用最经济最便利的方法获得的目标，密码则在馆员身上。因为，只有馆员对"金矿"的内容熟悉。如果他们给读者以详尽的指导，明晰地说明开掘方法，

---

① 徐旭.民众图书馆运动中的人员问题［J］.教育与民众，1935（5）：881.

书可尽其利的终极目标才会实现，这也是馆员被称为"图书生命"的原因。如九一八事变后，江阴巷实验民众图书馆及时组织馆员编辑中日问题图书目录，并先行抄写两份公布在该馆布告牌上及阅书室内；再行油印若干份分寄本外埠各社会教育机关、本埠各学校，并注意从事中日问题图书的搜集，并供各机关参考。正是像江阴巷实验民众图书馆馆员的能动性，使得静止的图书焕发出新的生命力和它该有的效用。

古代藏书楼与现代图书馆最大的区别就是图书的公开活用问题。一个藏书楼纵然藏书万卷，但若不对外公开，不能为一般人使用，再精美再宏富的图书也是死物，因为它的价值得不到实现。现代图书馆的馆门大开，任人取阅，图书的价值是不是也就能实现了呢？答案是否定的。因为有的图书价值易显，有的图书却像黄金藏于沙砾，需要馆员用职业的慧眼予以发现，用种种阅读推广的手段对图书予以宣传推介。如此种种，方能使藏于深谷无人识的芝兰芳香四溢，泽被天下。

（三）馆员是民众图书馆读者的导师

民众图书馆的读者来源较广，包括农、工、商、学、警、机关等各界人士。但其中大部分读者知识程度不高，对读物选择存在盲目行为。这就需要对图书和读者都熟悉的馆员及时指导和介绍。馆员作为民众图书馆的施教者，他一面要认识图书，一面要认识读者，而后再用种种的导引方法，使读者能得到所要得的图书。馆员也因能引人出无知的樊篱，走入光明的大道，而被称为读者的导师。如江阴巷实验民众图书馆在 1931 年度实施计划中，即有多项指导阅读的工作计划，如阅读兴趣调查、图书介绍、阅读指导、图书展览等。馆员通过指导阅读系列措施，成为读者真正的导师。

喻友信把馆员喻为图书馆的"灵魂"，对其价值予以高度肯定："居今欲言一国之强否，全视其国科学发达之程度为准。科学基于教育，然无图书馆相辅，以为设教之利器，不为功也。现代之图书馆乃活动之机关，决非前此死气沉沉之藏书楼所可比拟。图书馆之建筑物及其图书等犹如躯体，而馆员犹如灵魂。图书馆在社会有无良好之贡献，端在馆员之是否尽职。由是观之，图书馆员服务精神之所影响，亦大矣哉。"①喻友信所言不虚，馆员作用不可小觑。因为他们是图书馆、图书、读者三者之间发生联系的桥梁，是图书作用发挥的中介。

民众图书馆馆员在图书馆事业中的地位是无可替代的，价值是毋庸置疑的。因为他们能将死的图书，变为大众的生活要素。试想，在民国那样一个内忧外患、战争频仍、经济凋敝的大环境下，民众图书馆大多穷困拮据，无款无设备，而"位卑未敢忘忧国"的图书馆员硬是凭着一腔服务热情，抢起袖子，推起流动书车，担起图书担，挎起图书篮，穿梭在大街小巷、田间地头，把图书送到农人手中，工地之上。民众图书馆馆员这种立足本职、以我就人的主动服务精神，即便放在百年后的今天依然熠熠生辉，令人敬佩。

## 二、民众图书馆馆员的职业素养

### （一）具备研究实验的开创精神

民众图书馆馆员的社会价值从理论上讲是如此之大，但在实践中馆员价值要真正地发挥出来，还需要具备一定的职业素养。我国的民众图书馆萌芽于 20 世纪初期，蓬勃兴盛于南京国民政府时期，属于中国近代特定社会背景下的历史产物，与西方图书馆的发展道路不尽相同。所以我国民众图书馆的经营管理，不能照搬西方先进的图书馆理论，还需要民众图书馆馆员带着实验开创精神，结合国情民情在实践中进行探索。在中华图书馆协会年会上，有人提出，民众图书馆馆员"切不可因民众图书馆的范围小而敷衍之，而需要因民众图书馆事业的重要而精心研究之，切实实验之，务使他的一切，能适应我国的环境。这非特在事业的推行上，可以获得便利；即于全世界图书馆的文化上，亦有一种新贡献"②。

江阴巷实验民众图书馆，就曾多次制定实验计划，积极探索民众图书馆的建设良方。该馆以图书馆教育为中心，推行各种民众教育事业，在馆长

---

① 喻友信. 图书馆员应有之真精神［J］. 中华图书馆协会会报，1934（2）：6.

② 中华图书馆协会第二次年会与民众图书馆［J］. 教育与民众，1933（1）：181.

之下设管理、指导、推广、总务四股，另设设计委员会、编辑委员会。举办有商徒补习学校、读书会、家事改进会、询问处、代笔处、小学巡回文库、壁报巡回讲演、注音符号传习班、社会调查等各种阅览推广事业。该馆馆员在提高当地民众知识，促进社会文化方面发挥了重要作用①。

（二）具备刻苦耐劳的服务精神

民众图书馆学者方梓京对民众图书馆馆员的服务精神予以特别关注，他认为，"民众图书馆实施的成效，恃乎馆员服务的精神。一位馆员有了高尚学识和专精的技术，若无服务的精神，则仍然是空的"②。民众图书馆大多处于基层，面对的读者很庞杂，处理的事务也极琐碎。所以，管理民众图书馆本是件很辛苦的工作，民众图书馆的前途全视馆员刻苦耐劳的精神。馆员态度是否和善，精神是否振作，责任心是否浓厚，尤是图书馆事业成败的关键。陈训慈认为："（民众图书馆员）应认识自身的责任，与图书馆的爱好与信仰心，方可发为和善的态度。我们的态度，固不能妄自尊大，但亦不必过于谦卑，总要不卑不亢，而持着好善的礼貌，待阅者如朋友，求其相互的了解和相互的接近。"③社会是如此的复杂庞大，民众图书馆的读者也是形形色色，良莠不齐，这是事先毫无准备的。民众图书馆馆员只能怀抱宽大的胸襟，忍耐的能力，逆来顺受，一片至诚，去感化读者。"总之，我们要有如宗教家一般的虔诚，如慈母一样的和爱，如学生一般的勤慎，如赤子一样的热忱，如战士一样的牺牲精神，热忱、负责、愉快、勤奋、耐劳，是一个图书馆成功的要素（其关系之重大远过于经费与设备的增加），也是一切服务、一切事业成功的必要条件"④。

徐旭亦指出，如果馆员能多下一份刻苦耐劳的精神，民众图书馆的未

---

① 无锡实验民众图书馆［J］.中华图书馆协会会报，1931（5）：35.
② 方梓京.民众图书馆学要义［J］.皖北民教 1936（9/10）：95.
③ 陈训慈.浙省民众图书馆改进的管见［J］.浙江教育，1936（4）：32
④ 陈训慈.浙省民众图书馆改进的管见［J］.浙江教育，1936（4）：32.

来就会多得一份光辉灿烂的功效<sup>①</sup>。民国时期许多地方的民众图书馆馆员都有着刻苦耐劳的敬业精神,他们怀抱"以我就人"的奉献态度,在工厂、学校、机关等因经济原因未能设立图书馆的地方陈列图书;在民众图书馆实施教育的区域内巡回图书;在街区、乡村设立借书代理处,以"减少借书人的手续和负担,庶格外能引起他们读书的兴趣"<sup>②</sup>。如抗战时期远在西南重庆北碚地区的民众图书馆员,他们因经济原因甚至配不起图书担,只能手提书篮,翻山越岭,送书上门。他们不辞辛劳,挨户劝人读书,宣传读书的好处,并劝人登记,"这个工作虽然不免有些麻烦和困难……(但)北碚四周的乡间已经不断的有本馆馆员们的足迹"<sup>③</sup>。北碚民众图书馆员翻山越岭手提书篮的上门服务,即是图书馆员刻苦耐劳服务精神的极好注脚。

（三）具备德才兼修的求知精神

图书馆馆员健全的服务精神是图书馆工作推进的前提,而必需的技术与常识也是推动事业的重要因素。如果缺乏民众图书馆的基本知识和常识,其热忱徒劳无益,至少也是事倍功半。这里所说图书馆员的知识,包括两个方面:一是普通工具与各学科的基本常识,二是图书馆学术与技术方面的智能。民众图书馆的工作本是一项精细专门的工作,具体包括行政工作、管理工作、指导工作三部分。其中,指导工作乃是民众图书馆的主干工作,也是图书馆由死变活,由静趋动,由消极转积极,由供少数而为大众的总关键。徐旭认为,"负指导之责的馆员,当需具有缜密的思想,清晰的头脑,周详的方法,处理的手段,忍耐的毅力,刻苦的手脚,以及不怕难,不畏繁,不避琐细,不生怨尤的处事精神,否则决不会有好的工作表现"<sup>④</sup>。具体来说,民众图书馆馆员在学识方面须一专多能,他们除应当专精图书馆学外,对

① 徐旭.民众图书馆运动中的人员问题[J].教育与民众,1935(5):881.

② 朱金青.办民众图书馆者该怎样鼓励人民乐于来馆阅读[J].中华图书馆协会会报,1929(6):6.

③ 张惠生.一年来的民众图书馆[J].北碚月刊,1937(9/10):117.

④ 徐旭.民众图书馆运动中的人员问题[J].教育与民众,1935(5):880.

于其他各种学问也必须兼备。此外，民众图书馆馆员在品性方面，亦须涵养深厚。唯有如此，方能以身作则，去潜移默化来馆之人。民众图书馆馆员只有自己德才兼修后，在施行指导工作时，才可以收"学问教人，德行化人"的教育之功。民众图书馆馆员拥有的积极热情和任劳任怨的敬业精神推动了民众图书馆事业的发展。

许多民众图书馆的馆长和馆员，除一部分曾在学校里对图书馆学有过相当的学习外，很多未受过专门的训练。陈训慈认为，这其实是无关紧要的，重要的是要有自求补救的决心。他表示："因为'图书馆学'实际说起来并不是如何高深专门的科学，而不过是一种处理图书的合理的方法，是可以从书本上用力自修的。……应抱着自学的信心，去找定几种基本的书籍去阅读，去实际练习，如分类编目登记典藏以及应付出纳的手续技术，皆当求其大体熟练，并和有经验者时相商讨，以求进步。"[①] 他提出，图书馆学的基本常识，图书馆员有必要了解。因为图书馆的图书内容包罗万象，有各学科的书，来馆阅览的人程度各殊，需要不同，图书馆员虽不能头头应付裕如，但至少也要对各种学科的性质和书的基本内容，有简单的了解和应对能力。"须知馆员的学力增高一分，其可为阅者的助力也增多一分，而图书馆的效率也就得到无限的增进了"[②]。

民众图书馆在经济条件有限，又想筹谋现状改进的情境下，唯有一途，就是馆员当以精神的努力，来济物力的不逮。虽然，民众图书馆希望省与地方行政教育当局尽量予以精神上和物质上的支持，对社会各界也祈盼其同情的匡扶。然而欲人助必先自助，则今后之改进，必始自图书馆服务者之共起奋勉，自求进步，以发挥现状下之最大效率。所以，陈训慈表示："我们要提高中国民族地位，首应谋其全民智能的提高与普及，而图书馆实为济民救国之利器。将欲使民众图书馆尽此重大使命，根本要看我们自身的

---

① 陈训慈.浙省民众图书馆改进的管见［J］.浙江教育，1936（4）：33.
② 陈训慈.浙省民众图书馆改进的管见［J］.浙江教育，1936（4）：33.

努力。"①

### 三、民众图书馆馆员的来源

我国古代藏书楼是士人的求学工具，是特权阶级的私家花园，主要供志趣相投者把玩、交流和研究之用，几乎没有专职的服务人员。如果有，也往往由著名的学者兼任，没有发展成为一种专门职业。民众图书馆为一般农民、工人、妇女及儿童提供服务，这种服务跟着时代的演进，日趋必要，要求也日增。藏书楼由著名学者兼职管理的模式，显然已不再适合近代社会教育思潮下民众图书馆教育及民的需要。图书馆员职业化成为中国近代图书馆发展的必然要求。图书馆工作相当专业，没有经过培训，难以胜任。因为图书馆馆员的工作是很复杂烦琐的，如要成为一位能愉快胜任而又很有效率的职员，则必须受特殊训练才行。欧美国家对于图书馆员的训练，极为注重，不但要先入图书馆专门学校学习图书馆学知识，还需在考取图书馆从业资格后，方可正式充任馆员。

近代以来，特别是进入 20 世纪 20 年代后，我国图书馆数量增长迅速，民众图书馆的发展尤其令人瞩目。根据教育部社会教育司所编《十九年度全国公私立图书馆一览表》，1930 年，我国单设民众图书馆 575 所，民众教育馆附设图书部 331 处，两者合计 906 处。1937 年，保守估计，我国民众图书馆 1255 处。如果按照每处民众图书馆 1 名图书馆学专业馆员计算，全国至少需要 900 名以上的图书馆学毕业生。而当时我国唯一的图书馆学专科学校——文华图书馆学专科学校，其本科毕业生，从 1920 年到 1941 年，仅 130 名。正如方梓京所言："国内图书馆专科学校的设立很少，大学中之附有专班的亦如凤毛麟角。有志于图书馆事业者很少求学机会。"② 他还进一步指出：我国近代的民众图书馆运动，曾一度蓬勃得像雨后春笋，数年间又渐渐沉寂下去。其原因，虽有种种，如国民政府社教重点的转变，民众

---

① 陈训慈.浙省民众图书馆改进的管见［J］.浙江教育，1936（4）：34.

② 方梓京.民众图书馆学要义［J］.皖北民教 1936，1（9/10）：94.

不识字无读书习惯，教育经费困难等等，而图书馆人才的缺乏，及基于实际从事者的因不学无术而愤事，不能不说是最大原因了。

中国近代可以统计出的图书馆学留学生仅 100 名左右，换言之，我国图书馆学专业馆员缺口很大。不仅如此，凡是从欧美留学归来的图书馆学专家，或是在国内受过相当图书馆教育训练的学者，大都是流向国内大学图书馆、国立图书馆，极少部分流向了省立图书馆。流向民众图书馆的图书馆学专业馆员更是微乎其微。那么，近代中国的民众图书馆馆员来自哪里呢？一般来说，合格的民众图书馆员主要来源于三种途径：

一是从现有民众图书馆人员中进行抽调培训。具体事宜由各省教育行政当局负责，可商请省立图书馆能担任讲演的一二人，及另请图书馆专家一二人，负责担任训练。每次为期至多一个月，如此抽调训练两三次，则全省的县立图书馆及民众图书馆的全部工作人员，均可接受轮训。训练完毕，民众图书馆员返馆，从事实务工作。在各馆期间，再由讲师赴各馆巡回实地指导三五天。[①] 这种办法极为系统，行之有效，不但训练了一批民众图书馆馆员，而且花费不高。在民众图书馆馆员紧缺的情况下，采取这种办法培养馆员的模式切合实际，具有较强的可操作性。

二是培养能胜任各种图书馆的全能型馆员。民国时期我国图书馆界，不论哪一种的人才都很短缺，图书馆学专科学校少，导致图书馆学专门人才稀缺，民众图书馆的专门人才更少。1933 年，在中华图书馆协会第二次年会上，有人提出图书馆界不仅是要训练专门的人才，也更要注意培养全能型的馆员，使能干最细小的工作，也能干最重要的工作；使能处置大学的图书馆，也能管理民众的图书馆；使十分明了西洋化的分类编目法，也能彻底明白本国式的分类编目法[②]。全能型馆员的培养目标，既能增加馆员的就业机会，也可提高馆员胜任各种工作的能力。在这些全能型馆员中，不排除有些人因为种种原因而流动到民众图书馆工作，这在一定程度上可以

---

① 徐旭.民众图书馆运动中的人员问题［J］.教育与民众，1935，6（5）：881.

② 中华图书馆协会第二次年会与民众图书馆［J］.教育与民众，1933（1）：183.

充实民众图书馆员队伍。

三是有识之士主动投身民众图书馆事业。清末民初,社会教育思潮在我国开始萌芽。社会教育思潮对图书馆界的直接影响,就是图书馆办馆方向开始下沉,面向基层民众开展服务。这是民众图书馆蓬勃兴起的社会大背景,也是其赖以快速发展的社会土壤。在这种全社会都在积极兴办社会教育的时势影响下,一些有识之士放弃待遇和社会地位更高的事业,主动选择流向基层公共图书馆。李靖宇先生即为典型。他曾任山东邹平简易乡村师范图书馆主任、邹平县立图书馆主任(兼山东邹村建设研究院调查干事),原本从事其他民众教育事业。因为民众教育必须达标,他随奉令调入民众图书馆。他没有抱怨,没有沮丧,民众图书馆为他打开了一个新世界的大门:"我走近了图书馆界,不感到乏味,切实觉得很有趣。"[1]1922年,陈崔冀与康修其一起筹办福建省莆田县"涵江图书馆",并"任职经年,不支薪俸,馆费所入,尽以购书"[2],也是这一类自我奉献型馆员的典范。不过,从他行他业转入民众图书馆工作的现象实属罕见。

此外,还可以通过招考等形式,招聘理想的专业人才。1940年汪伪政权建立后,其辖下南京市立民众图书馆为加强行政机构起见,以考试方式增聘文牍一人,待遇依照该馆管理员薪级支给,要求相对较为宽泛,凡过去服务社会机关,或一般行政机关,擅长办理文牍,品行端正,不分年龄性别,均可报名,然后举行笔试,录取者试卷送呈市教育局核阅后,即可正式聘用[3]。这样的招聘方式,即使没有招到合适的人才,也宣传了民众图书馆事业。

民众图书馆员无论是因何种原因,以何种方式来到了民众图书馆,如果抱着从此高枕无忧的态度,那民众图书馆的前途就真是没有希望了。无论是在万事落后的古代,还是在经济文化高速发展的今天,人才都是各项事业赖以发展的第一要素。民众图书馆要想实现社会教育总机关的理想,要

① 李靖宇.县单位民众图书馆的经营与管理[J].图书馆学季刊,1937(2):133.
② 宋景祁.中国图书馆名人录[M].上海:上海图书馆协会,1930:149.
③ 民众图书馆招考文牍员[N].南京新报,1940-05-05(3).

想切实提高民众知识程度，在硬件条件有限的情况下，唯有在馆员素质软件上多下工夫。"一个民众图书馆的设立，馆员的选择为最要条件。管理完善较设备完善还重要。因为设备可以用钱买来，而服务的称职，花钱是买不来的"[①]。八十多年前民众图书馆学者方梓京的真知灼见，即便放在今天的图书馆界亦是颠扑不破的真理。

# 小　结

　　法制建设是图书馆事业发展的基石。如果说中国近代民众图书馆发展良好，成效卓著，那各项规章制度的保驾护航功不可没。各地主管教育部门积极颁布规章条例，为完善民众图书馆的组织机构，规范人事任免及明确服务职责，推动民众图书馆的规范化建设起到了重要作用。如果说民众图书馆是一个个活动的知识喷泉，那么各馆的组织机构和馆员就是这喷泉的不竭动力。特别是在近代中国百废待兴的大背景下，民众图书馆大都因为经费问题而设置较为简便，人少事多的现状对馆长及馆员的专业素养、工作能力及默默耕耘的奉献精神提出了较高要求。"位卑未敢忘忧国"。遍布城乡基层的民众图书馆用高效精简的机构组织，充分调动馆员主观能动性的发挥，在种种艰难困苦的环境下创造出教育的奇迹，交出了一份份合格的"教育及民"答卷。

---

① 方梓京．民众图书馆学要义［J］．皖北民教 1936（9/10）：99.

# 第三章 民众图书馆的藏书建设

民众图书馆的藏书建设，特色鲜明。在图书选取方面，文字上要求通俗易懂，简明扼要；内容上要求富于教育价值，积极向上；采选门类比例上，要求因地制宜，合理分配。分类编目方面，则以便利查阅为旨归，徐旭的民众图书分类法脱颖而出。图书来源方面，主要有专业采选、政府配发、广泛募捐等多种渠道。

## 第一节 民众图书馆图书采选问题

### 一、民众图书馆图书采选依据

20世纪初，我国兴起了新图书馆运动。然而，刚刚成立的新式图书馆，虽然外在名称变了，但并没有真正从藏书楼中脱胎换骨出来。首先，体现在藏书内容上，依然禁锢于藏书楼的樊笼，所藏图书普遍呈现出陈腐、狭隘、量少的特点。这些缺点，使它远离民众，孤芳自赏。随着社会教育观念的兴起及传播，选择适应民众需要的图书就成为新式图书馆的必然趋势。以服务全体民众为宗旨的民众图书馆更是积极践行。选择图书，最好的办法当然是现场采购，可以直观选择。但对大多数处于交通不便地区的基层民众图书馆来说，却很难做到。所以，众多处于偏僻地区的民众图书馆就各显神通，搜集图书信息，科学采购。综观近代中国民众图书馆的采选图书途径，主要有：

（一）依据各方介绍

民众图书馆可以通过各方介绍，获得适宜图书，其中最重要的是专家介绍。近代中国出版物开始增多，各门各科，丰富多彩，琳琅满目，但大同小异的出版物也比比皆是。民众图书馆选购图书时，可邀请某一方面的专家，就特定的图书提出参考意见。这样，不但可以避免乱花经费，也可以确保图书质量。或者从专家列出的民众图书馆书目中，择要选购。

1935 年，杜定友编著的《普通圕图书选目》出版。该书"从四部要籍及新出版品一万二千余种之中选出五千种，以供普通圕之置备。又选出次要者三千种及最要者一千种，以便各圕视其经济状况而定购置的先后。这对于新创办的一般圕，尤为便利。所选各书均以普通圕之需要及切合参考者为主"①。尽管该书存在着这样或那样的问题，然而，陈豪楚对该书评价依然很高："所选之书，大抵偏重于各科原理之基本读物，故凡县立图书馆、通俗图书馆，以及中学图书馆，均可各视财力以此为购书之依据。至本书于各类图书之分配，亦有足供各馆购书时之参考。"②他列出了具体的比例状况：总类，5%；哲理科学，3%；教育学，2%；社会科学，20%；美术，3%；自然科学，10%；应用科学，15%；语言学，2%；文学，25%；史地，15%。除了杜定友外，徐旭等人也都有民众图书馆书目推荐。专家所作的书目推荐及介绍，为民众图书馆的购书提供了极大的便利。因为有据可依，基层馆员不至于选书时茫然无措。

馆员介绍也为民众图书馆购置图书提供了参考。民众图书馆馆员，尤其流通第一线的馆员，与读者接触密切，可以在读者的询问、找寻、借阅图书过程中，了解他们的切实需求，进而介绍适宜的图书，以供采购时参考。

读者也可以为民众图书馆介绍图书。民众图书馆的读者中，不乏见多识广者，他们有可能为图书馆的采购提供建议。因此，有的民众图书馆存放了图书介绍单或介绍卡，便于读者随取随写。不过，读者所介绍的图书，

---

① 杜定友.普通圕图书选目［M］.中华书局，1935：1.
② 陈豪楚.书评·普通圕图书选目［J］.浙江省立图书馆馆刊，1935（4）：2.

不一定适合本馆，还需要选书者仔细甄别。

上述三种介绍模式，无论是读者介绍、馆员介绍抑或专家介绍，都要以读者需求为本位、秉持读者至上理念，这样采选回来的书才为读者喜爱，流通率才会增高，教育价值才会显现。如 1931 年九一八事变后，江阴巷实验民众图书馆举行了中日问题图书中心陈列等活动，其动因是民众对中日问题很感兴趣。该馆鉴于此类问题的重要及民众的求知心切，遂将馆中原有的这类书籍尽数选出，并特地到上海添购相关专题图书数十册，归类编目后，自 9 月 28 日起开始陈列[①]。像江阴巷实验民众图书馆这种积极添购、陈列中日问题图书的活动，是典型的读者需求影响民众图书馆图书采选的个案。这种因时因事因人所需来选书的方式，对今天图书馆界的资源建设来说，仍具有重要参考意义。

（二）各种目录

留有皇皇巨著《中国目录学史》的中国近代著名目录学家、历史学家姚名达，对目录功用的描述可谓入木三分——条别异同，推阐大义，疏通伦类，将以辨章学术，考镜源流，欲人即类求书，因书究学。姚名达在读书治学的过程中，在查找资料和文献方面对于图书馆的需求极大，深切体会到目录对于读者的功用之大。而西方目录学在此方面无疑具备明显优势，以至姚名达日后真切地写道："读者进图书馆若没有目录或不懂目录的用法，只觉得满目琳琅，不知所择，纵使想看某书亦无从所得，所以图书馆必须编好目录以指导读者。读者也必须懂得目录的用法以利用图书馆。"[②]我国目录学源远流长，自古以来就有重视目录编制与研究的传统，新图书馆运动兴起后，在传统目录学基础上又取西方目录学之长，各种目录学著作或实践成果层出不穷。各种机构特别是出版及藏书机构，编制目录蔚然成风，这些目录正好为民众图书馆的图书采选提供了极好参考。

---

① 　胡耐秋.抗日中心单元运动中的四大活动事业——江阴巷实验民众图书馆研究实验事业之一［J］.教育与民众，1932（9/10）：1696.

② 　姚名达.目录学［M］.上海：商务印书馆.1933：13.

第一，出版社的图书目录。各大出版社一般会将出版或经售的图书，印成目录，分发各处。民众图书馆向其索阅后，他们会源源寄赠。民国时期的出版社，如商务印书馆、中华书局、世界书局、开明书店、正中书局等，都印有该店出版物的全部目录，可资索检。有时他们的目录上还附有简短的解题，以浅明语句，简叙本书内容。其时，专为客户代办全国出版物而名噪一时的生活书店，就曾特辑"全国总书目"一册，颇合选书者之用。

第二，图书馆藏书目录。图书馆的藏书目录，选择比较全面，大图书馆所选更是丰富，如国立北平图书馆即多次编印了藏书目录。民众图书馆在其筹备时期，若能参考多数图书馆目录，选书就不致出现无从入手之惑。

第三，专业团体选定目录。国内某某学会或某某团体，对于某种学问的图书，经多数专家再三的审查，然后编成一种书目。这种目录比普通图书馆的目录更好，因为图书馆还含有搜集的性质，不免有泛收滥集之弊。而这种专业团体选定的目录则不带任何商业赢利性质，也没有为完成某项指标滥竽充数之嫌，他们精选的目录完全是基于专业发展的视角，是纯学术性和公益性的。

第四，专家编辑目录。专家研究学问，对专业领域十分熟悉。有人愿意将关于某种之参考书，选辑起来，成为目录。这种目录选择尤严，自然更好，据之来选购图书，有百利而无一弊。如梁启超的《国学入门书要目及其读法》、胡适的《一个最低限度的国学书目》，或者很精到，或者很广博，值得民众图书馆参考。

陈训慈在开具民众图书馆书目方面颇有经验。他曾对浙江省县级民众图书馆进行调查，针对这类馆在采选图书中"往往以选购之漫无标准，常使有限之金钱，耗之于不能有补实用之地"的困惑，开具良方。他主张县级民众图书馆在采选图书时，可参考浙江省立图书馆所编的《图书之选购》一书，及开明书店出版的《全国出版图书目录》和杜定友的《普通图书馆图书选目》等等①。其实，通过目录采选图书属于供给式采选，即根据图书供给方或已购方采选图书。这种采选以图书目录为前提，辅之以第三方经验（图书馆、专业团体或专家），或者选取图书馆藏书目录、专业团体选定目录和专家编辑目录的重叠目录，对经费有限的民众图书馆来说，极具借鉴意义。因为，这些宝贵的他山之石，可有效减少小民众图书馆采选图书的盲目性和随意性，提高经费的使用效率，得以用最少的经济，发挥出最大的效用。

（三）各式解题

解题比目录更为详尽，是指在每一种书名后，加上该书的内容、性质或读法等说明，对图书的宣传推广有极大裨益，可视为图书的广告语。解题常见的有：

出版者解题。出版社为销售图书，往往在图书上，或图书附页上，附以解题，各大出版社，如商务印书馆、中华书局、开明书店等均积极采用，甚至政府出版的图书也不例外。1934 年，教育部编辑出版的《第一次中国教育年鉴》由开明书店出版。年鉴上图书广告赫然在目，不仅有开明书店出版的小学课本、教学教本目录 15 条；还包括学术著作广告，如林语堂《语言学论丛》的解题为："本书是林语堂先生十年来语言学论文的第一部集子，其中大部已散见于国内各大杂志……"② 约 180 字，概要介绍了该书内容、影响、价值等。不过，需要注意的是，出版者为了销售图书，解题时难免过赞或吹嘘，这需要选书者加以甄别。

图书馆馆员解题。图书馆馆员要尽指导之责，必须将每本书作一个解题，介绍每本书所含的特色和价值，使读者有所参考。浙江省立图书馆在这方面做出了很好的示范。该馆编辑的《浙江省立图书馆月刊》，设有"书报提要"一栏，介绍各种书籍，如 1932 年第 2 期上有《东北地理教本》《日本国势之解剖》《日本侵略中国外交秘史》《二十年来的南满洲铁道株式会社》

---

① 　陈训慈 . 浙省民众图书馆改进的管见［J］. 浙江教育，1936（4）：29.

② 　第一次中国教育年鉴［M］. 开明书店 .1934：22.

等书提要①。其中《日本侵略中国外交秘史》提要称："本书系一八九四—五年中日战争之外交史，由日本藉东学党之乱，旋用阴谋诡计，挑起中日战事，迄马关讲和条约批准，三国干涉退还辽东止，始末毕具。"② 当然，这种解题会因馆员学问的丰富或浅薄，见解的不同而有差异优劣之别。

专家解题。专家对某种专门学问的图书，有着比较专业的研究，因此他们所作的解题，往往更具参考价值。以《国立北平图书馆馆刊》为例，该刊设有"新书介绍"一栏，介绍者往往都是专家。如该刊 1930 年第 1 期刊发了《上古的经济状况》《古代希腊与罗马之政治》《墨子英译》3 篇解题，介绍者均为该馆外文部主任顾子刚。其中《墨子英译》的解题为："中国群经，早有西文译本，但几至代孔孟而起之墨子则除零译外，未有整篇论文，足供外人之研究。现今梅贻宝博士之译文，已由伦敦普布斯坦公司出版，系该公司之东方文库第十九册。此后外人研究墨子当便利多矣。梅氏之译本系根据孙诒让校本出，文笔极为信达，甚为难得。"③ 该解题的介绍十分专业，该书价值因此而一目了然。

此外，有读者研读书籍后，喜欢将自己的心得和感想，写成札记或笔录。这种笔记，可以介绍给其他读者，也可作为选购图书的参考。如叶德辉的《书林清话》等，均可作为采选参考。

解题式介绍是在第三方已经阅读图书的基础上形成的，它既有来自专家读者视角的阅读心得，又有图书目录量的积累，所以无论从内容上看，或从数量上讲，解题式介绍都是上乘的采选参考资料，所荐图书应是民众图书馆较为理想的采选对象。

（四）其他参考

民众图书馆采选图书时，除依据上述 3 种形式外，还可依据刊物上发表的文章，确定是否采购。民国时期著名的刊物有《图书评论》《文华图书

---

① 书报提要：中日问题及东北问题书十种［J］.浙江省立图书馆月刊，1932（2）：1.

② 日本侵略中国外交秘史［J］.浙江省立图书馆月刊，1932（2）：8.

③ 顾子刚.墨子（英译）［J］.国立北平图书馆馆刊，1930（1）：142.

馆专科学校季刊》《中华图书馆协会会报》《学风》《文澜学报》等等，均刊载有书评，皆可参阅。此外，也有一些杂志刊载书评，如《华年杂志》《国开周报》《清华周刊》等，几乎每期都有书评。《人文月刊》有"新出图书汇表"一栏，刊登每月新书。大公报的图书副刊，是一种专载书评的报纸副刊。这些杂志报纸上的相关图书信息，均可作为民众图书馆图书采选的种种根据。

上述几种图书采选方式，只是大体而言，并没有严格区分。民众图书馆采选图书时，往往需综合考虑，几种方式结合起来使用。江阴巷实验民众图书馆在这方面较有心得，该馆前后共4次添购图书，其采选根据即来自3个方面：（1）图书目录。于1931年3月间，该馆曾向商务印书馆等出版社索取图书目录29种。（2）介绍图书单。根据民众依个人兴趣、需要填写的介绍单，经该馆馆务会议审查，酌量购置。（3）书报广告。根据各杂志、报刊上新书广告及介绍。根据上述采选原则，江阴巷实验民众图书馆藏书种类丰富，兼顾各类读者。截至1931年10月，该馆共有图书27大类，2779册。其中，革命文库67册、农业194册、小说412册、医药52册、卫生111册、政法84册、、字典7册、历史42册、地理83册、自然科学69册、儿童读物515册等①。这些精心采选的图书成为该馆阅读推广工作取得显著成效的重要推力。

今天的图书馆在文献采选时，所参考依据也不外乎上述几种。即各大出版社目录是图书来源大宗，基于读者需求的荐购模式渐成新宠，琳琅满目的书报广告是有益补充。这些途径，不能说没有中国近代图书馆采购图书的经验积累。

## 二、民众图书馆图书采选标准

（一）从图书馆角度定标准

民众图书馆是民众教育的重要方式，是社会教育的中心平台。徐旭表示："真正的民众图书馆是因人、因地、因时、因事，以图书为出发、为进行、

---

① 江阴巷实验民众图书馆十月来重要工作一览［J］.教育与民众，1931（9/10）：1–2.

为归宿的教育途径，来实施以图书为中心的民众教育机关。"① 所以，民众图书馆的设立不可仿效普通图书馆，在资源建设上不可追求藏书数量之多、门类之全、格调之雅、品位之高，而要多备切合民众需要、兴趣和能力的图书。这就要求民众图书馆在选择图书时，要从民众图书馆的定位和角度出发，根据实施民众教育的目标，选购最大多数民众可以利用的图书。

首先，民众图书馆所处的环境因素，在图书采选中占有重要地位。民众图书馆的位置、周边经济状况、主要服务对象等等，都是民众图书馆采选时所要重点关注的问题。各地方的地域环境及风土人情不同，决定了该地区民众需求图书的侧重点会有所不同。如果本地是一个农业区域，那么就要多选农业常识及技能的图书。如果本地有振兴工业的需要，那么就要多选工业上的图书，以促进本地工业的进步。无锡泾滨民众图书馆购置图书时，即非常注重工商业方面内容，因为该地工商业较为发达。

经费宽裕与否直接影响到图书的采选。民众图书馆经费有限，购书必须审慎选择，务求经济实用。经费不充裕的图书馆，即使这部书切合选择的标准，但书价过高，如若购买，则再无经费购买其他图书，那么，此书纵然万般好，也只能舍去。即使经费充足的图书馆，购买价高的图书时，也要审慎其价值，是否有切实的需要。基于经费因素考虑，时人孔繁根提出的"量入为出""择要先备""少购巨册"，可作为民众图书馆选购图书时必须遵循的三大原则②。

以福建省西湖民众图书馆为例。该馆每年购书费 480 元，在经济条件允许的情况下，着重购买民众需要的，与社会生活密切相关的，以及反映时代潮流的图书。其中，在文学、教育科学、民众读物、杂志等受民众欢迎的读物方面投入较多，详见表 3-1：

① 徐旭.民众图书馆实际问题［M］.上海：中华书局，1935：4-5.

② 孔繁根.乡村民众图书馆设施之研究［J］.民众教育通讯，1936（1）：17.

表 3-1：福建省西湖民众图书馆图书经费分配百分率表

| 类别 | 哲理科学 | 教育科学 | 社会科学 | 艺术 | 自然科学 | 应用科学 | 语言学 | 文学 | 史地 | 党义类 | 杂志类 | 民众读物 | 儿童读物 | 总类 |
|---|---|---|---|---|---|---|---|---|---|---|---|---|---|---|
| 经费/元 | 24 | 48 | 24 | 24 | 24 | 24 | 24 | 96 | 24 | 24 | 48 | 48 | 24 | 24 |
| 比率 | 5% | 10% | 5% | 5% | 5% | 5% | 5% | 20% | 5% | 5% | 10% | 10% | 5% | 5% |

　　说明：表 3-1 根据李煜《福建教育厅设立西湖民众图书馆二十七个月的工作报告》，《民众教育研究》1931 年创刊号第 4 页表"图书分配百分比表"修改而成。

　　根据表 3-1，西湖民众图书馆把有限的经费几乎平均分摊在各类图书的采选上。从表面上看，这种采取结果没有体现该馆的藏书特色和发展方向。然而，从民众图书馆的定位看，平均采选的结果恰恰是民众图书馆采选的特色，即尽量满足不同身份，不同层次读者的阅读需求。

　　（二）从阅者角度定标准

　　民众图书馆在任何区域内，它的服务对象都不会千篇一律，其间必有许多在程度、职业、兴趣等方面差异万千的读者。这就需要民众图书馆从读者角度考虑，在保证阅读机会均等的前提下，审慎选购图书。

　　民众图书馆宜视当地职业的状况，施以适当的设备，如商业城市多购商科的书籍，重工的市镇多购工程的图籍，使地方特有的文化得以充分发展。图书如不能恰当的适应民众需要，便失去了启发民众、辅导民众的效果，结果民众图书馆必致脱离现实社会。

　　中央大学区通俗教育馆，在采选图书时即注意读者的年龄差别及兴趣差异，从"成人方面"和"儿童方面"分别订立标准。如对于成人方面，注重选择现代通俗、能改良社会、适应民众需要，引起一般读者兴趣的图书，以及各分科代表的著作物。对于儿童方面，则注重采选图画、游戏、歌曲、历史、名人传记、遗事、游记、童话、故事、地理、理科、读本、作文书、教训书等[①]。

---

① 俞家齐. 民众图书馆设施法［M］. 江宁：中央大学区通俗教育馆推广部印，1929：22.

（三）从图书角度定标准

民众图书馆选书时，既要看馆之性质、环境和经费，又要看读者的程度、兴趣和职业，更要看图书本身的内容和形式。关于图书的内容要求，见仁见智。如谢春满注意的图书标准有：（1）文字浅显，容易明白；（2）内容新颖，有进取性；（3）功用普遍，大众需要；（4）富于兴趣，引动阅读；（5）增长知识，有益于生活①。洪邦权则更为重视图书是否具有：（1）有永久价值；（2）可供技艺业务参考；（3）能陶冶品格；（4）能促进社会改良；（5）能增进身心健康；（6）能供自修与补习；（7）富有兴趣及高尚娱乐；（8）可以养成常识的各种通俗书籍②。王憎蝠则提出内容要符合以下四个原则：（1）适合识字程度；（2）切合生活需要；（3）适应抗战建国需要；（4）具备参考价值等等③。

综合考察不同学者对民众图书馆图书的种种关注与要求，概括起来不难发现一些共通之处：

第一，图书的意义需浅显切合民众程度。图书的取材，以适合民众需要为主，同时又必须切合民众程度。如果取材的意义是很深，费解，则不切合民众知识程度；或者是滥唱高调，卖弄新名词一类的图书，为民众所不了解，甚至根本不懂的，必致无人过问④。

第二，文字通俗易为民众理解。一般读者，知识水平有限，较为深奥的图书，不能理解；艰深的文字，孤僻的典故，足以令他们望而生畏；行文中夹 abcd 的难识字，他们认为这是洋书，不屑一看。所以民众图书馆除了意义浅显之外，还要文字通俗。所谓"通俗"，是以易见、易认、易懂，由浅入深为标准。惟其如是，始能得到民众的了解⑤。

① 谢春满.中国民众图书馆之改造［J］.教育杂志，1936（7）：253-254.
② 洪邦权.民众图书馆选择图书的标准［J］.民教辅导，1935（4）：7.
③ 王憎蝠.怎样选择民众图书馆图书［J］.广西教育通讯，1940（9/10）：20.
④ 王憎蝠.怎样选择民众图书馆图书［J］.广西教育通讯，1940（9/10）：19.
⑤ 王憎蝠.怎样选择民众图书馆图书［J］.广西教育通讯，1940（9/10）：20.

第三，内容实际接近民众生活。一般民众（如农民、工人、商人等）的职业占有生活的大部分，仅凭个人经验无法应付。因此，民众图书馆必须选择那些内容实际，和民众的生活技能密切相关的图书。普通应酬文书，抗战常识等，这一类的图书他们都很欢迎，因为和他们的生活是息息相关的[1]。

针对"书籍只要内容丰富，叙述有条理，立论正确，评判严正，至于形式上的优劣，是无关轻重的"观点，洪邦权予以驳斥："其实不然，书籍形式的好坏，也在一定程度上影响着阅者的阅读兴趣及效果。"他认为图书的形式条件，应注意以下方面：（1）纸张坚韧、明暗得宜；（2）装订坚固，无脱页；（3）文体通俗易懂；（4）印刷清晰，字体适中；（5）插图多且明白精密[2]。

此外，价格低廉、装订坚固美观也是图书采选时的衡量标准。民众图书馆经费有限，书籍再好，如果价格昂贵，也只能忍痛割爱。有的书籍虽然装订坚固，但封面设计粗陋不堪，也很难引起阅者的兴趣。所以，最好的图书是价格低廉，内容适宜，装订精美的读物。

民众图书馆在图书采选时，如果注意到上述条件，便可以极低的代价，得至善的读物。如江阴巷实验民众图书馆在搜集民众读物时，除对民众读物的程度、内容关注外，还对民众读物的图书形式提出要求。在排印方面，读物篇幅注意长短适宜、行列符合阅读习惯、字体美观清楚；在装订方面，封面需讲求美化[3]。

一些民众图书馆在采选图书的过程中，注重结合本馆实际，从阅者角度、图书角度、本馆角度厘定了简洁明了的选书标准，其中对从阅者角度选书予以了特别强调，"选择图书乃为阅者而选择，所以处处当从阅者程度和需

---

① 王憎蝠. 怎样选择民众图书馆图书 [J]. 广西教育通讯，1940（9/10）：20.

② 洪邦权. 民众图书馆选择图书的标准 [J]. 民教辅导，1935（4）：7-8.

③ 徐旭，胡耐秋，濮秉钧. 三年来之本院江阴巷实验民众图书馆 [J]. 教育与民众，1933（9/10）：1684–1685.

要上着想"①。所选图书,"要适合阅者的心理和生理,以能够增加阅者愉快,学识和向真、向善、向美为目的"②。另从图书角度,也定了选书标准,即要考虑图书的价值,"所选图书,要对文化方面有保存、宣传、调和、提高四种作用"③。从图书馆角度考虑,则要求"所选图书,要适合本馆性质和社会环境。图书的购费,要与其效果相等"④。在实际采选过程中,采选馆员除照上例标准选择外,还须参考各种书评,各种书目,专家的主张及读者的意见。唯有如此,民众图书馆才算是尽了自己的责任。

### 三、民众图书馆图书采选比率

各种图书,从内容方面分类,千差万别。采选图书时,以什么标准确定什么样的比率,是困扰图书馆的问题之一,民众图书馆也不例外。近代中国学者的相关研究和民众图书馆的实践,为图书采选比率的确定提供了参考。

（一）从图书馆主观方面定比率

民众图书馆采选图书时,可根据他们对本区域环境、经济、人口结构、人文等方面因素,综合考虑确定各种类型图书的比率。

第一,按施教区域不同分配各类图书数量。不同的民众图书馆,因其施教区域不同,服务的读者群体自有变化,这就决定了各类图书采选的比率必然存在差异。如位于城区的民众图书馆施教区域主要在城区,服务的对象多从事工商业。所以,城区民众图书馆除应备各类图书外,尤须注意尽量搜集与当地工商业密切相关的图书,以及本县的乡贤名著、乡土志等,以促进当地经济文化繁荣。而位于乡区的民众图书馆施教区域是农村,服务的对象多从事农业。所以,乡区民众图书馆应多购农书,以指导农业生产。

---

① 吴培元.民众图书馆设施法［M］.宜兴县立图书馆出版,1930:22.

② 吴培元.民众图书馆设施法［M］.宜兴县立图书馆出版,1930:22.

③ 吴培元.民众图书馆设施法［M］.宜兴县立图书馆出版,1930:22.

④ 吴培元.民众图书馆设施法［M］.宜兴县立图书馆出版,1930:22.

如江阴巷民众图书馆成立之初，以无锡市内的北塘、江阴巷、大河池沿、北闸口为活动区域。此处河泊纵横，船只往来，工商繁荣，居民受教育程度尚可。根据这种情况，江阴巷民众图书馆在采选图书时，侧重于工商类书籍，对农业类书籍较少购置。而浙江鄞县农会为提高农民知识及促进农村发展，议决设立鄞县巡回农民图书馆。特别注意多采购关于农业图书，以轮流巡回方式，供各区乡农阅览，以提高农民知识程度，普及农民教育[①]。

第二，按施教方法不同分配各类图书数量。城区的民众图书馆肩负着辅助并供给乡区民众图书馆图书之责，有的还专门注重巡回书库的事业，所以城区民众图书馆用于流通的图书不可太少，一般用书需备复本才行。此外，在确定图书采选比率时，民众图书馆要向流通率高、需求量大的图书倾斜，适当提高此类图书的采选比率。如山西省立民众教育馆鉴于山西年来实施建设，提倡生产，工商理论技术之需要，决定先办理工商巡回文库，择定太原四处著名工商机关试办。为了办好此类文库，该馆在图书采选中对工商类书籍采选较多，且多备复本。三月巡回一次，一次一周，以"能使离馆较远之人，亦有阅览机会"[②]。

（二）从读者客观方面定比率

民众图书馆图书采选的比率，除了站在图书馆主观方面考虑外，还需从读者客观方面分析，依据读者的兴趣、能力和需要来定比率。这是一个原则，不过，也可以适当地变通。不能因为大多数读者喜欢阅读小说，即尽量购置。小说趣味性虽强，但不能以偏概全，进而挤占其他图书资源。徐旭认为，一般情况下，小说的购置可以 10%~20% 作为一个标准[③]，不宜过多，且应备那些名家著作、内容精神积极向上的，凡是主义过激、有害于社会风化、无创作价值的作品应不予考虑。

① 中华图书馆协会.鄞县农会拟设巡回农民图书馆[J].中华图书馆协会会报,1935(3):27.

② 聂光甫.本馆工商巡回文库开始流动［J］.山西民众教育，1936（3）:32.

③ 徐旭.民众图书馆学［M］.上海：世界书局，1935:145-170.

浙江泰顺县立民众教育馆图书馆在图书采选中，非常注意图书的比率分配问题。该馆结合当地民众教育及生活实际，重点选购总类、哲学、教育、社科、艺术、自然科学、应用科学、语言学、文学、史地等 10 大门类图书，其中，史地、教育、社会科学三类图书位居采选的前 3 位，该馆各类图书采选比率如表 3-2 所示：

表 3-2：泰顺县立民众教育馆图书馆购书比率表 [①]

| 类别 | 总类 | 哲学 | 教育 | 社会科学 | 艺术 | 自然科学 | 应用科学 | 语言学 | 文学 | 史地 | 其他 | 总计 |
|---|---|---|---|---|---|---|---|---|---|---|---|---|
| 册数 | 25 | 98 | 274 | 153 | 97 | 54 | 96 | 23 | 142 | 593 | 483 | 2038 |
| 比率 | 1.23% | 4.81% | 13.43% | 7.51% | 4.76% | 2.65% | 4.71% | 1.13% | 6.97% | 29.10% | 23.70% | 100% |

合理的图书分配比率，使得泰顺县立民众教育馆图书馆深受各类读者欢迎。该馆全年借阅量达 3284 人次，具体借阅者职业统计如下：农民 14 人，占比 0.5%；工人 100 人，占比 3.0%；商人 305 人，占比 9.3%；学生 1116 人，占比 34.0%；军警 1050 人，占比 32.0%；政界 426 人，占比 13.0%；其他 273 人，占比 8.2%[②]。上述统计表明，该馆读者来源广泛，农、工、商、学、军、政无所不包，民众图书馆已成为当地推动社会教育的利器。

# 第二节　民众图书馆免费图书的获取

## 一、政府配发

政府配发是民众图书馆获得免费图书的重要形式。政府配发，是指由政府财政拨款，统一购买丛书、套书，分发全省全市各县市区民众图书馆，

---

① 泰顺县立民众教育馆图书馆 . 第十省学区各县民众图书馆概况表 [J]. 社会教育月刊，1935（6/7）：25.

② 泰顺县立民众教育馆图书馆 . 第十省学区各县民众图书馆概况表 [J]. 社会教育月刊，1935（6/7）：26.

供其使用。中国近代的民众图书馆，由政府负责配发图书，最为著名者当为各省市政府配发的《万有文库》。

《万有文库》为商务印书馆编制的一套丛书，其第一集2000册，1010种，配以参考书10册。按照商务印书馆的设想，第二集2000册，第三集2000册，加上编印《丛书集成》4000册，所以名之曰《万有文库》。第二集2000册的编印工作从1934年启动，1.9亿字。1937年中日战争全面爆发后，《万有文库》的编印出版工作受到严重冲击，第三集没有能够形成明确规划。本书中所说《万有文库》，主要是第一集，对民众图书馆事业深远者，也是第一集。

《万有文库》的策划者为商务印书馆编译所所长王云五。王云五(1888—1979)，出生于广东香山，长期供职于商务印书馆，先后担任该馆编译所所长、总经理，后任国民政府经济部长、财政部长等职，以出版家闻名于世。王云五在图书馆事业方面，成就卓著：发明了四角号码检字法，创制了中外图书统一分类法，参与创立近代中国最为著名的私立图书馆——东方图书馆，亲任馆长。东方图书馆藏书超过50万册，附属于商务印书馆。王云五对我国民众图书馆事业的影响，集中表现在《万有文库》的编印上。

按照王云五的设想，1926年东方图书馆开馆后，他计划把大规模东方图书馆化身为千万个小图书馆，使小图书馆播散在全国各地方、各学校、各机关，而且可能播散到各家庭。他的设想是"协助各地方、各学校、各机关，甚至许多家庭，以极低的代价，创办具体而微的图书馆，并使这些图书馆的分类编目及其他管理工作极度简单化。得以微小的开办费，成立一个小规模的图书馆后，其管理费可以降至于零"①。

这一设想有一定的针对性。当时我国图书馆数量不多，且所藏偏重于古籍，缺乏新书。即便间有新书，也不完备。图书馆工作，尤其图书分类编目，需要专业人才，而我国图书馆专业人才一向奇缺。即使幸而得之，经

① 王云五.商务印书馆与新教育年谱（上）[M].江西教育集团·江西教育出版社，2008：267.

常费开支已占去图书馆经费大部分，人才的作用也难以发挥。图书馆有图书而无适当的分类编目，效用也会受到极大影响。经费的支绌及人才的缺乏，已成为影响中国近代图书馆事业发展的两大障碍。

《万有文库》将商务印书馆之前出版的《百科小丛书》《国学小丛书》《新时代史地丛书》《农业小丛书》《商业小丛书》《师范小丛书》《体育小丛书》《算学小丛书》等各类丛书数百种，重新整合，加上汉译世界名著，加入国学基本丛书及种种重要图籍，共 1010 种，2000 册，1.15 亿字。《万有文库》按照王云五创制的中外图书统一分类法分类，刊类号于书脊，每种又附书名片，依四角号码检字法注明号码。第一集 2000 册预约售价 360 元。如果大规模采购，可以打 8 折，即 300 元左右。1929 年 7 月开始发行。这一套《万有文库》无论从图书数量（2000 册），还是设计上（种类齐全，能满足普通民众阅读需求），以及价格上（省市大规模统一购买，价格享极大优惠），技术上（分类编目已完成），还是价值上（拥有一套《万有文库》，小型图书馆即可开张）来讲，《万有文库》的编辑发行对民众图书馆的创设或图书购置来说，都是利好消息，有利于民众图书馆的创设或充实。

尽管《万有文库》具有极高的普及价值，然而，商务印书馆预订广告打出后，市场反响平淡，预订者极少，与王云五预期的 5000 套销量相去甚远。《万有文库》的总策划者王云五面临着巨大的考验。

慧眼识书。《万有文库》的销售困局首先因为浙江省的集中采购而得到缓解。1929 年，担任浙江省财政厅厅长的钱新之，正在思考如何处理一笔积余公款。这笔公款，既可归公，又可由私人利用。他看到商务印书馆发售《万有文库》预约的广告，认为极有意义，派人取到《万有文库》的目录和样张，深明其性质，考虑如以此款购《万有文库》，照预约价可得 70 余部。如果浙江省每县各赠予一部，使已有图书馆者充实其藏书；没有图书馆者，则据以奠立图书馆的初基。如此化私为公，化无用为大用，十分值得。浙江省财政厅随即与商务印书馆接洽，当就预约再打折扣，每部实收不满 300 元，该款实际可购 80 余部，浙江每县平均可分得一部。这一设想，遂告成议①。媒体也报道了钱新之的嘉言懿行："商务印书馆出版之《万有文库》，包罗万象，举凡新知旧学，应有尽有，丛书中之最丰富完备者。浙省委钱新之君颇加赞许，当以浙省各县能如备一部即可有一良好图书馆。拟以省款向商务印书馆为各县购预约一部。此意钱君昨曾与该馆张叔良君言之，不久当可成为事实。"②

《万有文库》在浙江省的销售盛况带动了其他省份。1929 年 8 月 30 日，湖南省教育厅在省府会议上提出"成立全省各县民众图书馆以省款预购万有文库作基本图书请公决案"，内称："成立民众图书馆，所以增进教育效率。良以图书馆之设，在社会方面，足供众览、易谋知识之普遍。在学校方面，亦可藉资参考，裨益自动之研求。徒以新旧书籍，浩如渊海，搜求不易，各科选择购备，为费不资。即使成立图书馆，管理乏术，困难仍多。兹据商务印书馆呈称，为解决以上三大困难，谋整个之贡献，辑成《万有文库》，发售预约每部洋三百六十元，外加邮费三十元。如购至百部，并愿特别牺牲，照预约价，再打八折，略尽辅助教育之意等语。查吾湘各县图书馆所在阙如，民众无书可读，因而文化滞进。拟从十八年度民众教育预算项下筹拨此项图书费，每县一部，约计洋二万四千八百余元。经与该馆商定，分八、九、十三个月摊缴，月约八千二百六十余元……通令各该县限期一律成立民众图书馆，即以该《万有文库》为基本图书，并可为无数的巡回文库。似此以民众教育经费一部分，即能成立全省各县民众图书馆，诚千载一时之良机"③。议决"照案通过"。湖南省教育厅为近百县配发了《万有文库》，极大地促进了湖南省民众图书馆事业的发展。

山东省也采取措施，购置《万有文库》，充实各县市图书馆："省府

① 王云五.岫庐八十自述（上）［M］.江西教育出版社，2011：138.
② 《万有文库》浙省委提倡［N］.时报，1929–07–10（5）.
③ 成立全省各县民众图书馆以省款预购〈万有文库〉作基本图书请公决案［J］.湖南教育行政汇刊，1929（2）：168–169

十八日会议拨两万元，补助各县市购置图书一案，已令教育厅向本市商务印书馆预约购置《万有文库》一百四十部，每部价洋二百八十元，共合洋四万余元，除由省府议定之二万元先行支出外，其余二万余元，由财政厅暂垫，将来向各县克摊还云。"①

南昌商务印书馆经理呈文江西省教育厅，希望酌量购买。内称："图书馆，为文化之渊源，在社会教育上，则为普及学术之利器；在学校教育上，则为自动研究之基础。……唯国内图书馆之设置，对于经费选书管理三项，均恒感困难，欲求图书馆之发达，非先解决此三种困难不可。……（敝馆）针对图书馆之三大困难，谋澈底之解决而为整个之贡献，经营数载，始成《万有文库》。依此计划，一则可以三百余元而得通常售价一二千元之图书，故经费之困难，可以解决；二则搜罗中外新旧之图书于一处，凡属必要，应有尽有，故选书困难可以解决；三则预将所有图书，按最新方法分类编目，既省手续，复便检查，故管理之困难亦可以解决。敝馆对于兹举，不畏艰难，不惜牺牲，一以辅助教育为职志，深望教育界人士，一致提倡，使我国图书馆得以孟晋，文化前途，庶有豸乎？"②江西省教育厅随即训令各县教育局等"酌量情形，采购为要"。

1932年，教育部和内政部联合训令各省市教育厅局、威海卫管理公署，要求所属各县市购置《万有文库》，充实地方图书设备。令云："图书设备，为增长民智之唯一方法。吾国各地经济状况多属困难，各重要市县虽间有各种图书馆之设立，大抵限于财力，庋藏稀少。其未设立各县，更不待言。事实若此，何由使一般民众人人有阅读图书之机会，而提高其知识？本部等有鉴于此，特会令各省民政教育两厅转饬所属每一县市政府、省民政教育两厅各市社会教育两局暨威海卫管理公署，务须购备《万有文库》一部，存置各县市教育局中，以充实地方图书设备，并由教育厅汇集订购，以省

---

① 教育厅购到大批《万有文库》[J].山东教育行政周报，1929（61）：24.

② 训令各县教育局、中等以上学校、省立图书馆令酌量情形采购商务印书馆《万有文库》由[J].江西教育公报，1929（12）：28–29.

手续，而节经费。"① 教育部首次直接介入县市图书购置。

在教育部、内政部的要求下，各省纷纷购置《万有文库》，充实各县市图书设备。江西省教育厅收到训令后，立刻饬令各县政府，"克限呈覆订购或否，以便汇转。至购价若干，一俟书送到厅，再令照缴"②。安徽省教育厅令60县县长："迅将购备《万有文库》款项，呈解到厅，以便汇集订购。如该县教育局业已备有是项书籍，应查明声复，以凭核夺。"③ 云南省教育厅令各县市政府："遵照购备一部，存置各该县市民众教育馆，尽量开放，供众阅读。如尚未筹设民教馆各县，着暂存置各该县教育局中，以充实地方图书设备。"④ 此外，广西、辽宁等省也都陆续购备了《万有文库》。在行政命令的推动下，我国县市民众图书馆事业有了较快发展。

关于《万有文库》对我国图书馆事业的影响，王云五百味杂陈，也不无自豪。他回忆道：1929年印行《万有文库》第一集2000册，"因中经一·二八事变，商务印书馆濒于危亡，其未竟之功，迟至民国二十二年终，始告完成，而初印的五千部已悉数分配于国内各图书馆或私藏之中，其借本文库而兴办之小图书馆不下二千所"⑤。1932年，教育部公布了1930年7月至1931年6月之间全国各省市公私立图书馆统计数据，共2935所，其中普通图书馆903所，专门图书馆58所，民众图书馆575所，学校图书馆694所。王云五表示："按上开图书馆之大量增加，借《万有文库》之力者多至千余所，

---

① 内政教育部训令第八三二二号（为仰转饬所属购置《万有文库》一部存置教育局内以充实地方图书设备由）[J].教育部公报，1932（41/42）：2.

② 令饬购《万有文库》存置教育局以充实地方图书设备[J].江西教育旬刊，1932（8）：1.

③ 安徽省政府教育厅训令第二零九九号令六十县县长 [J].安徽教育行政周刊，1932（41）：4–5.

④ 转令购备《万有文库》一部存置各该市县民众教育馆或教育局以充实地方图书设备由 [J].云南教育行政周刊，1932（34）：11.

⑤ 王云五.商务印书馆与新教育年谱（上）[M].江西教育集团·江西教育出版社，2008：268.

尤以民众图书馆、学校图书馆，借一部《万有文库》而创立者不少"①。这一评价，或许有自夸成分，但《万有文库》的出版推动了民众图书馆建设，实属有目共睹。

广西省也举行过大规模的图书配发活动。1939年广西省政府为谋推广文化运动，使普遍深入乡村起见，决定自本年度起，在全省推行广西省普设民众图书馆计划，于各乡镇中心校内普设民众图书馆。规定：每个民众图书馆的基本图书由省府购发两套或三套。如系两乡镇联立中心学校，每校得发三套，以一套陈列于校内之民众图书馆，其余分别巡回于所属各村街学校阅览。以后各中心学校预算增阅书添置费一项，逐年添置扩充。"此项基本图书之程度须能与受过成人教育年两个月，强迫教育者相迎接。内容应具备公民教育、语文教育、生产教育、健康教育、科学教育、艺术教育及生活常识、参考图书等各方面之资料，其分配之百分比如下：公民教育约15%，语文教育约20%，生产教育约10%，生活常识约15%，健康教育约15%，科学教育约15%，艺术教育约10%，参考图书约三十六种"②。购书经费规定如下，"1.各中心校民众图书馆之基本图书由省款汇购，分发，所需购置费以每套二十元，估计全省中心校2302所，全省乡镇共2336处，各发一套共4638套。共需国币92760元。除扩支中央补助之民众教育经费全数25000元外，其余67760元由本年度义务教育经费项下扩支。2.各基础校及其他学校机关、公私团体商店工厂所需购置费，由当地政府劝令筹款购置"③。广西省政府1939年开始的由省政府配发图书的文化推广运动雷厉风行，到1941年此项图书业已印就，由教育厅陆续寄出，省府并已通知各专署秘书。

湖南省政府配发图书，不止一次。1930年3月，湖南省教育厅又呈请

① 王云五.商务印书馆与新教育年谱（上）[M].江西教育集团·江西教育出版社，2008：393.

② 广西省政府.广西省普设民众图书馆计划[J].广西省政府公报，1940（795）：3-4.

③ 广西省政府.广西省普设民众图书馆计划[J].广西省政府公报，1940（795）：3-4.

省政府定购《船山遗书》，得到省主席何键批准，由湖南省政府拨专款定购500部《船山遗书》颁发给全省各县民众图书馆、省立中山图书馆、通俗教育馆以及全省公私立中等以上学校。1934年5月湖南省府通令各县购商务印书馆出版的《四库全书珍本》，并由省政府各津贴100元[①]。湖南省在配发图书方面，十分积极，在全国堪称模范。

湖南、浙江、广西等省由政府购买图书，统一配发给地方民众图书馆的举措深得人心，收效也甚明显。在短短时间内，我国民众图书馆事业的发展弯道超车，民众图书馆数量急剧上升，仅次于学校图书馆，成为中国近代图书馆史上的耀眼明星。

## 二、广泛募捐

募捐是免费获得图书的一种方式，由民众图书馆向社会各界募集图书，或向特定群体劝募。募捐一般有三种情形：一是捐赠者愿意将他所有之书，检出若干本捐送图书馆，或将其全部图书捐送图书馆；二是捐赠者购置图书捐赠图书馆，如购置《万有文库》赠送图书馆；三是捐赠者遗嘱愿将图书捐赠图书馆。一般情况下，凡向图书馆捐助图书者，无论贵贱与多少，图书馆均需给予收据为凭，并将捐助图书及捐助者名姓按期刊印在报刊上，以广宣传。此外，图书馆依据捐助图书之多少或呈请政府褒奖，或悬挂捐助者肖像，或镌姓名于铜版，或登报致谢，或盖捐助者姓名于书内，以致谢意与激励。募捐是民众图书馆获取免费书源的主要途径。需要注意的是，这种募捐，只是免费获得图书，需由图书馆出邮寄或运输费用，即如果有人或团体愿意捐赠，图书馆可以出资运输或邮寄。

我国各级政府一向重视募捐，并且鼓励捐赠，并形成制度化的建设。1906年，《湖南图书馆暂定章程》公布，其第五章为"捐助章程"（从第13条到18条），就捐助问题进行规范。1910年公布的《图书馆通行章程》，也鼓励捐赠。民国成立后，颁布了《捐资兴学褒奖条例》，褒奖促进图书馆事

---

① 沈小丁.湖南近代图书馆史［M］.长沙：岳麓书社.2013：62.

业发展的热心人士。各大图书馆也大多有规章制度，表彰捐赠。

南京国民政府成立后，也非常重视褒奖捐资兴学者，及时公布了《捐资兴学褒奖条例》，褒奖捐助者。各图书馆也是如此。1929 年，中央大学区通俗教育馆颁布了鼓励捐赠条例，对褒奖细节的规定尤为详尽："1. 本部得发通启向各机关、各团体学校书坊或藏书家、著作家请其捐募。2. 凡捐助本部图书者给予收据为凭。3. 凡捐助本部图书者，视其赠与价值与相当之酬报，以志盛意。（1）价值在三千元以上者，由本馆呈请中央大学行政院转呈教育部褒奖，并将捐助者肖像悬挂本部，另特制赠品以作纪念。（2）价值在五百元以上者，由本馆呈请中央大学行政院褒奖，并将捐助者肖像悬挂本部。（3）价值在百元以上者由本馆敬将捐助者姓名铭于铜版。（4）凡捐助书籍一部或一册者，均将捐助者姓名汇登各报，并记入所捐人之图书中。4. 凡捐助图书与本部宗旨不合者得婉谢之。"①

宜兴县立图书馆颁布的捐赠条例，不仅视其赠与价值而对赠者予以不同褒奖外，还公布了各项褒奖方式："1. 本馆得发通启，向各机关、各学校、书坊，或藏书家、著作家，请其募捐。2. 凡捐助本馆图书者，给予收据为凭。3. 凡捐助本馆阅书者，视其赠予价值，酌照下列办法（捐助款项，同其酬报），分别执行，用志公谊。（1）以赠者之名名室，（2）为赠者立铜像，（3）将赠者肖像悬诸馆内，（4）将赠者之名乐碑，（5）将赠者肖像刊贴书内，（6）赠书者之名于书内。4. 凡捐助图书与本馆宗旨不合者，得婉谢之"②。

图书馆界极为重视图书募捐。时人方梓京认为，募集图书，最好不向书商劝募，毕竟他们是牟利性质，一般不会将图书无偿捐赠出来。理想的募集对象为学术会社、教育团体、文化组合、著作家及藏书家等。募集的方式，可以当面募集，当然最好是函征。他表示，征函格式须贴切大方，措辞须恭婉简明。图书征到，应立即点收，并复发谢函。方梓京还拟定了征函和

---

① 俞家齐 . 民众图书馆设施法［M］. 江宁：中央大学区立通俗教育馆推广部，1929：57–59.

② 吴培元 . 民众图书馆设施法［M］. 宜兴：宜兴县立图书馆，1930：26.

谢函格式，供各民众图书馆参考①。

民众图书馆一方面对内建章立制规范图书募捐程序，一方面对外积极呼吁倡议社会各界踊跃捐赠。青海同仁县县长李复秦为增加抗战力量、提高地方文化水准，1940 年在该县碑亭院建修民众图书馆一处，并请捐赠："该馆特函请各界捐赠各种图书、杂志及有关文化之画刊、照片、古物等件，以资充实内部，并增加人民知识。"②

甘肃民乐县党委鉴于民智闭塞，风气晚开，拟筹办民众图书馆及阅报室，以唤醒民众。民乐县党部初衷甚好，可惜经费无着，书报尤缺，所以制作了多份捐册，分发各方募捐③。社会反响积极。考试院院长戴季陶赠送该馆《古今图书集成》一部，"自经中华书局陆续邮寄，现已收到第一集天文编 150 余册，其余者皆因目前尚未印成，该馆拟俟全部寄到后，即分别整理备阅"。还有人赠送了《四库全书》初集，"近已寄到经史子集四部，计共 220 种，1960 册，该馆刻已分类陈列，以备民众参阅"④。

湖南新田县民众图书馆，创设于 1929 年 12 月，初始藏有湖南省教育厅统一配发的《万有文库》一部，图书阅览人数颇多。1937 年，利用节余事业费，增加图书十余部。1938 年，国民革命军第二军副军长兼第九师师长郑作民赠给新田县民众图书馆《小学生文库》900 册，新田县民众图书馆的藏书一度达到 3000 余册⑤。

1931 年，泰兴县立民众图书馆成立后，因经费紧张，不能广购图书，于是展开募捐。其募捐启云："增高人类知识，促进社会文化，发展学校教育而外，社会教育尚焉，图书馆者，搜集中外古今之图书，所以供男女老

① 方梓京.民众图书馆图书的来源［J］.皖北民教，1936（6）：38.

② 同仁建修民众图书馆函请捐赠书报［N］.青海民国日报，1940-08-27（2）.

③ 民乐党办事处筹办民众图书馆［N］.甘肃民国日报，1935-02-11（3）.

④ 民众图书馆陆续收到赠书［N］.甘肃民国日报，1936-03-10（3）.

⑤ 湖南图书馆研究辅导部.湖南省公共图书馆概况［M］.长沙：湖南省图书馆出版社，1985：293-294.

幼之观览，实社会教育中最主要之事业也。……吾泰僻近江左，文化事业，素称落后，去岁有县立民众图书馆之成立，规模虽已粗具；惟经营伊始，图书颇不充实，甚难应民众之需要。良以吾泰教费奇绌，事实上不能多量供应购买；所望当代贤豪，慷慨解囊，为山九仞，功亏一篑，俾兹文化事业，得以发扬光大，全邑民众之知识，得赖以日进于无疆也。"① 同时拟定了《泰兴县立民众图书馆添置图书募捐办法》6 条以及《泰兴县立民众图书馆添置图书募捐褒奖办法》3 条②。

其他开展募捐工作的民众图书馆还有很多，如福建县市立民众图书馆也曾颁布过征集图书简约，金门民众图书馆也因经济困难，未能多加发展，"甚愿各界人士踊跃将自己书报捐馆赞助，或捐献款项，并指定欲购何种书报，该馆亦属乐于办理"③。黄墟新村民众图书馆是当地精英人士集资创办的乡村图书馆，在事业创始阶段，开办费依赖于所筹寿金，内中书籍仅原有各机关赠送之图书杂志，新书尚无余力购置。为提倡教育，该馆发函征求："凡关于民众阅读之书，不论杂志报章，以及各科专集，倘能慨予捐助，不论多寡，均所欢迎。他日黄墟民众得有进益当佩大德无既也。"④ 征求募捐图书的民众图书馆很多，不再一一详述。

这些因经费原因而开展图书募捐的民众图书馆，在收到捐书后，一般都会在馆办报纸，或是当地报纸上登文致谢。如 1935 年，北马民众图书馆即在当地教育报上刊登了致谢启事，"本馆成立以来迭蒙各方踊跃捐助，热心公益至深……兹将乐助诸君台衔列左，藉志谢忱：周校长子九助洋五元，王校长冠英助洋六元，欧虞臣先生助洋二十元，刘校长清波助洋四元，张校长德庵助洋八元，刘校长艺堂助洋六元，李校长子宝助洋七元，吕校长

---

① 县立民众图书馆募捐赠书［J］. 民众教育通讯，1932（2）：132–133.

② 县立民众图书馆募捐赠书［J］. 民众教育通讯，1932（2）：132–133.

③ 金门民众图书馆欢迎阅览［J］. 浯江月刊，1934（3）：6–7.

④ 为黄墟新村民众图书馆征集图书启［J］. 乡村建设旬刊，1932（11/12）：29–30.

玉符助洋二十元……"①。这次募捐,共收到捐款 128 元。

中国近代的民众图书馆接受捐赠的总体情况并不是很清楚,因为报纸杂志上也只是零星的报道。在各种致谢声明中,厦门图书馆通过其馆刊《厦门图书馆声》,从第 1 卷第 3 期开始,到 1937 年停刊,长期刊登致谢声明,感谢捐赠厦门图书馆的个人或团体,或进行专门报道。其中较为著名者为受赠《四库全书珍本》。1934 年,王玉琛后人以王玉琛公司名义捐赠厦门图书馆《四库全书珍本》一部,共 2000 册②。该馆立刻呈请省政府,依照国民政府捐资兴学褒奖条例,给予奖励。思明县政府特地于 11 月在县府大礼堂,举行授予典礼。《厦门图书馆声》对此进行了系列报道③。粗略统计,《厦门图书馆声》创办以后,刊载了厦门图书馆接受捐赠的次数超过 30 次,书籍至少 600 册以上。其他民众图书馆也或多或少地接受了书籍捐赠,只是没有像《厦门图书馆声》那样的平台,能够将捐赠消息广而告之,并予以永久保存。

## 三、自行编印

民众读物对民众影响至大。好的图书能感染人的品格,提升人的能力,提高人的素质;而差的读物则会诱惑人堕落,消磨人的意志,摧垮人的精神。有人表示:"民众读物,是民众的精神食粮,举凡民众之思想、信仰、情感,有形无形均受其支配,而定其趋向;同时复为民众求取智识之宝库,因此,民众读物之最大动力,不特影响民众之信仰,情感与知识,实具转移社会风俗,辅助人群进化的功能。"④

民众图书馆作为近代中国受众面最广的社会教育机构,其收藏的读物深深影响着其社会教育功效的发挥。苗紫芹认为,在社会上最有力量的支配着大多数的民众的教育工具,不是学校课堂上的讲义,不是机关的公报,

① 北马民众图书馆.北马民众图书馆募捐致谢[J].黄县民友,1935(28):16.

② 王玉琛公司捐赠四库珍本二千册[J].厦门图书馆声,1934(9):4.

③ 捐赠本馆图书授予奖状典礼之热闹[J].厦门图书馆声,1935(1/2):7.

④ 钟生荣.泛论民众读物及其编辑之法[J].江西民众教育,1937(创刊号):129.

不是报馆的新闻纸，不是一切公开或秘密的党派社团的宣传，这些都是中国极少数士大夫阶级特有的读物。支配着大多数民众的知识，民众的意识，民众的信仰，民众的人生观，却是一向不为一般知识阶级所注意的稗官野史、鼓词唱曲、旧小说等民众读物。作者表示："我国的民气之不振，国运之衰祚，现在到了这个程度，不能说不是中了民众读物的毒，不能不归罪于民众读物。"①苗紫芹从编制人、文体、思想、插画、印刷、读者等方面，猛烈地抨击这些旧民众读物的问题，指出旧读物对于民众的影响有延长封建道德的余焰、宣传迷信、引起不当的政治斗争思想、造成荒谬的人格、紊乱社会风纪等，进而提出："凡通俗读物多知利用图画""凡通俗的读物多能用民众的活语言""凡通俗读物主要的描写方法是动作多，抽象的叙述少""凡通俗读物多演流行故事"等②。

民众图书馆深知图书的重要，所以在采选图书时往往从多角度把关，严保质量。然而，在免费书源的获取这一环节却存在很多的不可控性。比如说，对于政府配发及募捐得来的图书，民众图书馆并不能左右其内容，政府配发什么就接受什么，社会捐赠什么就接受什么，但这些读物是不是民众真正喜欢和需求的，那是要打一个大大的问号。也有相当多的民众图书馆在购书经费有限，又征求不到免费书源的情况下，为了保障民众图书馆事业的正常开展，民众图书馆馆员不得不自己动手编写民众读物，以满足民众教育之需。

如果说政府配发及募捐的图书是随机的，那么民众图书馆自行编印则是馆员对于素材的二次创作与加工。在编写读物时，馆员对于材料的选择应秉持审慎择取原则，将那些"远背时代潮流，暗示诲淫诲盗，崇尚鬼怪神迷"，及"令人读了，不是萎靡不振，就是邪念丛生"之书或素材剔除在

① 苗紫芹 . 民众读物改革之途径［J］. 民教学报，1936（2）：87.

② 苗紫芹 . 民众读物改革之途径［J］. 民教学报，1936（2）：92.

民众图书馆之外①。民众图书馆在自行编印民众读物方面,广西省领先一步。

　　广西省自 1939 年实施成人教育年以来,一般民众文化水准已有很大提高,他们找到了读书门径,急切地需要读物。广西省政府有鉴于此,于 1940 年 9 月颁行广西省普设民众图书馆计划。同时,广西省教育厅组织普设民众图书馆委员会,负责办理普设民众图书馆工作。广西省要使每一个学校、每一个机关团体都要设立民众图书馆,不但在本省是划时代设施,在全国也是空前创举。广西省政府要求民众图书馆委员会以区区 20 元经费,负责配置包含民众所需要的各类书籍及挂图,民众图书馆委员会甚感困难。基于此,民众图书馆委员会同仁抱着"以小量的金钱,做最大的事业"原则,对每一本书或每一张挂图的采用,都要注意他的效用,注意是否适应民众需要。因为民众图书馆是为"民众"而设的"图书馆",而民众所需要的精神食粮又很广泛,为满足民众的需要,针对现代民众所必须具备的知识,有计划地拟订阅读目录,组织人员编写就显得尤为重要。

　　广西民众图书馆委员会编写的民众读物共分:公民教育类、生产教育类、健康教育类、自然科学教育类、文艺教育类、参考图书类、图片类等约 300 余种。编辑这么多的图书,实属不易。而要编写得适合民众阅读,更是一件困难的工作。广西省民众图书馆委员会做了许多细致的工作,最后圆满完成了编辑民众读物的任务。

　　首先,搜求材料。主要通过三种途径:一是到坊间选用现成图书。例如到文化供应社、商务印书馆、正中书局、中华书局,找到不少现成图书。还可从小书摊小报摊上搜罗流行的小辞书、连环画、歌曲、戏剧等,加以审查整理,保留合用的材料,来做编辑读物的资料。然后根据这些图书,进行重新编写,实行"旧酒囊装新酒"的办法。这种方法得到的材料,可有上百种。二是到有关部门去搜集资料。例如到农业管理处、合作事业管理处、卫生处、医学院、职工训练所、桂林图书馆等去访问,搜集各机关

---

① 邱冶新.怎样编辑民众读物[J].山东民众教育馆编印,山东民众教育月刊,1935(7):131.

所出版之书刊和颁布的各种法令。三是到民众生活环境里去采访。民众的生活环境里，随时随地有真实性的材料，可以拿来编辑读物。民间的传说，农夫樵子的野调山歌，江湖卖艺的唱曲小调等，都是现成的民众读物的材料。只要留心去采集，可以实现取之不尽，用之不竭。四是委托专人写书和征稿。如果坊间和有关部门没有适当材料，他们便请对各该部有相当研究的专家或擅长通俗文字写作者撰写。如无人撰写，拟定题目，公开征稿。

其次，编辑材料。收集到材料后，民众图书馆委员会开始编辑工作，并拟有编辑工作应注意事项。这些事项主要有："图书内容必须与抗战建国有关及适合民众生活需要，与含有本省地方性者""内容的编写，应由浅及深，由近及远，由具体到抽象""用字以成人教育年所用读本中已有的字为原则，非不得已，不加用生字""语句的使用，应尽量通俗化，并用民众自己熟悉的语句""语句以简单为主，非不得已时，每句不得超过十个字""力避应用艰难学术的名词，但重要名词非用不可时，应加以说明""题材应多带艺术性。(如多加插图、多用小调、韵文多用小说故事题材)，以引起民众兴趣""字数以二千字至五千字为度，以便民众于最短时间即能阅完"[①]。他们还提出民众读物最好仿用流行的通俗读物的文体。

最后，审查稿件。稿件完成后，送到对各该科学有研究的人员或有关部门，审查其内容是否妥善。审查之后，为了使图书真能适合全民众阅读，可把稿子交给知识低下的公役或民众阅读，从事实际试验，最后根据审验情形，修正稿子，编辑工作完成。

其实，民众图书馆自行编印民众读物对乡村教育运动意义犹大。因为乡村教育运动的文化思想传播形式尤其重视读书识字，乡村教育工作者把所谓的书本教育即"民众读物"视作摆脱"愚蠢""愚昧"的最有效途径。由民众图书馆的同仁自行编印刊物，针对性强，难易程度把握较好，既大大节约了购书经费，又解决了民众读物匮乏的燃眉之急。但编辑工作的个

---

① 庞敦志.第一期普设民众图书馆工作总报告［J］.国民教育指导月刊，1942（6）：55.

中辛苦自非局外人所能体会。

## 四、其他形式

1. 交换

交换即用本馆出版品或重复图书，与他方交换图书。交换是民众图书馆获取免费图书的又一重要来源。其作用有二：一是以其所有，易其所无；二是以其所弃，易其所需。具体做法是，将本馆复本，列成目录，印送别处；请别处将其复本交换。交换的东西不限于定期刊物。凡书籍、图片，皆可交换。如本馆出版刊物，可发函征求交换。不少民众图书馆重视图书交换，如中央大学区通俗教育馆制定了图书交换条例，"1. 各机关法团学校所出著作品或定期刊物，其愿赠予本部而声明交换者，本部即以本馆印刷品或定期刊物寄赠之。2. 凡本部所藏图书如在两种以上，有愿以相当书籍交换者，经本部审查后得交换之。3. 本部认为所藏图书有与其他各图书馆或藏书家交换必要者，得开会审查认可后请求交换之"[1]。宜兴县立图书馆交换条例，"1. 各机关法团，学校所出著作品，或定期刊物，其愿与本馆交换者，本馆即以所有印刷品答赠。2. 凡本馆所藏图书，如在两种以上，有愿以相当书籍交换者，经本馆审查后得交换之"[2]。民众图书馆交换条例的制定及相互认可，对图书交换工作的规范化，及馆际间互通资源起到重要引领作用。

2. 复制

复制是民众图书馆获得免费书籍的又一方法。图书馆购买的图书，如孤本图书、手抄本家藏遗书、有关历史的单页或图书、有历史价值的小册文书及记录等等，此种图书有时征求也无法得到。此时，只有将这些书复制，以提供阅览。复制的方法很多，最常用的三种：一是印刷。印刷虽是复制图书最普遍的方法，但民众图书馆除了印刷"民众读物"外，不大用印刷

---

① 　俞家齐. 民众图书馆设施法［M］. 江宁：中央大学区立通俗教育馆推广部印行，1929：57–59.

② 　吴培元. 民众图书馆设施法［M］. 宜兴：宜兴县立图书馆出版，1930：27.

方法复制图书；二是照相。照相是复制图书最便利最正确的方法。图书馆可利用此法，不只是图书可以照出，而且城乡的古迹、名胜，人民生活的真相，重要民众运动的实情，都可以保存在成沓的相片中。用照相来复制珍贵的图书，每页用费不过从五分到一角，比起贵价图书，仍然便宜很多。且胶质软片，较木质图书还能保存持久，占地也小；三是借抄。我国近代的古籍集成（如《四库全书》）全部是精工缮抄而成，图书馆也可利用缮抄方法，复制图书。例如：当图书馆发现一本古人的私人日记、笔札、简牍，认为系可传的史料，而所有者不允出让时，可商得原主的同意，在不损毁原物的条件下，借来缮抄。当然，借抄也需遵循一定的规则，才能使良方长久。

俞家齐提出，借抄的原则是，"1. 凡藏有旧刻秘本抄本或绝版之刊物，愿流传于世而不便寄存者，本部认为需要时愿借抄之。2. 借抄图书期限不得过一年。3. 在借抄期内本部负完全保管之责"[①]。利用复制的方式获取图书，并非完全意义上的免费，这里面包括很多费用，如照相，民众图书馆至少要提供照相的费用，印刷等形式都需要费用。不过，这些复制方式所需费用，与购买比较，便宜很多。

3. 寄存

寄存或名"代管"。藏书家将所有图书的一部或全部，寄存于图书馆，在规定的时期内，可得图书馆的保管；而图书馆也可借以公开给大众。寄存的图书可以由图书馆利用，但其所有权仍属原主。按寄存方式，又可分为三种：被动的寄存、诱导的寄存及馆际流通。

被动的寄存，是指图书原主主动找到图书馆寻求寄存图书，此时图书馆就须先查明所寄存的图书，是否符合图书馆的需要、书库能否储藏等问题，再行决定是否接受寄存请求。诱导的寄存，是指图书馆得悉某家藏有好书，而劝其藏入图书馆，以光东壁，供诸同好。图书馆的请求须得寄主的许可，才可寄存。馆际流通，是指甲乙两个图书馆都有互以书籍相寄存、相流通的

---

① 俞家齐.民众图书馆设施法［M］.江宁：中央大学区立通俗教育馆推广部印行，1929：57–59.

愿望，可以借此丰富两馆馆藏，与增加读者阅读之机会。无论哪种寄存方式，都要履行一定的手续，主要有：接洽、审查、签订、收受。只有严格按照程序，才可避免出现寄存图书内容不宜、非图书馆所需、书库容量不够等问题，不会浪费民众图书馆有限的人力与空间。且寄存如订立手续不严，程序处理不当，最易日后在图书馆与原主间发生纠纷。所以，在寄存发生前，需明确各自权利与义务，以绝后患。

为了促进寄存规范，很多民众图书馆都公布了寄存规范。如宜兴县立图书馆所订立的寄存条例，"1. 凡以藏书寄存本馆者，由本馆出具收据为凭。2. 寄存期限，分长期短期两种，长期一年以上，短期最少一日。3. 寄存图书，除寄存加盖私章外，本馆得加贴寄存人姓名及寄存期限之浮笺于书面。4. 寄存图书人于寄存期内，有优先阅书之权，惟须遵守本馆阅览通则。5. 寄存图书时，须将价值声明，在寄存期间如有损失，由本馆赔偿，但遇意外，本馆全部损失时，不在此例。6. 寄存期未满，不得提前收回，期满由本馆通知寄存人将原书取回，愿续存者，注明时效于执凭'备注'中"①。

此外，受让等形式也可以使民众图书馆获得免费图书。在各种获得免费图书的方式中，政府配发、广泛募捐和自行编印三种形式最为重要，其他方式并不多见。所谓免费获取，并非分文不费，依然需要交通费用、邮寄费用、人工费用等，不过，相对于图书采选费用来说，少之又少，可忽略不计，是谓"免费获取"。

## 第三节　分类编目以便利民众为旨归

### 一、民众图书馆的图书分类问题

#### （一）图书分类的方法

民众图书馆作为近代社会教育的重要机构，亦为近代社会教育的一种

---

① 吴培元.民众图书馆设施法［M］.宜兴：宜兴县立图书馆，1930：27.

新兴利器，对提高民众知识，增进民众技能，陶冶民众德性，锻炼民众身心实有密切关系。民众图书馆虽由多个要素组成，然与民众接触的关键要素，则首在图书。图书庋藏之是否适当，编制之是否合法，民众之应用是否便利等等与图书相关的问题，都直接影响着民众的阅读体验是否顺畅顺利顺心。若图书分类适宜，对读者来说，可以免去问询的烦恼；对图书馆来说，则便于稽查、流通和阅读指导。所以，研究讨论民众图书馆的图书分类法实有必要。民众图书馆既应一般民众需要而设立，其图书分类法，自当呼应一般民众之需要而编制。民国时期，学者对民众图书馆的图书分类多有探讨。

1. 图书分类原则

图书分类的目的，是使同类书籍聚集一处，根据类目按序藏列，易于管理和检阅。近代以来，我国书籍增加迅速，旧有的或西洋分类法均不合用，如杜威十进分类法、杜定友世界图书分类法等，对普通图书馆合用，对民众图书馆则需要改造。当时学者提出了多种分类原则，如朱英提出了民众图书馆三大分类原则：

第一，纲目应趋简明。我国民众文化程度不齐，民众图书馆既然为一般民众服务，其图书分类法，则必须简明扼要，以便读者快速查到所需图书。朱英认为，近年来办理图书馆，因环境的不同，对于图书分类法，或分新旧，或别中西，斟酌增减，莫衷一是，采取何种图书分类法，已经成为我国图书馆界的一大问题。图书分类法很多，研究图书分类的学者也多，然而，"一般研究分类法者，更以风气所尚，亦必类求十大，号必1、2……其编制周密，门类详尽，用之于学校，专门，或较大之图书馆，固属甚佳，果移用于我国今日之一般普通民众图书馆，则因习惯之不同，程度之低异，未有不因而发生滞碍者，故民众图书馆之图书分类法，其纲目必须力趋简明也"①。

第二，类名须贵适用。朱英表示，民众图书馆的图书分类，必须注意一般知识低浅的民众，可以检查或应用。他提出："窃以中国之近状而论，

---

① 朱英．对于民众图书馆图书分类法之刍议［J］．天津市市立通俗图书馆月刊，1935（7/8/9）：32.

社会民众，则以农工商界占最多数，政学他界则次之，故类名之拟定势必须注重多类农工商界民众之需要，若仅以高深奇奥，以炫其博，则一般程度低异之民众，亦将因无力辨识其需要之门类，而阻止其兴趣，或自动检测之能力矣。"①

第三，分类法须顾及编目。民众图书馆的图书，分类为一事，编目为一事。有好的分类法，才会有好的编目，二者唇齿相依。分类如果得法，则一切目录编制、图书排列，必能眉目清晰，一目了然。否则或因类名复杂，或因编制奇异，致参差错杂，横列其间，不利于读者检索。②

徐旭结合江阴巷实验民众图书馆的实践，创设了"民众图书馆图书分类法"。他认为，一般民众知识程度低浅，所以"类名"用"社会科学"，他们不会明白这门科学是包括政治、经济、理财、法律、社会、军事等项。"类名"用"应用科学"，他们不会明白医药、工程、农业、商业、制造、家政等项，是属于这门。所以图书馆界应当根据民众平常所习用各学问的名词，略加改正，命名各类，才是适当的办法。基于现有分类法不适用，而标准的分类法，又未问世，徐旭根据"直知直觉、孰急孰缓、即求即得"三原则，创制了一套专门适用于民众图书馆的图书分类法。徐氏订立的民众图书馆图书分类法三标准：一是"类名"的采用。应该根据民众于"学问名称上"之"直知直觉"而名；二是"类次"的先后，应当根据民众于"需求应用上"之"孰急孰缓"而序；三是"类号"的标记，应当根据民众于"检查图书上"之"即求即得"而定③。

他设计的类名，基于民众的直知直觉，为民众所熟知；类次根据民众的需求和实用的缓急而定先后次序；类号以每类类名的第一字代表该类的

---

① 朱英.对于民众图书馆图书分类法之刍议［J］.天津市市立通俗图书馆月刊，1935（7/8/9）：32.

② 朱英.对于民众图书馆图书分类法之刍议［J］.天津市市立通俗图书馆月刊，1935（7/8/9）：32.

③ 徐旭.民众图书馆学［M］.上海：世界书局，1935：172–173.

图书，以中国数字一、二、三、四、五、六、七、八、九、十等代表各类图书的各部。

徐旭的民众图书馆分类法自 1929 年冬初刊后，于 1930 年春修正再版，后又于 1930 年秋订正三版。此法问世后，影响极大，为各地民众图书馆争相引用，不少民众图书馆根据"类名首字"的原则，编制出适合本馆的图书分类法，如：云南省立民众教育馆的《民众图书分类法》、浙江省立民众教育馆的《民众图书简明分类法》、泰兴民众图书馆的《类名计首民众图书分类法》、汤山农民教育馆的《民众图书分类法》、常熟民众教育馆的《民众阅书处图书分类法》、镇江省立民众教育馆的《民众图书分类法》等。

逸民对徐旭的分类法推崇备至："民众图书馆不是为民众收藏图书，而是替民众活用图书，故民众图书馆之图书分类，应使程度低下之民众容易明了，检阅便利。依我的意见，县以下的民众图书馆（或民教馆图书部），因书籍数量不多，且少专门书籍，阅者对于图书类名更非十分浅显不易了解，故以采用徐旭之民众图书馆图书分类法较为适宜。这种分类法虽然类名过多，但名目浅显且甚通俗，民众一听明白，检阅便利。且类目无限制，尽可酌为伸缩，富有弹性。"[①]

王云五深信美国学者卡特（Cutter）对图书分类法的定义：图书分类是集合各种图书，选择其性质相同的放在一处。根据这一分类原则，结合杜威十进分类法，他提出了中外图书统一分类法。王云五认为，杜威的分类法最适宜于我国，然而，"不能包括许多关于中国的图书，因此，便认为有扩充杜威氏原有类号之必要，而且杜威的分类在我国图书馆界看起来，还有些轻重失当的地方，因此，又认为在相当范围内有变动杜威氏原有类号之必要。但是我们为着要使同类的书不至分开，尤其是不愿使原本和译本分开，所以又有维持原本和译本类号相同的必要"[②]。按照这三种必要，王云五提出了他的图书分类方案，即以杜威分类法为基础，对于中国特增的类号，

---

① 逸民 . 怎样办民众图书馆［M］. 民众园地，1932，1（2）：14.

② 王云五 . 中外图书统一分类法［J］. 图书汇报，1931（122）：4.

一律加上一个"+"号，以区别于杜威的原类号，杜威的原类号没有任何变化，进而增加了"廿"与"±"两个符号，形成了他的中外图书统一分类法。中外图书统一分类法为《万有文库》所采纳的图书分类法，因而为众多民众图书馆采纳。

中央大学区立通俗教育馆则依据刘国均著的"中文图书分类法"，将馆藏中文图书四千二百余种，分总部、哲学、宗教、自然科学、应用科学、社会科学、史地、语文、美术九大类。每类分若干门，每门分若干纲，每纲分若干目，均用数码代表之。该馆自采用该法分类以来，自感收效甚佳，"不但不失理论上之一贯，而深合乎管理上之便利。其中略有简繁之处，均商得著者同意增删"①。俞家齐对该分类法的评价甚高："1.融合新旧书籍于一炉，以免强分新书之困难。2.任何科目，均有收入本表之可能。3.对于将来学术发展图书种类增加时，有随意扩充之地位。4.分类系统，精密而明了，易于应用。5.利用互助方法，以求各类间之联络。6.各类层次分明，富于弹性，能适应各图书馆藏书之多少而为伸缩"②。中央大学区立通俗教育馆推广部市场意识很强，在详细罗列了"中文图书分类法"的六大优点后，特别加了一句按语，"故该法无论大小图书馆，皆能适用之"。并在书后附上改进后的中文图书分类法简表广而告之，对"已印好每本售洋四角的详表"进行宣传促销。

总之，图书分类法，见仁见智。民众图书馆的图书分类，也不例外。如果说能够找到一种行之四海而皆适用的图书分类法，既不可能，也无必要。这与世界的多样性特质背道而驰。民众图书馆大多较为务实，能够根据自身的定位、读者水准等因素，因馆制宜，采取行之有效的图书分类法，以展开阅读服务活动。这才是民众图书馆图书分类法研究的方向所在。

---

① 俞家齐.民众图书馆设施法［M］.江宁：中央大学区立通俗教育馆推广部印行，1929：29.

② 俞家齐.民众图书馆设施法［M］.江宁：中央大学区立通俗教育馆推广部印行，1929：29.

2. 图书分类步骤

（1）类次类名的厘定

民众图书馆图书类名类次的确立，也是各有千秋。徐旭提出的"类名"，是根据民众于"学问名称上"之"直知直觉"而名，共分二十八类。"类次"根据民众于"需求应用上"之"孰急孰缓"而序，所以除最后三类外，大多依实用而定以先后。"类号"根据民众于"检查图书上"之"即求即得"而定，所以每类名的第一字，代表各该类图书。后又以〇、一、二、三等数字代表各类图书的各部。具体类名类次分列详见表3-3：

表3-3：徐旭版民众图书馆图书分类简表 [1]

| 类次 | 类名 | 类次 | 类名 | 类次 | 类名 |
|---|---|---|---|---|---|
| 第一类 | 革命文库 | 第十一类 | 医药 | 第二十一类 | 字典 |
| 第二类 | 农业 | 第十二类 | 卫生 | 第二十二类 | 历史 |
| 第三类 | 工艺 | 第十三类 | 家政 | 第二十三类 | 地理 |
| 第四类 | 商业 | 第十四类 | 美术 | 第二十四类 | 社会问题 |
| 第五类 | 教育 | 第十五类 | 传记 | 第二十五类 | 自然科学 |
| 第六类 | 尺牍 | 第十六类 | 算学 | 第二十六类 | 杂志 |
| 第七类 | 小说 | 第十七类 | 宗教 | 第二十七类 | 类书 |
| 第八类 | 戏曲 | 第十八类 | 政治 | 第二十八类 | 儿童读物 |
| 第九类 | 诗歌 | 第十九类 | 法律 | | |
| 第十类 | 文艺 | 第二十类 | 军事 | | |

除了江阴巷实验民众图书馆由主任徐旭提出了著名的民众图书馆分类法外，其他民众图书馆就分类法也进行了有益探索。如山东省立教育馆的图书部，因王云五的中外图书统一分类法，号码繁复，不便检查，而四角号码检字法通晓的人不多，于是改用杜威十类分法，重新编目，眉目清晰，既简且速。该分类法把党义及关于中国革命的书籍另作一类。该馆改革后的分类法如下：〇〇〇总类；一〇〇丛书；二〇〇史地；三〇〇哲学；四

---

① 徐旭.民众图书馆学［M］.上海：世界书局，1935：174.

○○文学；五○○社会；六○○教育；七○○自然；八○○应用技术；九○○美育。而杜威原分法是：○○○总类；一○○哲学；二○○宗教；三○○社会；四○○语文学；五○○自然科学；六○○应用技术；七○○美术；八○○文学；九○○史地。山东省立教育馆图书部进行图书分类编目的改革，原因是因该馆藏书室地面不十分宽广，"书架也有，书橱也有，式样各异，不能一顺排列，所以把阅者多的书类摆在书架，不大为阅者所读的书类摆在书橱，就顺编号"[①]。

　　虽然，诚如上述所言，民众图书馆的分类编目法有种种尝试，但后人在研究近代中国民众图书馆的编目问题时，对徐旭提出的民众图书馆编目法耳熟能详，对他本人也是推崇有加。其实，在各种分类法中，王云五的中外图书统一分类法也应受到重视。该法在杜威分类法基础上，增加了"+""廿"与"±"三个符号。其意义分别为：

　　"+"号置于杜威原有号码之前，即成为一个新号码，与原有号码并行。例如杜威分类法中 323.1 是民族运动，现在把"+"号置于 323.1 之前，形成 +323.1，代表我国特有的民族主义，同时 323.1 仍作为民族运动。凡有"+"号的号码必须排在无"+"号的原号码之前，但是无"+"号的号码若比有一"+"号的小，那就不因有无"+"号，仍按号码的顺序排列，例如 321.2；+321.2；321.1 这三个号码，其顺序应为：321.1、+321.2、321.2。

　　"廿"号置于接连许多新号码之前，这许多新号码从整数开始，可以继续到整数为止。例如廿 110 为中国哲学，廿 111 为易经，廿 112 为儒家，廿 113 为道家，廿 114 为墨家，廿 115 为名家，廿 116 为杂家，廿 117 为近古哲学家，廿 118 为近代哲学家等，连续不断。因此，从 +110 至 +118 中，无论哪一个号码都应该排在无"+"号的 110 之前。这些号码所以如此排列，系因中国哲学至近代哲学家各类都有连带的性质，不能分开，也不当掺入他类。假使这些类号都不用"廿"号，而改取"+"号，绝对按照号码大小

---

① 景台.我们的图书馆［J］.山东民众教育月刊，1931（1）：19.

为排列顺序，便须把廿 110 至廿 118 和 110 至 118 互相掺杂排列，因而使书籍在架上的排列也中外掺杂，不能使中国哲学类各书在纯一系统下排列了。所以"廿"号之使用，足以补"+"号之缺憾而济其穷。

"±"号介乎"+"号与"廿"号之间。"+"号只能排在完全相同的号码之前，"±"号则不问有无小数及小数的大小，一律排在整数相同的号码之前。例如 ±327 为中国外交，±327.1 为中美外交，±327.2 为中日外交，±327.3 为中英外交，±327.4 为中德中奥外交，±327.5 为中法外交，±327.6 为中葡外交，±327.7 为中俄外交，±327.8 为中国与欧美其他各国外交，±327.9 为中国与亚洲其他各国外交。以上各类号都是不可分开的，所以全体须排在同整数 327 外交之前。又如欧洲外交是 327.4，中俄外交是 ±327.7，但因"±"号的关系，就不问小数的大小，应把 ±327.7 排在整数相同的 327.4 之前。所以，凡有"±"号的类号，在排列顺序时，应该把小数看作取消了，然后把有"±"号的类号排在无"±"号的类号之前[①]。

王云五借这三个特别符号，增加许多新的类号，以容纳中国特有或特别重视的图书，使之与外国图书相类似者排在相近的地方，而我国特有或特别重视的图书，却借此三个符号，而分别排在其前面的新地位，丝毫不影响外国图书与其译本原来的地位。这样，一则可保全外国图书的原类别，二则可以达到中外图书统一分类之目的。

王云五的中外图书统一分类法之所以应该受到注意，不是说该分类法科学，没有缺点，恰恰相反，该分类法饱受争议。洪年图书馆金敏甫从图书分类、中外著者统一分类法、标题法、索引法四个方面对中外图书统一分类法进行了系统的批评。他表示，中外图书统一分类法除了有几个毫无意义的符号外，"全是杜氏的原著。而且就大体论，依然是杜威分类法，那么书面上的'著'字和 Wong's system 最好要调个适当的字，才能名副其实呢"[②]。浙江省立图书馆金天游表示："积三年（十八年至二十年）间实际工作上所

---

① 王云五.中外图书统一分类法［J］.图书汇报，1931（122）：5.

② 金敏甫.评王云五的中外图书统一分类法［J］.图书馆学季刊，1929（1/2）：288.

得之经验,深感王氏分类法多有不敷应用及不甚妥善之处"①,从而进行了大规模的修改。此外,刘国钧等也都对该法提出了批评。然而,随着《万有文库》的普及,包括民众图书馆在内的众多小图书馆创立起来,对王云五的中外图书统一分类法视而不见,也是不现实的事。

（2）审查图书内容

民众图书馆在图书归类时,要精审内容,详细斟酌,然后定以类号,不可贸然从事。徐旭提出,图书归类的手续可分为六步:一是参看书名。有的图书根据书名,即可决定归类;有的图书则需要进一步研究加以辨别;二是参看目次。书名不能决定归类时,应当参看目次,推知其内容;三是参看序跋。看了目次后,仍难决定类别时,可以看书内的"序"或"跋"。在序跋内,著者或序跋者会写出关于作此书的方法、目的,或介绍此书的内容大概;四是序跋仍不能明了此书的类别时,只有选取阅读部分章节的办法进行归类;五是阅读部分章节仍不能归类时,可以参考其他图书馆用同分类法的书本目录决定归类;六是参看其他图书馆的图书目录还不能解决问题时,那么参看有关此书的题解,书评或考证的书本和论文②。总之,图书归类,尽量科学合理。

（3）决定图书类别

徐旭表示,图书归类坚持以实用和严格为主的原则。一本书可入数类时,则以材料最前,或篇幅最多或内容最重要之类为归。一本书包含数门学问的,若归入任何一类,都觉不妥当的,那么可以归入每类之"总计"目内。对于内容复杂,而文字题材,装订格式相同,每本不便独立的,则不必分散,可以归入"类书"下之"丛书"目。此外,对于有特殊价值的古版丛书,亦可入"丛书"目。其他若翻译本、评论本、注释本、考证本、答案本等,都应入各该原书之类③。

---

①　金天游.对于王云五中外图书统一分类法之修正[J].浙江省立图书馆月刊,1932(3):1.

②　徐旭.民众图书馆学［M］.上海:世界书局,1935:177.

③　徐旭.民众图书馆学［M］.上海:世界书局,1935:178.

（4）检查分类类号

徐旭提出，在分类法类目表上，找相当的类号，将类号写于书底里封面左或右角的总登号之上，写在分类编目草稿单上，并在此类号前作一个记号，提示该号已经用过，以便日后有相似之书时，参考归入。检查图书的类号时，注意此种相同的书，馆中是否有过，如已有过，则须沿用旧定的类号，避免出现同其所异，异其所同。

（5）编著者号码

书是著者思想的反映，所以除用类号代表其内容外，还需要用著者号码揭示作者。著者号码可避免在图书的排列与流通上可能发生的混乱和困难。不仅如此，还可借此号码，使同类的书排在一起。外国图书馆大都采用卡特氏的著者号码表，我国对于著者号码的编制也很多，有杜定友的著者号码编制法、王云五的四角号码法、钱亚新的拼音著者号码法等，各图书馆可根据实际情况，自行决定采纳何种著者号码法。

徐旭认为，民众图书馆的著者号码法可以由各馆随时编制。编目者取各书著者的姓字，后加一中国数字，依书之着手分类先后，而定其记号。需要注意几点：一是同类书其著者不同，则其索书号即因著者号之不同而不同；二是同类书为同一著者所著，则其著者号后，可加符号一、二、三等数字；三是著者同而类不同的书，则类号有别，而著者号同；四是著者号码均依原著者为主，若无从知悉原著，则依编者编著者号等。各民众图书馆根据上述方法来自编著者姓名号码表，手续上可能更简单，容易找到需要的图书[①]。

当然，以上步骤只是总结了学者的基本看法。具体的步骤，各民众图书馆应根据本馆的实际状况确定取舍，或多或少，不必墨守成规，拘泥五步。

## 二、民众图书馆的图书编目问题

### （一）图书编目的意义

姚名达是中国近代著名的目录学家，他的鸿篇巨著《中国目录学史》

---

① 徐旭. 民众图书馆学［M］. 上海：世界书局，1935：180-181.

成为中国目录学术史上的一座高峰。国立中正大学首任校长、享誉世界的著名植物学家胡先骕称赞姚名达是"绝学有遗著，千秋有定评"。姚名达为何矢志不渝，数十年如一日致力于目录学研究，原因主要在于：一是其对目录学充满强烈兴趣；二是他在读书治学的过程中，在检索文献方面对于图书馆有极大需求，深切体会到目录对于读者的功用之大，而西方目录学在此方面无疑具备明显优势。他提出："读者进图书馆若没有目录或不懂目录的用法，只觉得满目琳琅，不知所择，纵使想看某书亦无从取得，所以图书馆必须编好目录以指导读者，读者必须懂得目录的用法以利用图书馆。"①

图书目录的主要功用，或是便于检索所需图书，或是在使民众阅览便利和易于管理。俞家齐表示："目录者，（乃）阅者寻觅所需图书之指针也。欲觅馆中有无此书则用书名目录；觅某人所著之书，馆中已备若干种，则用著者目录；欲觅某类书数，则用种类目录；欲觅某资料散见于他书者，则用分析目录；欲知馆中已备书籍之种类数目，则用书架目录。"②目录有多种，为了阅者检索的便利，民众图书馆在编目时需根据图书的特点，注重"准""慎"原则，将图书归入最合适的目录体系中。民众图书馆读者的知识程度一般较为有限，所以其编目在"准""慎"的基础上，尤须注意到"简明"。根据这三原则，徐旭提出了民众图书馆编目要则，即需揭示书名、著者、版本、版次、形式、纲要等："（1）书之名称——必须载明书之正确名称。（2）书之著者——载明原著者，翻译者，编辑者，纂集者，校刻者，绘图者。（3）书之版本——出版之地，人，时、版本之石、铅、影等。（4）书之版次——书刊印之为初版，再版，重刊本，订正本等。（5）书之形式——凡书之大小，纸页，册卷，图表等。（6）书之纲要——将书之内容，开列宏旨，作一提要。"③

徐旭表示，为了使图书编目有连贯性、系统性，编目时，需注意以下数点：

---

① 姚名达.目录学［M］.上海：商务印书馆，1933：13.

② 俞家齐.民众图书馆设施法［M］.江宁：中央大学区立通俗教育馆推广部印行，1929：30.

③ 徐旭.民众图书馆学［M］.上海：世界书局，1935：174–186.

"一是编目时当注意目录的局部与全部，不要有抵触谬误。二是编目当有划一标准，先后一律，历久不变。三是编目须有准绳。四是编目时对于副卡去留，排列先后，均须详细校查。五是编目的文字，当正写或楷写，不得参以草书。六是编目时务须清洁明晰。七是编目时当细心审慎。八是编目时当备簿子一册，以便记载各项困难问题，及其解决方法等。九是编目所必须之应用品备全后，方可工作"①。

（二）编制目录的种类

民众图书馆的目录种类很多，大致可从目录形式、目录性质、目录排列三个角度来划分：

一是以形式分。民众图书馆的图书目录可分为书本目录、卡片目录、活页目录三种。书本目录是为我国藏书者所习用、编印成册的图书目录，其优点是便于收藏保管和分发流传。弊端是不能随时增减，若重新抄写则颇费时；若重刊印，则颇费钱。卡片目录的优点是便于增删修改和序次排列，缺点是体积大占地多、组织复杂、容易损坏和散乱。活页目录是介乎书本及卡片式二者之间的一种目录。其优点是经济，可随时增减册数，且检索即知某类图书本馆中有多少种。其缺点为排列不能依次整齐，易损坏，不能携带交换。

书本目录和卡片目录主要供管理员应用，活页式目录则是供读者使用。活页目录的第一种分类目录，是按类而编，每类可各成一册。依此随时将新添之书，按类按目添加。这种方法的排列次序，因为依各书到馆先后而誊入，不免有些参差，可是在翻查上，一目了然，较之用卡片目录，便利很多。同时此种目录，不啻为图书分类登录簿，对于统计各类图书数量，亦很方便。除上述目录外，为指导参考研究问题需要，还可以编制一种特别单元目录。如东北问题、新生活运动，均可为单元而编制目录。在单元目录中，若能将各书提要录出来，则尤为特色。至于分类编目的手续、规则等都属于技

---

① 徐旭. 民众图书馆学［M］. 上海：世界书局，1935：184-186.

术性的问题，各馆不必拘于呆板，可由各人融会通变。

二是以性质分。从性质上来看，目录则可分为四种：以书名为主的书名目录；以著者为主的著者目录；以标题为主的标题目录；以分类为主的分类目录。

三是以排列分。从目录的排列上来看，目录又可分为两种：一是依分类号为第一标准来排列的分类目录。和将书名、著者、标题各名依字混合排列而成的字典式目录。

以上这三种形式，各有利弊。各民众图书馆一般会根据自身状况，编制出最切合本馆实际情况的目录。

（三）编制各种目录的方法

目录的编制方法，千差万别。主要有：

书本式目录编制法。徐旭提出，将馆中所有的书籍，依类按各索书号码之大小——根据书架目录而排序。如果是字典式，其编法是：若第一项记著者时，则第二项记书名；若第一项填书名时，则第二项填著者；若第一项为标题时，则第二项为著者，第三项为书名。最后两项为出版处及所属号码。

卡片式目录编制法。卡片目录以书名、著者或标题为主，目的在使读者若只知书名或著者，即可找到所要的书；或拟要某书，亦可由标题卡找到。俞家齐提出，标准卡片目录的编制要点为："1. 名称——首重'书名卡'，次'著者卡'，又次'标题卡'，及书架目录卡。2. 原因——所以首重'书名卡'者，因我国人习惯，索书时多只知书名，而忽略著者等。3. 经济——照本法'著者卡'的编法，于卡片，于时间，于翻查，皆甚经济。4. 应用——'书架目录卡'可供图书排架及典藏之用。"[①]

徐旭对卡片目录的编制也做出详细说明。他认为，我国民众习惯以书名询问，所以编制卡片目录时，要将书名列在卡片首位，以便民众查询，

---

① 俞家齐．民众图书馆设施法［M］．江宁：中央大学区通俗教育馆推广部，1929：30.

后再依之详载书之各项。按此法编制著者卡，即知某著者所著、所编和所译之各书。在书名之后，当注明"著""编""译""校"等字样。标题的编制可取事物的名称等，标题确定后，编成一标题表，切勿随时更改。选定的标题，一经用过即作一记号，以便下次参考再用。见卡是供一书有二名，著者有"正名""笔名"，标题之有相关标题的，均可制见卡，以作"互见""参见"用。丛书总卡则是以丛书之总名为准。至于书架卡的正面宜记载详尽，反面宜载明关于此书之各卡索引、例书名、标题、分析等项。此卡的排列，完全以类号次序为先后，类号同时，则依著者号。此种目录，为点查图书的主要工具，故必须备①。

活页目录编制法。民众图书馆的编目，要点在求简便、经济、活动及实用。活页目录可以说是兼具了这四个要素。俞家齐拟定了活页目录编制的基础程序："1.原则——易检、经济、活动。2.标准——以民众查书时的第一观念为'某类'，所以目录的编制以类名为准。3.方法——每类可一册，每页可一目，续添的书。可续填于后，在排列上，虽少有颠倒，顺序不能十分整齐，但于民众检查，十分便易。4.式样——大小凡8*10，编法有下列几项：总登号、书名、著译者、册数、出版处、价值、备注。"②

书本目录、卡片目录及活页目录，在实际应用中都有利有弊。徐旭提出，民众图书馆在可能范围内，各种目录皆备为最好。如果情况不允许，可酌量置备。如在阅览室内，应备以类目为主的活页目录，供民众检查用。及卡片的书名目录，供阅览人检查，及管理人答询用。这是因为民众习惯以书名来咨询，故备此种目录，以供实用。在分类编目室内，则当备以卡片的书架目录，供管理人员检查及点查图书用。此外，每月可依书本目录式，印发本月内所采购的新书目录单，到年底或年度末时，可汇齐改编成书本目录，刊册赠送，以供他馆参考，或以资交换刊物用，这实是一种获取免

---

① 徐旭.民众图书馆学［M］.上海：世界书局，1935：189–196.

② 俞家齐.民众图书馆设施法［M］.江宁：中央大学区通俗教育馆推广部，1929：30.

费资源的经济方法[①]。

（四）编目的手续

分类编目在图书馆事务中极为重要。如果分类编目妥善，则对读者阅览、参考及研究有极大的便利及助力。书本目录及活页目录的编法比较简单，卡片目录的编法比较繁复。徐旭提出，在图书进行初步分类后，再进行如下手续，编目方可算大功告成：首先，审定内容，编制纲要于分类编目草稿单上；再依分类号，并根据标题表，决定标题；后写此标题名于分类编目草稿单上。后续工作则是属于细节性的，比较琐碎。如，粘贴书标于封面的内面，并根据此前注明的收到日期，盖印于此标上；贴书袋于底封面里的底角处；贴期限条于末页之上端；插一借书卡片于书袋内；根据底封面里上端的各号码，抄于书袋上；书写书片各项；书写外书标；校对书袋及书标上的各项；贴外书标于书脊离底一寸处等等。[②]

经过民众图书馆员专业且细致的分类编目工作，一本本茫然无绪的新书被详细标识后，即可进入上架流通环节。这些井然有序、排列整齐的图书，对于即便知识程度较浅的普通民众，也是备感方便无比，即索即得。他们拿起编目后的书也能望书生义，对该书主题内容略知一二。最重要的是，经过分类编目排架归类的书，常给读者带来触类旁通，举一反三的启发。读者无论是作普通阅读消遣，还是做学问探究参考，都感到便捷。这恐怕也是民众图书馆秉持"直知直觉""孰急孰缓""即求即得"分类编目原则的终极目标所在。

# 小　结

民众图书馆设立的初心是开启民智，给民众更多平等阅读机会，让教育最终惠及于普罗大众。民众图书馆要使初心出得成效，就必须先在藏书

---

①　徐旭.民众图书馆学［M］.上海：世界书局，1935：197.

②　徐旭.民众图书馆学［M］.上海：世界书局，1935：198–200.

内涵建设上下工夫。对图书馆来说，任何时候都是资源为王，因为图书是图书馆开展服务的基础，没有丰富的藏书，谈何阅读服务？中国近代时期的民众图书馆已充分认识到藏书建设的重要性，在经费即便不充裕的情况下，通过政府配发、募捐、编印、交换等方式有机补充图书采选的不足。在图书选取方面也是特色鲜明，内容注重通俗易懂，简明扼要，富于教育价值，积极向上，充分顾及服务对象的复杂性及知识程度的参差不齐；在采选门类比例上，也因地制宜，合理分配；在分类编目方面，则以便利查阅为旨归，徐旭的民众图书分类法得以脱颖而出。在图书管理上，实现开架陈列之先河，任由民众取阅。总之，民众图书馆以满足民众阅读需求为导向的藏书建设方针，对民众图书馆有效开展阅读推广工作奠定了坚实的基础，对今天基层图书馆的文献资源建设也具启发价值。

# 第四章 民众图书馆的阅读推广事业

近年来，乘着全民阅读之东风，阅读推广工作在各馆如火如荼开展起来。其实，早在百年前的民众图书馆已注意到活用图书的重要，将阅读推广工作开展得有声有色：在馆内，通过营造优美的阅读环境、延长开放时间、实行开架陈列等方式激发民众的阅读热情。在馆外，通过设立分馆、推行流动书车、办理巡回文库、实行通信借书等举措把服务推送上门，吸引了更多更广泛的读者。在馆内馆外联动开展阅读推广工作的模式下，民众图书馆的图书得到了充分活用，取得了良好的社会成效。

## 第一节 吸引民众：民众图书馆的馆内阅读工作

### 一、添设必要的阅读设施

民众图书馆是以图书为媒介实施民众教育的机关，图书及配套设施是民众图书馆发挥教育功效的物质基础。换言之，民众图书馆必须有基本的图书及设备用品，方能履行民众教育的使命。民国时期，民众图书馆想方设法添设必要的图书和设备。

浙江平湖民众教育馆图书部藏书仅4000册，在嘉兴六县各图书馆中，因庋藏较少，而读众乏人。而邻近的海盐及嘉善二县县立图书馆，年购书经费分别达到500元和684元。历数年之经营，藏书分别达17000册和12000册，全年阅览人数分别高达30000人和20000人，全年借阅册数达到400000册和 300000 册。海监及嘉善二县县立图书馆能有如此藏书规模及读者热度，不能不说是民众教育成功的范例。浙江省立图书馆馆长陈训慈在调研该省县级图书馆时，对于平湖民众教育馆及海监、嘉善 3 所图书馆间阅读状况的巨大反差进行了分析。他认为，平湖民众教育馆图书部读者乏人原因，与该馆"以经费鲜少，未能广为罗致图书"有关，他希望该馆此后倘欲增加阅览人，则需从根本上自己设法增加购书经费，随时添购新书。唯有如此，方能吸引读众常来利用。[①]

巧妇难为无米之炊，丰富的图书永远是吸引民众的王道，过去如此，现在亦然。但好马亦需好鞍配，一个图书馆只有图书也是行不通的，必须要有配套的阅览设施，如书架、杂志架、阅览桌、阅书椅、出纳台、展览架、地图架、目录柜、儿童阅览室之书架桌椅、图书巡回用具等，以及必备的用品，如：目录卡、杂志登记卡、书卡、书袋、指引卡、各式书标、期限条、借书证、图书介绍卡、小册子及什件盒、图书分类编目草稿单等。丰富的图书加上完备的设施用品，这样的民众图书馆才会有长久的吸引力，民众才乐意进来，流连忘返。

当然，不同类型的图书馆，对设备的要求不尽相同。有人认为，民众图书馆的设备应注意五个原则：（1）材料选取——宜用最干的硬木制造，防止日后器具走样弯曲或缩制之弊。（2）尺度标准——每一物有每一物的专门用途，所以应当特别注意各件的大小宽窄，以使成精确的专门家具。（3）式样实用——不必太精致，但一定要朴素美观。（4）颜色调和——家具颜色最好配以与房屋墙壁、地板和天花板相调和的颜色。（5）统一协调——设备最好有一致的标准，以美观瞻，无论移至何处，均能与周围环境相协调[②]。

民众图书馆的工作与其他民众教育机关的工作，虽是大同小异，可是民众图书馆的技术性工作及设备，是其他机关所没有的，常用的有：馆务

---

① 吸引读众之注意［J］. 浙江省立图书馆月刊，1932（9）：181–182.

② 徐旭 . 民众图书馆学［M］. 上海：世界书局，1935：79.

日记簿、固定巡回文库处日记簿、流动书库出巡记事簿、领借书证人登记簿、阅览人签名簿、每日出借各类图书统计簿、民众读书指导记载簿、领借书证人借书证考查簿、图书总登簿、图书分类登记簿、图书活页目录簿、每日收到刊物登记簿、寄存图书登记簿、壁报存稿簿、民众询问代笔存稿簿、装订图书登记簿等。很多簿表体现了民众图书馆的独有特色，如民众读书指导记载簿、壁报存稿簿、民众询问代笔存稿簿等。

此外，民众图书馆为更好开展业务工作，还向读者免费提供各式便笺。如介绍书单、定书单、图书介绍通告书、购订介绍图书通告书、购订介绍图书通知书、新到图书揭示单、请发借书证申请书、阅览人意见条、取或借阅书库书券、催还书条、征书函、致谢函、订阅杂志函、请补寄订阅杂志函、书评单等。徐旭提出，民众图书馆因为要经常进行各项工作统计，所以也备有多种表格。如：每月借阅图书人数统计表、每日阅书人数统计表、每周各种工作参加人数统计表、每日新出版图书杂志等摘录表等。①

绝大多数的民众图书馆都是处于县级以下经济并不太富裕的地方，主管机关拨付经费有限，民众图书馆只能秉承经济高效原则，凡事都尽着用最少的金钱办最多的事原则，购书如此，添设硬件设备用品亦如此。但无论经济如何拮据，满足民众基本阅读需求的硬件却是一定要保证的。这是民众图书馆吸引群众，开展室内阅览工作的基础。

关于民众图书馆设施，时人赵光潘提出了"图书馆设施要如旅馆"的观点。他认为，图书馆的设备是一个很重要的问题。设备方面不仅要清洁要常变动，一切装饰与用具也要常变易位置及方式，如阅览室每受天时寒暑光线的支配，便要移动位置，书籍的陈列也要多用开架式，增加读者直接与书接触的机会，更可节省借书的手续，使人一进阅览室不感觉苦闷，或立或坐，都觉得环境优雅。冬天时，阅览室内可以将空气调和得很温暖，让人如沐春风。借书手续务求简单，管理员态度要谦和，对于民众引导有方，

---

① 徐旭.民众图书馆学［M］.上海：世界书局，1935：110-120.

使读者在最短时间内得到他需要的知识，这些也和旅馆的客人们一样要有宾至如归的感觉才可①。

无锡泾滨民众图书馆虽然规模算不得宏大，但保障民众阅读的基本设施一应俱全，井井有条，"本馆设置分下列五部：A. 阅览室中。备置阅书台凳、藏书橱、办事书桌凳，四壁悬挂各种图表等。B. 阅报处。设置大量台凳、报夹，另挂重要时事揭载报等。C. 俱乐部内。设置音乐储藏橱、大量台凳、乐器、台球、木球、篮球、网球各种玩具等。四壁悬挂各种图表标语，空间挂党国旗等。D. 礼堂后面，上悬挂党国旗，总理遗像，对联，两旁张贴建国大纲等。E. 运动场中，辟一网球场，沿小溪多栽冬青或杨柳等"②。该馆内不仅设有阅览室、阅报处，还开设音乐欣赏专区，供应各种玩具，提供运动场所，这种融读书、休闲于一体的民众图书馆，设施齐全，小而温馨，吸引着民众蜂拥而至。

## 二、因地制宜营造优美阅读空间

民众图书馆是实施民众教育的重要场所。要想吸引民众乐读悦读，有人建议应该改变图书馆那种严肃刻板死气沉沉的暮象，而应力求其美术化和自由化，"保持着相当优美的环境，和引人入胜的情趣，更应在不妨秩序范围中，使阅读者有相对的不受拘束的自由。在美术化方面，我们仍可同时顾到经济（例如用瓦片包成花盆也可长出美丽的花；用木条扎成照相架，也可托出优美的图片）"③。总之，民众图书馆要变成大众精神上可以得到愉快乃至娱乐的场所，在耳濡目染之中，养成爱好读书的习惯。

张子文对阅览室的美化颇有心得："（一）桌上添置花盆，多购文学家、科学家、哲学家、政治家以及世界各地人情风俗风景名胜等照片油画悬挂。时时更替，时时变化，以引起民众们做人的向上心，刺激其美的情感，开

---

① 赵光潘.民众图书馆的新使命［J］.民众教育，1931（4/5）：25-26.

② 泾滨民众图书馆.泾滨民众图书馆计划书［J］.无锡教育周刊，1928（28）：8-13.

③ 陈训慈.浙省民众图书馆改进的管见［J］.浙江教育月刊，1936（4）：30.

其眼界与胸襟。（二）每值大文学家，大哲学家，大科学家，大发明家，大政治家的生辰，举行纪念日，演讲他们的历史，功业，与著作，及其对于世界之影响。或者制造简单的图表介绍。"①

　　福建西湖民众图书馆对于阅读环境颇为注意，刻意经营。该馆起初设在福州西湖公园澄澜阁，地处公园中心，且接近于乡村，每逢春夏之际，读者日渐拥挤，旧舍不敷应用。经多方筹措，1932年7月间，迁入农林学校旧址，将南部洋楼全部划作图书馆之用。楼上分普通阅览室、杂志室、革命文库、民众教育文库、阅报厅等。楼下划出一间为书库及编目室，室旁置滑车书篮一架与普通阅览厅出纳处相连通，以便送达图书。各厅所有书橱椅凳及其一切器具，一概重行添置，相当完善②。搬迁后的福建西湖民众图书馆馆舍扩展，空间开阔，各项设备设施一应俱全，对于内部环境也是常治常新。"各阅览厅设施，除随时加以补充整理外，每两个月则尚须大整顿一次，以求环境上之改善，及材料上之充实。去岁（1932年）七月间，本馆迁入农林学校旧址后，闻各厅既重行整理，一改旧观。故任去秋内各室一律从新布置，补充大批精美材料，如增换各种民众生理挂画、动物挂图、植物挂图、人情风俗挂图、卫生挂图、最新地图及美丽摄影照片，种类繁多，因限于篇幅，不便一一列举，不过布置一项为经营图书馆者，不可不注意的"③。

　　位于大后方重庆的北碚民众图书馆，其馆址位于鞍子坝上，彼处绿槐夹道，青藤满檐，"假如曾经有人在那里去过来的，一定会心领神会到那幽静的环境"④。山东省立民众教育馆图书部，其阅览环境更是令人神往："在革命纪念馆西面，有粉墙一面，旁边支一指路牌，张臂而立，上写：图书馆阅览室。一株老桑，巨首蓬松，鹄立墙门左侧，好像鞠躬说：'请进来吧。'走过墙，别有天地，空旷大院清静优雅。右方的楼下，是本部的所在。自

① 景台.我们的图书馆［J］.山东民众教育月刊，1931（1）：22.
② 李煜.二年来本馆阅览部图书馆事业概况［J］.民众教育研究，1933（3）：1.
③ 李煜.二年来本馆阅览部图书馆事业概况［J］.民众教育研究，1933（3）：1.
④ 张惠生.一年来的民众图书馆［J］.北碚月刊，1937（9/10）：113.

东至西,八间房屋,内分阅览室与藏书室。前后开有大玻璃窗。室内空气清新,光线充足。前门松树一株,新绿如洗,后窗粗榆一株,高与楼齐,其枝条纵横罩满小院,遮住正午烈日的下照,使得室内格外生凉。时而,软风吹来,两树作舞,时而,小鸟飞过,聊歌一曲。踏上石阶,首先看见走廊的柱子上头白纸条一张,上书'开卷有益'四字。向窗内望去,墙上满挂着彩色鲜艳的标语画。下部是一排庄严先烈遗像,激人兴奋,发人深省。室的中央,阅书台两张,上蒙神秘的色彩的桌布,引人入冥想的世界。台上摆着精装中外辞典数部,新出版的杂志十余册。靠墙数只书架,满搁着旧的杂志。一般书迷,鸦雀无声,低头读书。从室内壁上的出纳口往里看是藏书室。书架、书橱一列一地排着,大小、新旧各种书籍整然有序。书脊五色交映,金字生辉。"[1] 这一番描述,即使没有步入山东省立民众图书馆,也可以感觉到其环境之优雅。

山东省立民众图书馆因地制宜,看似随意为之,实则精心营造的阅读环境,是如此诗意盎然,清静优雅,吸引了众多读者。1931 年 7 月底 8 月初,该馆读者人数如表 4-1:

表 4-1:山东省民众图书馆阅览人数统计表 [2](1931 年 7 月 28 日—8 月 6 日)

| 日期 | 阅览人数 | 借书人数 | 备考 |
| --- | --- | --- | --- |
| 7 月 28 日 | 39 | 3 | |
| 7 月 29 日 | 39 | 7 | |
| 7 月 30 日 | 15 | 2 | |
| 7 月 31 日 | 29 | 1 | |
| 8 月 1 日 | 25 | 1 | |
| 8 月 2 日 | 28 | 5 | |
| 8 月 3 日 | / | / | 星期一本馆休假 |
| 8 月 4 日 | 31 | 3 | |

---

① 景台 . 我们的图书馆 [J] . 山东民众教育月刊, 1931 (1): 11.

② 景台 . 我们的图书馆 [J] . 山东民众教育月刊, 1931 (1): 12.

续表：

| 日期 | 阅览人数 | 借书人数 | 备考 |
|---|---|---|---|
| 8 月 5 日 | 42 | 6 | |
| 8 月 6 日 | 54 | 9 | |
| 合　计（人） | 302 | 37 | |

国立中央图书馆在环境布置方面也颇具特色。1940 年，国立中央图书馆设立了重庆江津白沙民众阅览室。该馆位于白沙中心，为"工"字形小楼两层，背山面江，有城市山林之胜。大门北向，入门后左为图表室，右为阅报室。前者张挂有关抗战建国及民族伟人史绩之图表，每两周更换一次。后者陈列日报，计江津一份，重庆三份，成都二份，上海二份，云南、贵州、广西、福建、安徽、浙江、湖南、湖北、江西、河南、山西、陕西、甘肃、青海、新疆及香港各一份，共计二十四份。按日更换。"工"字形之另一端为儿童阅览室及书库。中段为衣帽处、饮茶处，另设衣镜面盆供儿童洗手整装之用①。

更有民众图书馆为配合抗战宣传，激发民众抗战情绪，特在阅览室内悬挂伟人像，以激励民众，河南省新野县民众图书馆在第二次国共合作、抗日救亡运动遍及全国之时，在阅览室内悬挂毛泽东、周恩来、朱德的画像。入馆阅览的有识之士，观其英姿，无不寄予抗日胜利的希望②。

公园拥有绝佳风景，图书馆拥有万缕墨香，当二者有机融合时，墨香花影就会相得益彰。南通的南公园四面临水，遍植荷花，微风拂来，清香四溢。"该园并备有清茗佳点，且省立民教馆在此处附设'民众图书馆'，备有各种图书杂志，供游客纳凉品茗时之阅读，故近来该园游客多如过江之鲫"③。

---

① 彭道真.国立中央图书馆白沙民众阅览室概况［J］.中华图书馆协会会报,1940（4）：5-6.

② 新野县民众图书馆的成立及演变［M］//中国人民政治协商会议新野县委员会文史资料研究委员会.新野文史资料第 3 辑.1987：77-78.

③ 南公园附设民众图书馆便利游客纳凉品茗借阅书籍［N］.新江北日报,1935-07-20（3）.

民众图书馆阅览室的基本设施和功能大致相同，但内外环境却可因地制宜营造出千千万万的独特之景。或借用秀山丽水之影，或利用老树华盖之荫，或悬挂知识挂图收启蒙之效，或张贴伟人肖像供瞻英姿，或装裱名言警句激励民众自强等等。总之，美好阅读环境的营造方法多途，不一而足，成效大小实赖民众图书馆馆员用心与否。

### 三、开架陈列以读者为本位

（一）开架陈列的意义

民众图书馆是重要的民众教育机关，促进图书流通为民所用是其基本职责。开架陈列即为图书馆促进图书流通的措施之一。

图书阅览常有两种方法：一是间接法的闭架式，一是直接法的开架式。闭架式是将所藏图书另外陈列一室，读者阅读前先在阅览室内查找目录，填好取书条，再向管理员索阅，最终能否成功借到，不可预测。耗费借书者数小时而一无所得，时而有之，令读者颇多怨言。更有一般的民众，不会使用目录，不会找目录，不会填取书条，或不肯填取书条，以致无法读书。闭架式借阅设置的种种条条框框，极大地阻碍了民众的阅读兴趣。开架陈列则是指图书馆将所汇藏的图书，全部或大部分陈列在阅览室内，供读者自由检阅的阅览制度。闭架式的借阅效率远不及开架式，所以民众图书馆为便利民众阅读，常采取开架式。开架式的优点主要有三：一、读者免去检查卡片、目录等麻烦；二、读者可以随时翻看架上图书；三、激发阅读兴趣。普通读者走进阅览室，看不见图书，只见目录箱、书名卡、著者卡、十分类法和四角号码等，会令人退避三舍。所以开架式制度是民众图书馆的较好选择，是发挥社会教育功能的重要举措。

（二）开架陈列的管理

开架式阅览室的布置也有讲究，一般分为二种：一种是将书架都沿墙壁摆放，阅览桌放在中间。另一种是用双面书架代墙壁用，将阅览室分成小间，每间中摆桌椅。这两种布置各有优劣：前者易于管理，后者便于阅读。从民众图书馆的读者构成及使用目的来看，以取前法更相宜。

民众图书馆普通阅览室内，所陈列的图书可分为普通书、参考书、杂志等数类，徐旭对这数类图书的陈列有细致的说明：

关于普通图书的管理。普通图书经分类编目后，即当陈列流通。凡排架、出纳、统计、整理、装订、卫生、点查等项，均在图书管理范围，其中尤以排架最为关键。图书排架的方法是依书架目录的排法为根据标准，书籍多，每架可陈一类；书籍少，每层可陈一类。在各类各目之间，要有空位，每类之末也要有空位。一旦新书加入时，不致牵动大局。图书排架时，应自左至右，从上到下。每只书架的顶端，应该钉以类铭牌；其每类每目图书之前，当备以类目牌，借以指示阅者知道此架上所陈何类之书，或此层上所陈何目之书。在每目之末，每层之末，都须用铁质板支撑图书，以免图书倾倒而至杂乱或损坏[①]。

关于参考书的管理。参考书是自学的重要工具。民众图书馆最低限度，应当备好的字典、百科全书、主要年鉴、六法全书各一部，以备民众自习之需。精良的本区、本县、本省、本国地图及世界地图各一幅。从编纂体制来分，参考书可分字典、舆图、书目、年鉴、指南、索引、百科全书七种，有检查解难、增加常识等作用。参考书供民众检查所用，所以须有特别标记，不能通融出借。参考书可陈一架或将几种常用的参考书，另制小架存放在各阅览桌都便利的地方[②]。

关于杂志的管理。杂志是良好的参考材料，其价值为：一是杂志所载文章，均简短精悍，新颖独特，或为书籍中所无，或为尚无专书之论，所以优良的杂志其价值常超过书籍。二是杂志内容更新快，可以让读者在最短时间内了解学界动态。所以，杂志比书籍的刺激力更强大，更会激起读者的求知欲。民众图书馆往往因为馆舍狭小和人员缺少，不敷分配，所以大半是将杂志陈列在阅书室内。妥当的办法，是将杂志集中陈列在一处，按

---

①　徐旭. 民众图书馆学［M］. 上海：世界书局，1935：203–205.

②　徐旭. 民众图书馆学［M］. 上海：世界书局，1935：212–213.

性质分类依次陈列架上供民众自由阅览<sup>①</sup>。

福建西湖民众图书馆在图书陈列方面较为科学。该馆有一个普通阅览厅，空间宏大，同时可容纳读者数十人，该厅专供给一般民众借阅普通各类图书《万有文库》、参考书和新到未经编目的各项新书的场所。"一部之《万有文库》、参考书和新书，因数量较少，挂板居载，尚无危险，则设书橱陈列厅内，任人选择，随着可省检目录的麻烦，随时可以自由阅览"<sup>②</sup>。该馆杂志附设在楼上，位于普通阅览室与阅报室之间。厅内一切杂志采取开架式，所有的杂志都陈列在杂志架上，任人取阅。一般民众看过后，虽然仍放架上，但是因为对于排列方法不熟悉的缘故，往往不能安插原处。因此该馆在每天早晨阅览时间来临前，都将架上的图书整理一次。凡每年终了时期，杂志其能成为全份者均分别装订，并按分类法分类。如此规范的管理，使得民众阅览检查卡片时，可即求即得。

此外，该馆阅报厅设在楼上，光线充足，空气流通，器具设备可称完善。厅内座位，可容纳 40 余人，报厅之所，确是"足不出户，能知天下事"的一个最好的阅读地方。报纸的内容除传递消息外，凡科学的常识、文艺的著述等，莫不包含，为书本或杂志所不及。报纸的展览常有两种：一是采用报夹式展览。将平日所订报纸，各用报杆夹后，放置架上，任民众自动取阅，其日报者，纸张无多。每报杆内可夹三天报纸，外省报纸因张数较多，则逐日更换。二是报台式展览。此种阅报方式不使读者发生身体上的疲劳，并且可充分地将报纸利用，因此备受阅众欢迎。"本馆暂设一张，台上可装放四种报纸，将报纸中选出最重要者如《中央日报》《民国日报》《申报》等放在台上，供民众阅览"<sup>③</sup>。

（三）开架之弊的补救

民众图书馆以阅者为本位实施开架阅览，但开架阅览也会带来弊端，

---

① 徐旭.民众图书馆学［M］.上海：世界书局，1935：214.

② 李煜.二年来本馆阅览部图书馆事业概况［J］.民众教育研究，1933（3）：4.

③ 李煜.二年来本馆阅览部图书馆事业概况［J］.民众教育研究，1933（3）：2-3.

主要在三个方面：一是图书容易损坏；二是图书排列容易混乱；三是图书容易遗失。

针对开架后带来的问题，民众图书馆应设法补救：对于已读书籍，放在桌上，由管理员排插。管理员在排架时注意放宽架上书与书间的距离，以减少书抽取时的挤压。管理员在阅览室内要勤加走动巡视指导，特别留意防止阅览人的乱上架行为。图书已经破旧者，应加快修补。每天勤加整理架上图书，以收整齐美观潜移默化民众爱护图书之效。至于图书遗失问题的解决，可通过在书架前面围以木栅，留下相当空间，以方便读者拿书，管理员坐在木栅出入口。读者从书架上取书后，须在书片上签名，将书片交给管理员，看后仍将书片插入，放置原处。每月检查盘点架上图书。应用这种方法，可以减少遗失。

### 四、多途径激发民众阅读热情

如果图书馆只是把图书整齐地陈列起来，供人阅览，那犹如一个商店堆着货物，候客登门一样，这只是消极的任务。积极的任务还要做种种活动和宣传，引起民众对图书馆的注意及明了读书的意义，方能激发民众读书的兴趣。如演讲会、讲习会、读书会、展览会、竞赛会等，便是民众图书馆最有效的激发民众阅读兴趣的活动。俞庆棠表示："精诚所至，金石为开。只要民众教育工作者诚心诚意，埋头苦干，尽力于民众图书馆的推进工作，民众图书馆必有通往坦途之路。"[①] 民众图书馆的先辈们也正是秉持"精诚所至，金石为开"的理念，进行广宣传、勤辅导、多陈列，积极采取多种方法，从听觉、视觉全方位激发民众的阅读热情。

（一）广宣传

民众图书馆是民众教育的重要机关，要想吸引民众阅览，实现教育民众的宗旨，必须实现社会化，积极主动地去吸引阅览人来馆读书，绝不能以逸待劳，被动服务。而须设法宣传，务必将读书的习惯和兴趣推广于最

---

① 俞庆棠．民众教育［M］．南京：正中书局，1935：144.

大多数的民众。民众图书馆的宣传工作，包括利用报纸宣传，张贴或印送劝人读书的壁报或标语，在馆内设置布告栏，张贴各种文告，分送现备书目，随时分发新到书目，酌量编印读书刊物，举行讲演会及放映劝导指导读书的幻灯或电影，举行图书展览及其他展览会等等，皆是宣传馆藏的好方法好时机。陈训慈表示："我们决不能因循保守，而必须对社会取着攻势，用种种可能的方法，使各界民众来馆应用者日见增加。这是我们神圣的基本的责任。学校各有其确定的学生，而我们却有无限多的学生，只要我们能向大社会中去吸引过来。"[①]

民众图书馆的广告宣传丰富多彩，归纳起来，较为常见的宣传方式有：

1. 张贴读书宣传标语

标语是喜闻乐见的一种宣传形式，只要用之得当，会在民众脑海中留下深刻印象。顾斗南等表示，近年干革命工作的人，所用标语宣传，收效很大。民众图书馆也可应用此种方法，可以收到同样的效果。古今中外名人的嘉言懿行、各种学科的要义、教育和图书馆原理，等等，都可择其精华，制成标语，择适宜的地方，张贴或悬挂[②]。标语的式样宜大方，书法宜正楷，纸张宜一律，字句宜简洁。各地各馆标语，或者是说读书的兴味和效用，或者是表达图书馆的情形与办法，标语则求其通俗深刻而多变化者。这样做的目的是要使观者触目动心，乐而来馆。

徐旭罗列了江阴巷实验民众图书馆的标语内容。关于馆外读书运动及招徕读者用的标语，如："总理革命不忘读书""民众图书馆是知识的源泉""民众图书馆是学问的宝库""民众图书馆可以增长你的技能""民众图书馆可以提高你的道德""你若要不花一文钱而可得到无限量的知识那么请到图书馆去"等等。关于馆内阅览室阅报室儿童阅书室用的标语，如："开卷有益""读书明理""读书要有恒心""博学之、审问之、慎思之、明辨之、笃行之""读

---

① 陈训慈.浙省民众图书馆改进的管见［J］.浙江教育，1936（4）：30.

② 顾斗南,刘祖仁.活用图书和民众图书馆推广事业的问题［J］.民众教育，1931（4/5）：10.

书一万卷，下笔数千行""天天阅报方知天下大事"等等①。

中央大学区立通俗教育馆也针对不同阅览室，精心编印了读书标语。普通阅览室标语，如："总理革命不忘读书""读书可以养心，惟增益其所不能""读书是一种高尚的娱乐""读书可以增长知识，扩充见闻""读书要求甚解""光阴过去不再来"等。儿童阅览室标语，如："读书能知所不知，闻所未闻""图书是我们最好的朋友""不读书不能成人""儿童时期最宜读书""书是我们的宝贝""不能识字读书，不能称为健全国民"等。阅览报室标语，如："看报时，不宜诵读致妨碍他人""我看过报章，人家也要看的，所以不可剪去报纸""天天阅报，方知天下大事""报章是公有的，我们为利己利人起见，应一致的保护""人人有看报的权利，也有遵守阅报规约的义务"等。②

江苏宜兴县立图书馆也对宣传图书馆不遗余力，制作了言简意赅的标语悬挂在图书馆内外："图书馆是平民大学""天天来读书，就是一个好国民""要进德修业，请到图书馆里去问途径""要宽裕生计，请到图书馆里去找方法""要解除疾苦，请到图书馆里去找方法""要明了国民革命的方略，请到图书馆里去研究""图书馆是高尚的娱乐场""有阅览室，问字处，那都是为民众服务的""图书馆是各种消息的总汇""图书馆是活的教育机关""小朋友！来！来！不要错过你们读书时期"等③。

《社会教育月刊》专门辟出一栏，刊登民众图书馆标语，如"1.农人要想收获丰富，非多研究农业书不可。2.工人要想制作精良，非多用功工业书不可。3.商人要想生意发达，非多读商业书不可。4.多读一日书，就有一日的进步，增高一些生存能力。5.要生存于现在，须提高自己本事，要提高本事只有读书。6.我自己没有读书而受苦，为什么不给儿女读书呢？

① 徐旭.民众图书馆学［M］.上海：世界书局，1935：141-142.

② 俞家齐.民众图书馆设施法［M］.江宁：中央大学区立通俗教育馆推广部，1929：70.

③ 吴培元.民众图书馆设施法［M］.宜兴：宜兴县立图书馆，1930：75.

7. 劝人拜佛是无谓的，劝人读书是有益的。8. 到图书馆借书，可以增进知识。9. 图书馆欢迎男女老幼去图书馆借书读。10. 图书馆是要使民众个个有书读。11. 图书馆借书可以不出钱。12. 不问春夏秋冬，都可到民众图书馆去。13. 大学问家都是从这里培养成功的。14. 要想明了中外大事请到民众图书馆来。15. 常进图书馆看看，可以变成很能干的人。16. 民众图书馆可以改良民众生活。17. 要解决困难问题请到民众图书馆来。18. 能利用图书馆，才能算做完全的人"等。[①]《社会教育月刊》是发行量大、受众面广的民教刊物，在这上面刊登民众图书馆的宣传标语，对于扩大民众图书馆影响，激发民众阅读兴趣，无疑具有极大的促进作用。

时人朱金青也力主贴广告，发介绍笺，劝人读书。他在《办民众图书馆者该怎样鼓励人民来馆阅览》一文中提出："新出刊物宜作介绍笺，简述内容，贴于门首或要冲，务须吸引人注意，多备民众读物，并置露天阅报板于门口，每逢星期日请人到处演说，叫人读书，或印奖励读书文及标语，以唤醒民众，使知读书的重要，所贴广告，务必生动简明，滑稽耐想。文画并行，以便吸引民众。"[②]

从当时人们对阅读宣传重要性的鼓吹及各民众图书馆宣传标语的实际应用来看，前往图书馆读书确实益处多多，包括可以进德修业、提升经济能力、开阔眼界、休闲娱乐等。"开卷有益""读书明理""读书是一种高尚的娱乐"等标语，即是对读书意义的简明表达。此外，为打消民众的经济顾虑，安心进馆读书，对图书馆公益性也进行了特别强调。如"你若要不花一文钱而可得到无限量的知识，那么请到图书馆去""图书馆是民有民治民享的机关""图书馆是平民大学"等。当然，标语除了激起民众阅读热情，也对民众阅读行为进行了约束和指引。如"人人有看报的权利，也有遵守阅报规约的义务""借阅图书是公民的权利，归还和爱护图书是公民的义务"等。

---

①　民众图书馆应用标语 [J]. 社会教育月刊，1935（6/7）：20.

②　朱金青. 办民众图书馆者该怎样鼓励人民来馆阅览 [J]. 中华图书馆协会会报，1929（6）：5.

### 2. 设立民众阅报牌

阅报牌是促进民众阅读的一种有效方式。设立民众阅报牌的目的是传布世界各国和本地的重要时事，报告本馆及民众教育机关的消息，养成民众阅报的兴趣和习惯。阅报牌内容，应由编者根据时事消息详加整理，自撰简短消息，不可直接照抄报纸。因为一般民众闲暇时间不多，不愿去阅读长篇大论，也不易理解深奥的文章。馆员加工后的阅报牌消息能更适合民众的口味和理解程度。阅报牌可在城中通衢要道，往来便利空地张贴。同一城市如果有若干民众教育机关，互相间最好就阅报牌地点及材料的选择做好沟通，避免重复。

报纸已成近代中国一般民众获得信息的重要载体。与图书、电影、广播等诸多载体相比较，报纸更容易实现信息的传播，民众足不出户，便能知天下事。除传达消息外，报纸还能普及各种科学常识等等，所以读报在民国时期颇受民众教育者重视。然而，因为贫困等种种因素的制约，当时订阅报纸者并不普遍。因此，民众图书馆订阅重要大报及本省本地报纸数份，供民众阅读，对缓解知识饥荒和精神饥荒尤为必要。只是，民众图书馆经费有限，在事事要收紧的情形下，订阅的报纸数量终是有限。

在这种情形下，有民众图书馆工作者从民众兴趣出发，有针对性地摘抄报纸上的重要消息，择适宜地点，各设阅报牌一面，供民众浏览。有人表示："民众图书馆编缮的壁报，是专为一般无暇至馆中阅览而又无报纸可阅之读者设的，所以此壁报的内容，不必求其详细，只用列举纲要，就很够了，惟字迹须写得清楚，万不可潦草塞责，因记载详细的情形，是报纸的义务，此小小的壁报，当然不能负起这重大的责任。"[1] 有些民众图书馆自己编辑的出版物，也可以张贴出来，供民众观瞻。如福建西湖民众图书馆，"贴以本馆发行民众日刊，在每周星期一停刊之日，即将本馆发行的画报张贴其上，也是很有功效的"[2]。

---

① 张子文.怎样管理民众图书馆［J］.辅导月刊，1937（3/4）：22.

② 李煜.二年来本馆阅览部图书馆事业概况［J］.民众教育研究，1933（3）：8.

### 3. 做好图书介绍

图书介绍是辅助民众阅读的有效方式。图书介绍的主要目的是让民众图书馆的馆藏为民众知悉了解，大致包括：一是让民众了解民众图书馆的新到图书；二是代民众寻找解决生活问题的图书；三是代民众寻找喜欢阅读的图书；四是介绍良好读物给民众看；五是介绍适合民众阅读的图书。

民众图书馆基本上每个月都会购买新出版的各类图书。为了让民众知晓图书馆最新动态，需要对购买的新书作及时宣传。不仅如此，馆中原有的图书也需要时常推介，让图书活动起来，发挥最大效用。无论新书还是旧书，都可写在广告牌上进行推介，或陈列在专门的书架上阅览，或向固定单位分发推送书目消息，或借用报纸宣传，种种方式不一而足，取决于本馆实际与经济条件。介绍内容可分为：书名、著者、文法、思想、文字、大意等。具体可用按期张贴图书介绍单、分发新书目录、个别介绍、通讯介绍、随时随地介绍等方法向民众进行图书推介。

只要推介得当，一般都可以激发民众的阅读兴趣。江阴巷实验民众图书馆的做法是：介绍图书内容要简明易晓，文字要富有兴趣；要适合被介绍者的程度、职业、年龄等；编制各种职业民众必读图书单张贴赠送；图书介绍前后内容能有连贯性，可以互相参阅；图书介绍的内容，由浅入深；图书介绍时，兼施读书指导，增进读书方法；鼓励互相推介好书等①。其实，一般民众并非不想读书，所患者乃不知有书读，至苦不得合适书读。该馆由于图书介绍方法得当，"颇能适应社会需要，鼓起民众读书兴趣"②，收效显著。

福建西湖民众图书馆在推介新书方面也颇有心得。他们将新到图书分期用文字写在广告牌上，佐以图画，立在本馆门前，供民众随时浏览。此举，不只是介绍适宜的图书，并且可以激发民众读书的兴趣③。有的民众图书馆

---

① 江阴巷实验民众图书馆十月来重要工作一览 [J].教育与民众，1931（9/10）：16.

② 江阴巷实验民众图书馆十月来重要工作一览 [J].教育与民众，1931（9/10）：16.

③ 李煜.二年来本馆阅览部图书馆事业概况 [J].民众教育研究，1933（3）：8.

还向各机关团体学校分送藏书目录和发行图书馆工作月报或读书刊物,以不收费的小册子或单页为原则,让民众知晓图书馆的新书,还可以利用报纸做更广泛的宣传。或是写成文字,或是做好消息,送登报端,使当地民众常有所感发,而引起他们读书的兴趣和需要。总之,方法种种,目的只有一个:使到馆的人,常有所阅览,有所留恋,以保持他们阅读的兴趣。

国立中央图书馆馆长蒋复璁对新书宣传办法有独到的见解。他表示,新到的图书可在特别引人注意的地方设架陈列。重要的节日,如四月四日儿童节陈列儿童读物,航空节陈列提倡航空的书等等,要和社会活动相一致。可以在节日,在馆外公众聚集的地方,举行各种新书展览会。每次展览品要有一定的中心,让参观的人得到较深的印象。展览时间内要尽可能地容许参观人随意浏览,展览品也不必尽限于图书,照片、报章,地方文献器物等等,都在收罗展览之列。有时展览可以连续好多天。也可以举行图书展览周,只要展览场所不妨碍公众阅读。除展览以外,还可以将新书单子油印分寄当地机关学校和个人读者,每书之下必有简明的提要,要写得生动并富于刺激性。图书馆内部可以张贴图画,下面列举与图画有关的书报。图书室若要自制,以颜色鲜明、设计美观的为上选,纸幅不宜过小,要能悬挂墙壁间并且便于仰视的才算合适 ①。蒋复璁关于图书介绍的种种建议,不无启发意义。

4. 编印民众书报

徐旭另辟蹊径,提出编印民众书报,以激发民众阅读兴趣。江阴巷实验民众图书馆,曾出版《民友月报》,其材料均由来馆读者投稿选登。后来因经费不足,即在《国民导报》上每半月出《青年商人》副刊。稿件由读书会会员撰投,而编辑及接洽印刷之责,均由馆内指导员负责。如果有实验研究的结果,可以为他人取法者,则印书发行。凡提供给读者阅读的出版物,如《民友月报》,其材料多取自读者。这样做的目的是锻炼读者用文字表达思想。他们的作品,往往是较合与他们程度相当的民众阅读。但编

---

① 蒋复璁.图书室管理法 [M].南京:正中书局,1947:38—39.

辑内容,由指导员规定。每个月也可指定读书会会员或读者撰写指定的稿件。某阅者特撰何种稿件①。这种让读者参与阅读材料撰写的模式,一方面巩固了民众读书识字成果,密切了读者与民众图书馆的联系;另一方面也激发了民众参与图书馆管理的热情与阅读兴趣。此法一举两得,无疑是一种很好的尝试。

（二）勤加指导

1.阅读指导的原则

民众图书馆以教育民众为目标,但民众的阅读水平有限,也参差不齐。如果不进行针对性指导,就难以取得理想的阅读成效。也正因为如此,民众图书馆的阅读指导备受重视。俞家齐认为:"指导一事在民众图书馆尤为紧要,因为一般普通民众识字程度尚浅,没有良好指导恐不足以引起其阅读兴趣。"②徐旭也认为阅读指导可以"使每一个阅者,引起读书的兴趣,获得读书的方法,增加读书的效能,养成读书的习惯。且分别可使工人看图书馆是工厂,商人看图书馆是商场,农人看图书馆是农田,一般人看图书馆是博物院,娱乐场,群贤毕至的会议厅。大家可以见所未见,会所未会,得所要得,求所要求的东西"③。尽管有些夸张,但也不无道理。

为了发挥阅读指导的效能,民国时期,学者归纳了阅读指导的基本原则,主要有④:

根据民众的程度。民众知识程度不一,其对文章字义的理解,对真相原理的认知有高有低,有深有浅。这样参差不齐的对象绝不能用学校统一课程的模式进行管理,而需依照各人的程度,实现差别化的图书介绍,读法指导。这样才能有的放矢,提高阅读指导成效。

根据民众的需要。民众图书馆的读者来自不同阶层、不同职业、不同

---

① 徐旭.民众图书馆学［M］.上海:世界书局,1935:254.

② 俞家齐.民众图书馆设施法［M］.江宁:中央大学区通俗教育馆推广部,1929:46.

③ 徐旭.民众图书馆学［M］.上海:世界书局,1935:225.

④ 徐旭.民众图书馆学［M］.上海:世界书局,1935:226-228.

环境，他们对知识的需求也因人而异。所以民众图书馆只能根据民众的知识需要，投其所好，介绍能增进民众职业技能，以及普及常识，提升自我涵养的图书，使其触类旁通，感受读书的趣味。

根据民众的年龄。年龄的大小与阅读的能力、兴趣的浓淡有密切关系。年岁渐长，脑中世事复杂，阅读能力较年轻人薄弱。因此，根据年龄的大小，指导民众阅读与他年龄相称的读物也是民众馆员需要注意的问题。

根据民众的时间。工农商阶级每天空闲的时间段和时间长短均有不同，介绍书籍和应用指导方法，也应有所区别。空闲时间长就可以精读某本厚书，空暇时间短，则只能略读薄的读物。依据指导对象的职业特点和空闲时间长短，而施之对应的指导。

根据时事地的差异。同一人在愉快时和苦闷时就须有不同的指导法以应付，抗日救国和刑事诉讼两件事也当有不同的材料以指导，家庭中的阅读与在研究会中的阅读指导也当分别对待。阅读指导不是简单的一概而论，而是因时因事因地制宜而作的指导。

这五项阅读指导原则，不能说完全涵盖了阅读指导的应有内容，但对阅读具有较强的指导意义，应该是毋庸置疑的。

2. 阅读指导的形式

不同的读者，有不同的阅读指导形式，不可能千篇一律。民众图书馆只能因势利导，展开指导工作。陈训慈指出，阅读指导是图书馆事业中的一项重要工作。"所谓阅览指导，即是协助指示阅览人借书和读书的方法，不必即是专门高深的教导，而是不拘一端，相机制宜，以使读者达到以经济的时间而获得图书多量利益之目的"[1]。陈训慈把对图书馆基本情况的传达、借书手续的说明，都归入初步的指导范围；把对良好图书的介绍，参考工具书的应用方法，某一参考书目的设计，以及期刊论文的介绍，一切疑问的解答等，都算在阅览指导范围。民众图书馆的馆员，当"量力以助

---

① 陈训慈. 浙省民众图书馆改进的管见［J］. 浙江教育，1936（4）：31.

读者,以给他们莫大的方便和兴趣"①。徐旭认为民众图书馆的阅读指导应包括下列内容：编制目录、编制索引、图书介绍、杂志要目提示、新书内容提要、印发民众必读书目单、加图文单、加注线、中心陈列等。徐旭所列 9 种阅读指导方法,均是从揭示图书的内容精华、亮点、要点等角度,运用不同方式给民众以提示,以诱导,以激发其阅读的兴趣。

民众图书馆中关于阅读指导的方式,主要有：

（1）开办阅读辅导班。辅导班招收民众学校毕业生及同等程度的民众,晚间来馆,在指定书籍中,选择阅读,自己检查生字,询问疑难,管理员从旁指导,直到完全能阅读浅近书报为止。有人提出,指导的方法可分活动指导和固定指导两种：活动指导是随问随答,有问有答,在答疑解惑的过程中引起阅读兴趣；固定指导是由指导员调查读者,认定目标,规定办法,然后依照步骤,团体的或个别的去指导,固定指导尤须注重连续性,使民众不致只得到几段零碎东西②。

（2）设立询问代笔处。近代中国识字的人不多,尤其在农村地区,不识字之人常常需要找人代笔咨询。询问代笔处就是民众图书馆为不识字的人代写书信便条,为有困惑的人释疑解难等而设的机构,借此鼓励并促进民众识字读书的欲望。这个机构可以设在阅览室流通台旁等。如福建西湖民众图书馆,"在开放时间内,由管理员在各阅览室随时指导阅书手续,阅书方法,并代解释疑难。不在规定时间内,可将所询问题填入询问簿,依询问处规定办法,由各职员分别函复"③。

（3）实施播音教育。大多数民众教育馆设有无线电收音机,管理员应依照教育部民众教育馆利用教育播音须知所规定各项办法,切实办理播音事宜。播音时管理员可借机选择一两种与所播教材有关的图书,向听众讲演

---

① 陈训慈.浙省民众图书馆改进的管见［J］.浙江教育,1936（4）：31.

② 梦圃.民众图书馆的中心民众教育［J］.更生,1937,创刊号：49.

③ 李煜.二年来本馆阅览部图书馆事业概况［J］.民众教育研究,1933,2（3）：8.

大纲及特点，以引导民众，激发民众探求兴趣①。或者是民众图书馆与地方
电台合作，滚动播放各类别的阅读指导。如北平市立第一普通图书馆，自
在北平、育英两个电台举办读书指导以来，成效卓著。1936 年，北平育英
电台播音的题目主要有"年鉴举要；续讲年鉴举要；童子军训练应用书籍
述略；杂志之选读法；研究国学之参考书；美术书籍介绍；字典之选择及
其应用;参加会考应有之准备;升学指导"等民众关心的话题播出②。1937 年，
仅一个季度，北平电台播音的题目就有：升学用书举要、绘画学书籍选述、
社会教育参考书、儿童读书会近况述要、生活问题参考书、儿童读书会会
员对话、传染病预防法及其用书、小学生如何利用图书馆、图书馆使用法等。
育英电台播音的题目有：养蜂学书籍介绍、小学生如何利用图书馆、建筑
学书籍介绍、名人故事、天文学书籍述要、图书馆使用法等③。报纸、电台
与民众图书馆合作，将阅读指导作为吸引读者与听众的手段，这既丰富活跃
了报纸与电台节目，也提高了两者在当地民众中的文化形象。民众图书馆
也因报纸与电台的传播，广泛宣传了馆藏，借助他力，指导民众阅读，无
形中激发了民众阅读兴趣，增加了读者数量，其价值不言自明。

（4）举行演讲会及放映幻灯或电影。民众图书馆也可以组织演讲会进
行阅读指导。演讲会是面对面的交流，可以发挥直接指导的作用。演讲会
要进行通俗的演讲，以有益民众的知识，用最浅显的言辞，向民众详为解说。
一方面可介绍必需的知识，一方面鼓励民众读书。民众图书馆可以由馆员
或联合民众团体，选定地点，定期演讲，民众可自由听讲，不受任何限制。
详细办法，须斟酌当地情形，妥为规定。为使民众在最短时间内得到最有
用的知识，民众图书馆每年可以借或租映关于图书馆事业的影片一两次。如
果放映欧美各国图书馆事业的写实片，则会引发民众企慕而到馆内来阅读。

① 张子文.怎样管理民众图书馆［J］.辅导月刊，1937（3/4）：22.

② 北平市立第一普通图书馆.北平市立第一普通图书馆馆务报告［R］.北平：市立第一普通图书馆，1936：12.

③ 北平市立第一普通圕消息四则［J］.中华图书馆协会会报，1937（6）：24.

民众图书馆如果没有能力单独放映，可以联络社会上其他机关去合办。

　　总之，关于民众识字读书等教化性质的事情及关于图书馆各方面情况的宣传，总要秉持这样的原则，即尽可能寓读书的重要性于娱乐之中，使民众在不知不觉中增进阅读的兴趣与求知的热忱，切勿实施强制性命令性行为。因为，那样只会适得其反，使民众产生厌烦情绪。正如顾斗南等所言："民众图书馆，当常常举行讲演会，请专家分别讲演。譬如金贵银贱的时候，就讲演这一类的材料，和救济的方法；逢着纪念日，就讲演关于这事的历史。彼时馆中将一类的书籍特别陈列出来，供大众借阅。讲演的时候，还要多用图表、幻灯、活动电影，和美妙的音乐。照着这样努力做去，未有不得着民众同情的。"①

　　（5）组织读书会。读书会是民众图书馆阅读指导的一种常见形式。民众图书馆将读者组织起来，互相学习，合成了一个知识共享体系，以己之短，易人之长，这是读书会的优点。其宗旨是使一般民众得不受经济时间之限制，而有读书研究的机会，借以增进生活知识。江阴巷实验民众图书馆认为，读书会的目标在于"养成读书习惯""研究读书方法""讨论书籍内容""训练写作能力"②。读书本是件快乐的事情，许多人志趣相投共同读书则更加快乐。所以，组织读书会，使读者以一定的时间相聚读书，互相研究，互相策励，使学问快点进步，使彼此的生活，带一点共同生活的色彩，这是组织读书会的本意之一③。

　　民众图书馆常常联络有志读书的民众结合成一个团体，形成一个组织，使民众相互间得到切磋琢磨的利益。读书会的组成办法可先征求会员，收最少的会费，定期举行集会。开会程序为演讲、报告、讨论、谈话、余兴等等。加入读书会的民众在环境上、职业上、程度上、需要上、天赋上都有不同，

---

① 顾斗南,刘祖仁.活用图书和民众图书馆推广事业的问题［J］.民众教育 1931（4/5）: 10-11.

② 江阴巷实验民众图书馆十月来重要工作一览［J］.教育与民众，1931（9/10）: 13.

③ 组织读书会［J］.中华教育界，1920（4）: 16.

民众图书馆可为各会员设计编制一套包含各种学问，由浅入深、由简而繁依次阅读的课程，使会员得到系统而实用的知识。读书会可依年龄及性别，分为儿童读书会、成人读书会、妇女读书会，研究并互相指导读书法，图书利用法，以及其他关于读书方面应当注意的事项，使失学儿童与成人，均得增进读书效能。张子文认为可以通过征求"能自动阅读浅近书报之民众若干人，组织读书会，定期开会商讨阅读事宜"[①]。如果参加人数过多，可分组阅读，管理员对于读书会要顺应各会员的需要，而予以恳切的指导，期使各会员得到有系统而适用的新知能。

读书会是普适的，不论成年男女及幼年儿童，只要有兴趣和意愿加入，都可做一会员，而且无知识程度浅深之限制。不识字者可教以识字，识字稍多者，可以指导其读书。在平时凡属读书会会员，可享有自由借出书籍阅读之权。开会时（每星期一次，或两星期一次），各会员可以互相交换读书之困难及心得，向会中报告，一方面交换知识，一方面可以互相指教。如江苏省立民众教育馆图书部成立了儿童及妇女读书会，"彼等的成绩，或图画手工，或写字作文，常择其优者，把他登在周刊或日刊上，而且彼等兴趣亦甚好，尤其是儿童读书会，会员多时，数逾一百以上，起初会员甚少，后来因为各会员皆有介绍新会员之义务，所以就日渐加多起来"[②]。

福建西湖民众图书馆设立读书会的目的，在于辅导民众读书，增进民众常识，以研究学术。必要时得征求会员意见，酌量变通。此外，介绍科举、史地、国际、党义等图书，培养其爱国精神，实行"读书不忘救国"之旨。其中，成人读书会办理两年，"会务甚见发达，会员亦踊跃增加，两届会员计算有二百余人，工商民众居其大半，每开会时，各谈时事感想，研究心得……皆有充分发表，无不兴致淋漓"。儿童读书会初始办理成绩则不太理想，因会员多无恒心，"附近各小学校学生，其居大半。日间赴校上课，不能离身，到馆时间机会最少，颇不易联络感情，每月开会，均不足人数，

①　张子文.怎样管理民众图书馆［J］.辅导月刊，1937（3/4）：21.

②　徐芳田.怎样活用民众图书馆［J］.民众教育，1930（4）：12.

且不能发表个人意见，其辩论结果，评定优劣，略给予奖品。经多方训练，会员渐渐教练，下年度可进一步研究"①。

（6）成立各种研究会。民众图书馆常常把程度较高、富有读书兴趣的民众，组织各种研究会，如文学研究会、政治研究会、教育研究会、党义研究会、时事研究会、音乐研究会等，由图书馆聘请对于某种学术有研究者担任指导员。图书管理员可调查和搜集材料，编成参考书目，分发于会员，并将所有之参考书，另外开架陈列。每月开会时，用书面报告研究经过，提出讨论，再将讨论结果编成报告单，印发各会员保留②。如福建省立民众教育馆为利用民众业余时间，研究绘画技术，借此使民众生活艺术化起见，特设立民众业余绘画研究会，"现已征求会员，开始研究，其章程如下：第一条，本会定名福建省立民众教育馆民众业余绘画研究会。第二条，本会以利用业余时间，研究绘画技术，借使民众生活艺术化为宗旨。第三条，本会先设一组，分国画、西画两科，国画科分花鸟、山水、人物，西画科分木炭、水彩、油画。第四条，本会会员暂定二十人。第五条，会员不限资格，不分性别，对于绘画素有兴趣有志入会者，可到本馆填写登记表，领证入会。第六条，本会入会费及常费一概豁免"③。对陶冶民众性情，这是一种有益的尝试。

有学者指出，学术研究会的性质和读书会有点不同。一般来说，学术研究会的会员，知识程度相对较高，对某一问题有较深研究。如国民党党义研究会的会员，必定要能够看得懂国民党党义书籍，史地研究会或边疆问题研究会的会员，必定要有史地及边疆问题的常识。学术研究会成立的意义，在于使一般知识程度稍高者，得到研究学术的机会。此外，兼具宣传图书馆的功用，扩大图书馆的社会影响④。

---

① 李煜. 二年来本馆阅览部图书馆事业概况［J］. 民众教育研究，1933（3）：7.

② 张子文. 怎样管理民众图书馆［J］. 辅导月刊，1937（3/4）：21.

③ 成立民众业余绘画研究会［J］. 民众教育研究，1932（3）：16–17.

④ 徐芳田. 怎样活用民众图书馆［J］. 民众教育，1930（4）：12–13.

（7）激发民众的读书欲求。人类具有社会性特征，不单要发展其个性，同时还要考虑其群性，养成社会化生活。民众图书馆内附设各种读书会、学术研究会等是养成社会化生活的方式之一。这种群性化组织，可以交换知识，增厚兴趣，使民众知道图书馆与其生活上关系之密切。为激发民众的读书欲求，民众图书馆经常举行读书竞赛等读书运动。竞赛形式分写字竞赛、作文竞赛、阅读竞赛等。办理办法根据当地情形，随时举行，优良者给予奖品，并将该项成绩，悬挂或揭示于阅览室内，以引起并促进阅者的兴趣与努力。有人提出，参加竞赛者如先有读书会之组织，读书会会员即基本竞赛对象。读书活动可每半年举行一次，举行时应印送书目，并请名人讲演关于读书问题，阅览室内悬挂关于读书之挂图、各界借书统计表、读书及研究会之报告等，借助于宣传，以激发各界民众的读书欲求 [1]。

总之，阅读指导在民众图书馆的事业发展及民众阅读实践中具有异乎寻常的重要地位。只有通过馆员的专业阅读指导来助其解决：一是指导民众带着目的阅读，这样才能有所收获。读者如果询问图书情状，馆员应积极解答，培养其阅读目的；二是指导民众使用图书目录的方法，如图书分类法、图书排检方法等，协助读者找到所需之书；三是激发民众阅读的内生动力。上述数点讲的都是从外力推动民众读书的方法，其实，最根本最重要的方法还是靠激发民众阅读的内生动力，这是所有阅读推广方式的终极目标。姜和从五个方面对此进行了阐述：1.读书的态度。馆员指导民众从读消遣的图书开始，渐进至研究的图书，保持研究的头脑和探讨的毅力；2.读书的精神。读书要集中脑力，要有恒心，能刻苦坚持；3.读后作笔记。如有心得或疑难，即记入簿内做成笔记，或发抒所见写成文章；4.利用读书工具。指导民众能利用字典、辞典、词汇这类工具；5.应用图书。看过图书之后，要随时应用，所谓即知即行。那么，图书价值也必随之提高 [2]。

阅读指导本无定法，各馆是"八仙过海，各显神通"。但最终目的是殊

---

① 张子文.怎样管理民众图书馆［J］.辅导月刊，1937（3/4）21.

② 姜和.民众图书馆的公开及活用问题［J］.教育与民众，1931（7）：9–10.

途同归——为引起民众阅读兴趣，增智益慧，丰富精神，调节生活，修身养性等目的。

（三）多办图书展览

图书展览是阅读推广的常见方式之一，具体方法是民众图书馆围绕某个专题，挑选相关图书集中陈列。如此，可以增加民众与图书接触的机会，增加民众探寻知识的引力，激发民众阅读的兴趣。民众图书馆举办图书展览的材料，为民众能阅读的各种图书，如古今读书名人肖像及传略、读书故事图、文盲比较图、识字读书的宣传画、各种拼图、各种刊物等。展览会之前，民众图书馆可向远近图书馆、大书局、学校、博物馆，各教育机关征求展览品，再由馆中搜集各种展览品，编制图表，选择书报，择地展览。展览的类型，一般分为两种：

一是根据重要节点，因时制宜展览图书。如本地举行卫生运动时，临时张贴图表，陈列生理卫生等书籍，吸引读者。九一八纪念时，陈列国耻外交等书籍。孙中山诞辰时，陈列党义、孙中山事迹及著作等图书。抗战时局紧张之际，民众图书馆应负起激发民众精神与增进其自卫能力的使命，参与国防教育的实施，尽量多备与国防有关的图书，如边疆问题外交问题、普通战术、战史、航空、防空等图书。陈训慈提出，民众图书馆不可在国难当头之时，因时局不靖而自懈，而更应有临时应变的设施活动，以作加倍的努力[1]。

重庆北碚民众图书馆在因时制宜展览图书方面令人称道。1936年端午节，北碚按当地风俗是看龙舟竞赛，街市的人都到河边去活动，乡村农民也趁机赶来一饱眼福。该民众图书馆抓住端午节机会，设"人之一生展览室"普及知识。在全馆的阅览室及参考室悬挂关于现代知识的各种新挂图，而且布置了一个图画展览室陈列各种新旧图画，全体开放。这天来馆民众，大多是戴草帽穿草鞋的农民，他们进了"人之一生展览室"，馆员解说这些

---

[1] 陈训慈. 浙省民众图书馆改进的管见［J］. 浙江教育月刊，1936（4）：31.

书是按照一个人的年龄次序排列，一个人由小孩到成人、到老年，生活在什么时期，就该读什么样的书籍。这些农民，一面认真听讲，一面兴致勃勃地去翻书看画。展览期间人山人海，端午节当天来馆参观的民众，竟达1500人[①]。

二是根据某个主题，举行中心展览。即围绕各种纪念日、各项教育活动、时事消息和其他应注意的问题，将有关图书选出，另行陈列，以设法引起民众阅书的趋向。中心展览需注意陈列的方式要带有美术化，封面有美丽插图的可以直立着，以引起阅者注意，从而产生阅书兴趣。同时，室内的标语挂图等，应尽量与中心陈列保持一致。如1931年以来，福建西湖民众图书馆多次举办了中心展览，有反日救国中心陈列、革命纪念中心陈列、儿童节纪念中心成立等。在反日救国中心陈列中，共搜集各项图表78种83张，有关书籍157种241册。在革命纪念中心陈列中，该馆搜集了关于革命图表35种54张，书籍174种240册。在儿童节中心陈列中，内容除实物作品外，还搜集到关于儿童生活的图表67种83张、关于儿童读物和研究的书籍89种119册，参观人数达7000余人[②]。

重庆北碚民众图书馆举办的图书中心陈列活动，也影响一时。如该馆为纪念儿童节，特辟纪念儿童阅览室及儿童教育参考室各一间，将儿童书报千余册全数陈列在儿童阅览室内，四周贴满了适合儿童心理的挂图、照片及鲜艳的标语。同时汇集有关儿童教育的书籍，陈列在儿童教育参考室内。儿童节当天，《嘉陵江日报》登载该馆筹备纪念儿童节及儿童阅览室开放的消息，馆门口张贴着"纪念儿童节""欢迎儿童到馆阅览"等宣传标语。儿童节这一天，阅览室里簇拥着一大批天真活泼的儿童，在快乐地翻看着各种画报。儿童教育参考室里面也有好些儿童的父母和热心教育的人士，在那书架上寻求解决他们教养儿童问题的良策。北碚民众图书馆为儿童节中心陈列开设的临时儿童阅览室，本来只准备开放一周时间，后因参观阅览

---

① 张惠生.一年来的民众图书馆［J］.北培月刊，1937（9/10）：115.

② 李煜.二年来本馆阅览部图书馆事业概况［J］.民众教育研究，1933（3）：7-8.

人数一天天增加起来，后改为常设机构，且尽量予以充实展览内容①。

北碚民众图书馆在儿童节推出的中心图书陈列，反响热烈，既激发了民众读书的热情，也让热心人士了解到图书馆的作为而愿意慷慨解囊，从而形成民众图书馆的良性发展。如民国时期川军著名人物贺国光的夫人及子女到馆参观，他们一方面看到了儿童阅览室内快乐阅读的儿童，一方面又感到阅览室儿童读物的稀少，贺夫人遂慷慨捐赠20大洋予儿童阅览室，北碚民众图书馆利用这笔捐资购买了一部幼童文库（共计200册），极大地充实了儿童阅览室的馆藏，孩子们借此享用了丰厚的图书盛宴。

江阴巷实验民众图书馆也善于结合时势，遴选专题，举行图书展览会。1930年4月20—25日，江阴巷实验民众图书馆借江苏全省举行识字运动宣传之机，以"给不识字的人以需要识字的刺激，给曾识字的人增加读书的兴趣"为宗旨，筹划了内容丰富多彩的图书展览会。展览图书来源于国内各图书馆、书局、博物馆、民众教育机关、印刷公司征集及该馆该院自有图书，展览内容包括：中外古今读书名人肖像、无锡读书名人肖像、读书故事图、文盲比较图、识字读书宣传图画、识字挂图、读书活动及图书馆照片、各种印版、各种图书装订、各类杂志、无锡籍学者的著述、民间刊物、民众丛书等。展览期间，观摩民众云集一时，第一日阴天，约200余人；第二日大雨，约50余人；第三日晴，约300余人；第四日雨，约百余人②。

民众图书馆上述种种吸引阅读之举，建立在民众有阅读机会这个大前提之下。唯有如此，种种激励措施才有现实意义。如果民众晚上有闲暇想来图书馆看书，却发现自己吃了闭门羹——因为民众图书馆早已关门下班了。民众如果连进馆阅读的机会都没有，馆内布置得再如何美观整齐还有任何意义吗？所以，民众图书馆务必要在给民众提供更多的阅读机会这个大前提上做好文章，包括调整开放时间，完善管理方式，将民众图书馆设

<hr>

① 张惠生.一年来的民众图书馆［J］.北培月刊，1937（9/10）：114-115.
② 江阴巷实验民众图书馆十月来重要工作一览［J］.教育与民众，1931（9/10）：33-36.

置在劳工集中之地等。

此外，如果民众图书馆离民众生活地或工作地太远，往返时间过长，民众便不愿问津。有的民众图书馆根据当地民众阅读需求灵活调整，延长开放时间。如农村民众图书馆，在农忙时不仅可缩短开放时间，甚至可以闭馆；农闲时则增加开放频率，延长晚上开放时间。另可实行游击法，工人农民上班干活，馆员可以下班休息；他们下班，图书馆立即开放。总之，民众图书馆所有的时间安排，管理方式及地点设置等，均须围绕读者需求做相应的动态调整。1935 年，有南京市民向南京市政府建议调整阅览时间。南京市府呈请行政院请于每日下午五时后照常开放，以供众览。行政院以此事属于教育范围，故即批文教育部酌核办理。经教部审核，认为所呈各节不无见地，遂于 5 月 13 日通令各教育局转饬所属各民教机关，"嗣后民众教育馆图书阅览部分，除规定休息日外，每日下午五时以后九时以前，仍应开放，至普通图书馆得斟酌地方情形办理"[①]。

# 第二节　活用图书：民众图书馆的馆外阅读推广工作

## 一、民众图书馆开展馆外推广的目的

中国近代图书馆事业尚未十分发达，图书馆的设立还不普遍。只有那些靠近图书馆的民众，才能享受阅读的便利，距离较远的民众则没有这样的机会，读者地域范围狭窄特征明显。这是其一。其二，图书馆的读者主要集中在学、军、警、政等有闲阶级，占人口绝大多数的广大劳工虽有阅读需求，但迫于生计所累而无暇光顾图书馆，阅览人数偏少的问题突出。读者地域范围的狭窄及读者人数的稀少，直接影响了民众图书馆教育功能的普及。为了贯彻社会教育宗旨，民众图书馆积极采取措施，走出馆门，提供送书上门服务，让图书真正地活用起来，流通起来。

---

① 民众图书馆延长开放时间［N］.南京日报，1935-05-14（7）.

（1）活用图书增加教育效能

民众图书馆作为实施民众教育的重要工具，以知识程度在水平线下的大多数民众为其主要服务对象。然而，这部分民众常常忙于生计，很少有时间来馆阅读。这种矛盾使得民众图书馆大量通俗易懂、丰富实用的图书利用率低下，图书效能得不到有效发挥。如："浙江省立图书馆曾经对本省各学区图书馆作过三四次的视导，发现各馆中最严重的问题，莫过于社会来馆阅览者的稀少。虽然图书与经费的短少，整理编藏布置的不合，自有众多的问题，但这些并不是基本的不健全现象。许多民众图书馆因为交通不便，开放时间短少，以及宣传方法未尽，因此阅览人非常寥寥，图书积满尘埃，形同摆设。"[①]

一方面是民众想阅读，苦于无法脱身前往；另一方面是馆中藏书无人问津。两种矛盾现象的根源都在图书的被动与主动服务上。民众图书馆界也认识到这一现状，积极探索解决之道。他们明白欲求图书效能得到增进，除将馆中图书巡回流通，以书就人外，别无良法。因为，民众图书馆不是静的储书之所，而是动的流通图书的中心，不是被动的应人之需，而是自动的实施教育；不是一部分知识较高者的休闲之所，而是广大的社会全民的受教育场所。图书馆的终极目的，不是收藏图书，而是为活用图书，这才是它的存在价值及最重要的使命。

民众图书馆学者认为，如果一个民众图书馆的办理，只着眼于馆内的工作，显然那是不能够充分活用图书的。因为乡下民众大都生活困难，工作繁重，要他们放下锄头来入馆读书，那是十分困难的事情，纵使来馆就读，也终归是少数。所以，为要充分活用图书，及利用民众休闲时间与引发民众阅读兴趣起见，不能不向馆外去想种种办法。[②] 现在，根据各地民众图书馆办理经验，施行图书巡回，办理流动书车，都是馆外活用图书的最好办法。

---

① 陈训慈.浙省民众图书馆改进的管见 [J].浙江教育月刊，1936（4）: 26.

② 逸民.怎样办民众图书馆 [J].民众园地，1932（2）: 16.

（2）节约购书经费，嘉惠更多民众

受近代中国经济不景气影响，用于教育的经费着实可怜，作为民教机关之一的民众图书馆，其经费自是紧张无比，购书经费甚是有限。要想实现民众图书馆的社会教育宗旨，唯有将图书广为流通，别无他法。为什么图书巡回流通能节约经费呢？举例说明：如甲地的民众多从事工商业，对商业方面的书籍较为青睐；乙地的民众以务农为主，对农业方面的书籍需求较多。民众图书馆在购进商业、农业书籍后，在甲乙两地巡回流通。这样可以避免两地重复购书，从而节约购书成本，且能较好地满足两地民众的阅读需求。此外，民众图书馆通过设立小学巡回文库、茶园文库，聘请学校师生及茶园堂倌参与管理，也在一定程度上解决了民众图书馆馆舍狭小、人手不够的矛盾。

一些乡间教师可以安于村野物质的贫困，但他们最大的困难，就是精神上的苦闷。乡村教师在乡间对民众或对学生讲话的时候，没有好的资料，以致不能够尽可能地发展他的力量。同时在乡学优等的学生，也因为没有课外的补充读物，以致埋没了他们的天才。如果民众图书馆能够办理馆外阅读推广业务，通过办理巡回书库等形式把图书流通到乡间去，就可以满足乡下知识分子的需要，从而节约乡间教育经费。

总之，有了图书巡回流通事业，所需的专业人才很少，而图书馆的效能却能不断增加。一般的民众也可不必跋涉很远，而多留一些精力做有益的工作了。换句话说，也就是民众图书馆的运行成本大大降低，效能却在日益增进，即用最经济的时间，金钱，地方和能力，而求得最大的图书教育的效果。

（3）提升民众修养，净化社会风气

自古中国民众生活的枯寂和单纯毋庸讳饰。特别是近代以来，内外多元文化冲击下的民众在休闲的时候，没有正当的娱乐以消磨他们剩余的精神。"而民智之不开，社会公益事业之衰秃，在驱使他们逼着他们下意识的冲动，遭受各个不良环境的诱惑，于是烟赌淫盗种种消灭民族性的恶习，深中于各个愚拙的心灵，而潮浸于人与人关系的社会上"①。如此的社会风气，怎能期望日日浸染其中的民众都有政治的觉悟、习性的改善、生活的技能和科学的常识？民众教育是提高民众素质的重要工具，而实施民众教育的诸种方法中，首推民众图书馆的设施收效极大，如果能以民众图书馆来做社会一切活动的中心，辅以馆外的阅读推广模式，把图书这样的精神食粮送进家庭社区，送进厂矿农田，送进茶园游园，民众想休闲娱乐的时候，身边就有随手可得的书籍阅读，春风化雨润物无声的素质教育在潜滋暗长。"使男女老幼以至聋哑，不问初受教育及已受教育者，咸得自动的、乐意的，继续阅读和研究之机会，从而获得高深的知识，改良日常的生活，提高生活的质量，与道德的涵养"②。

时人也已认识到民众图书馆在提升民众身心修养、净化社会风气方面有独特作用。他们从读者的视角认为：近来国家多难，失业呼声响彻云霄，一般民众知识缺乏呻吟于困苦苟安之余，"终天狂游，散漫成性，日则徘徊街头，聚首于茶楼酒肆，夜则留恋游荡场所，消磨光阴，都是醉生梦死，暴露非常萎靡的状态。这种原因完全是由社会环境不好，缺少良好公共建设，可作人民有益的陶冶"③。而走向民间、走进民众的流通式图书馆，则可以引诱民众来问津图书的妙处，代替颓废的嗜好，解决苦闷的闲暇，转变娱乐的风气，避免一切的烦恼，并且增进生活的常识，在无形中予市民以身心修养的利益实非浅显。

总之，民众图书馆要不遗余力地实行馆外阅读推广工作，使得民众图书馆与学校一样的活跃而有生气，为社会所亲近，为民众所需要。馆员要不辞劳苦，抱着以服务为快乐的一种热忱与信仰，投身到民众图书馆的馆外推广工作中。那些墨守成规，守株待兔的民众图书馆就成了反面教材。如浙江平湖民众教育馆图书部设于东门外中山公园，馆址在风景区中，环境

① 吴培元.民众图书馆设施法［M］.宜兴县立图书馆出版，1930：1.
② 吴培元.民众图书馆设施法［M］.宜兴县立图书馆出版，1930：1.
③ 魏强.流通图书馆之特质［J］.浙江省民众教育辅导半月刊，1936（17）：42

之幽静及安全，殊为相宜。惟与市集隔离稍远，地位稍偏，遂致读众寥寥不能踊跃。面对读者稀少的现状，该馆不找原因，不求改变，而是听之任之，终致门可罗雀成常态。倘若该馆能致力于推广事业，将一部分图书陈列于城市中心之相当地点，或为介绍，或为流通支部，或为巡回文库，或为代借处等，则往来便利，阅众自乐于与图书馆亲近。该馆的图书得到活用，不致成为无用的死物积满尘埃。

顾斗南等对民众图书馆进行阅读推广的目的也进行了总结。他们认为，"图书馆的任务，是要为民众解决一切困难问题，但是图书馆的管理，如果像从前藏书楼一样，所有书籍，保而藏之，不能利用，那对于民众又有什么利益呢？所以办民众图书馆的人，要彻底打破刻板的管理法，一致起来，采取活用图书的管理法。活用图书的优点，就是将书中的材料，贡献给民众，介绍给民众，同时民众需要哪一种材料，也能及时供给，使他们满意。现在总括起来，有下列三种：一、可使馆藏图书，向民间流通不息，免致停滞；二、可使偏僻地方的居民，有阅书的机会；三、可辅助其他性质相似的民众教育推广事业的发展"[1]。民众图书馆学者对推行阅读推广意义的表述或许有别，但他们都强烈地希望民众图书馆能深入街头村巷，走到民众中间去，为书找人，送书上门。主动进行馆外阅读推广是民众图书馆与旧式图书馆区别的根本所在，也是民众图书馆旺盛生命力的源泉所在。

## 二、民众图书馆开展馆外推广的途径

民众图书馆馆外阅读推广意义重大，方法也多样。主要有巡回文库、流动书车、代借图书处、函借筒、通信借书、流动教学等，其中巡回流通事业服务范围最大，受众最广，成为扩张民众图书馆效能的最有效方法。

（一）分馆

分馆制是普及图书馆教育的方式之一。1910年，《四川教育官报》连载了译著《图书馆教育》（日本学者户野周二郎所著）。书中指出，为了普及

---

[1]　顾斗南,刘祖仁.活用图书和民众图书馆推广事业的问题[J].民众教育,1931( 4/5 ):7.

图书馆教育，"欧米小学校与通俗图书馆之联络最密接，或以图书馆之一室充儿童图书室，或于学校内置图书馆支部"①。随后，分馆制思想开始在我国开始生根发芽。1912 年，章锡琛提出："欲普及图书馆之事业，则当于各都市设分馆、配置所、收发所等。分馆之制，略与总馆相同。"其事务则全然独立，但购入书籍，养成馆员，编纂目录，由总馆负责。而选择书籍、采用馆员，则委诸分馆。配置所，"所中向总馆配置各种图籍，应阅览之需要，以其随时交换"，也可称巡回图书馆。"收发所即经理借书之所。"所中备书目，有就借者，代告总馆，总馆发书至，则收以付于借者。读者归还后，仍归还总馆。其事较为简单，可附设于普通商店，使其兼任②。章锡琛是我国较早提出分馆制、巡回图书馆思想的学者。1927 年大学院公布的《图书馆条例》第 7 条规定："图书馆为便利阅览起见，得设分馆、巡回文库，及代办处，并得与就近之学校订特别协助之约。"③同时，教育部也倡导分馆制。

民众图书馆兴起后，有学者提出，"在人口密度甚大，而民众图书馆数目又不多的地区，民众图书馆可以设立分馆，便于距离较远的居民阅读。按地方需要情形，设立各种特殊的分馆，如近商业区的，设商业图书分馆；近工业区的，设工业图书分馆；近小学校及住宅区的，设儿童图书分馆；近盲哑学校的，设盲哑图书分馆；近医院的，设卫生图书分馆。总之，分馆的设立，完全以切合本地居民需要为原则。馆内藏书，也是根据这个原则去选购。只是民众图书馆自身经济都不太丰裕，开办费及日常费都要精打细算，所以分馆的办理也需秉持经济原则，馆舍不需要十分华丽，只要适用即可"④。

在分馆选址方面，时人提出要遵循三个条件：第一要光线充足；第二

---

① 图书馆教育［J］.四川教育官报.1910（7）：5.

② 章锡琛.近代图书馆制度［J］.东方杂志，1912（6）：14–15.

③ 图书馆条例［J］.大学院公报，1928（1）：33.

④ 顾斗南，刘祖仁.活用图书和民众图书馆推广事业的问题［J］.民众教育，1931（4/5）：7–8.

要合于卫生,第三空间要够用①。分馆初设时,如果基金不充足,可租用民房,以节约资金;书籍的购置,则由总馆办妥,再发给分馆。分馆在其所属区域内,兼办巡回文库。如果因为阅览人多,分馆馆员不敷分配时,也可延请本地居民襄助。举行展览会、讲演会、研究会、儿童读书会、时事宣传会等等,分馆中如缺乏人才,可由总馆派员前来负责办理。总之,分馆是总馆的缩影,目的是把总馆的图书活用起来,向更广的区域播散,辅助总馆更好地服务更多民众。

（二）流动书车

流动书车的目的是使徘徊在路上的民众得到读书的福音。它创始于美国,成效卓著。美国图书馆界多用汽车装载书籍,徐徐驾驶,经过街市,颇能引起民众的注意,触动阅览的兴趣。每当流动书车开到公园、体育场、游戏场、儿童游戏场等处,能够吸引很多民众和儿童靠近车旁,借书阅读。车中的馆员,利用机会,讲演故事或新闻,引起民众的探究兴趣。所以每逢书车开到,一般民众和儿童,都表示热烈的欢迎。美国民众图书馆的发达,由此可见一斑。

我国学者十分钦羡流动书车,认为它的兴办,意义深远:一是带有宣传性质,将馆内情形,利用出巡机会,向民众展示,引起民众注意,请他们到馆里浏览;二是将新书出巡,免费借给民众阅读,使为时间所限制、为生计所困顿而无暇到馆的读者,也可以足不出户早晚浏览。流动书车就是要用图书馆的热忱,鼓舞民众读书的兴趣。但也强调:"惟为事实上便利起见,出巡之区域,初当划定小范围,以为实验区,凡该区以内有茶舍处所,即为之设一简单书报处,供给普通书报,任人阅览,有私塾处所,即与塾师接洽,供以书籍,请代管理并借给塾中学生借读,每一星期,由流动书车巡行更换,如此该馆中书籍,可以尽量活用而不致徒然保藏。"②

我国民众图书馆也积极实践,采取措施,推行流动书车。不过,因为

---

① 顾斗南,刘祖仁.活用图书和民众图书馆推广事业的问题[J].民众教育,1931(4/5):8.

② 徐芳田.怎样活用民众图书馆[J].民众教育,1930(4):9-10.

经费缺乏，不能购置汽车，有的置备自行车式的书车，有的置备手推的木质书车。木质书车车载量大，除可载书开行市场、供给民众阅览外，还可作为巡回文库，传送书籍，颇见成效 ①。所以，民国时期流动书车多用木质做成，车身中有横板，以便陈列图书，下装轮轴三，以利进退。车身四周加以蓝漆以求美观，并于车前及车身上层写"欢迎阅览""看书可以增知识"等宣传字句。"流动书车每次出行前，严格按照标准，择取合适图书。入选图书必须符合下列条件，如装潢精美、有兴趣而有生动文笔、有研究性而关于政法科学、有益于品性且足以响应于社会国家、不超过巡回区域内民众程度等。如福建西湖民众图书馆鉴于流动书车对于民众阅读的重大意义，特制木质书车一架，分上下两层，上层左右书架上陈列着各种书籍，下层装着篷布椅及活凳多张。虽不若欧美各国用汽车装置许多书籍巡回城市乡村那样便利，可是在近代中国艰难的经济条件之下，福建西湖民众图书馆的流动书车已经是最好不过的了。每周中出巡数次，派管理员一人，馆丁一人，推至公园或公众集合所在，以供一般流动民众阅览，一则可以利用余暇时间作正当消遣，二则借以引起兴趣鼓励民众读书，一举两得，其意义实深且大。"②

民众图书馆为了增加民众对流动书车的了解，非常重视宣传工作及氛围的营造。有的民众图书馆每当书车推至四通八达的空地，或在街衢行人道边时，先用留声机或小锣之类，召集四方民众。随之，馆员再作一次浅近科学常识演讲，并解答书车巡回的本意，使民众高兴起来，自动来借书。这样引诱的方法，足可给麻木的人们觉察看书的好处，从而激发民众时常到图书馆阅书的兴趣。如此，书车的功用，就可达到了 ③。有的民众图书馆则精心书写了宣传标语和宣传信。如江苏省立民众教育馆图书部流动书车

---

① 顾斗南，刘祖仁.活用图书和民众图书馆推广事业的问题[J].民众教育，1931（4/5）：9.

② 李煜.二年来本馆阅览部图书馆事业概况［J］.民众教育研究，1933（3）：5-6.

③ 李煜.二年来本馆阅览部图书馆事业概况［J］.民众教育研究，1933（3）：6.

的宣传语是，"一个很好的读书机会——向流动书车借书看"[①]。其宣传信强调："我们总理[②]说过，他一天不读书，就觉得不能生活……书里头所包含的，都是古今人的思想和知识，我们读过以后，为农的可以得到农人应有的知识；为工商的，可以得到工商应有的知识；从事一切职业的人，皆可以得到一切职业所需要的知识，……夫以总理天生之资，尚且非读书不可，若我们这班平常人，那还可以不格外的努力读书吗？……这个流动车时常向稠人集合场所及各家门口流动，任你们取读，增加你们的知识，解决你们的问题，袪除你们的烦恼。亲爱的民众们！快来取看，不要失掉这样一个很好的读书机会吧，你们如有不识的字，不懂的句子，还可以向流动书车的指导员询问。"[③]该图书部制定了《流动书车出巡登记表》（见表 4-2），为流动书车的发展提供数据。

表 4-2：江苏省立民众教育馆图书部流动书车出巡登记表[④]

| 民国十八年 | | 月日 | 气候 |
|---|---|---|---|
| 流动地点 | | | |
| 记事 | | | |
| 阅书人数 | 男 | | |
| | 女 | | |
| | 儿童 | | |

　　流动书车本着"以书去寻民众"的原则，得到民众的热情欢迎。如江阴巷民众图书馆流动书车出行时，时时听得欢呼的声音，民众急切地招呼道："先生，今天停在我们这里吧！"或是"来了！来了！"或是"先生！先生！凳都放好了！就在此吧！"有一次，有一个人正在看书，忽有他的友人约

---

① 　徐芳田 . 怎样活用民众图书馆［J］. 民众教育，1930（4）：10.

② 　这里的总理，指孙中山。中国国民党创始人。

③ 　徐芳田 . 怎样活用民众图书馆［J］. 民众教育，1930（4）：10.

④ 　徐芳田 . 怎样活用民众图书馆［J］. 民众教育，1930（4）：10.

他到崇安寺去游玩。他没有去，反而将友人劝坐读书①。

江阴巷民众图书馆流动书车每次停留，都先作简短演说，以吸引民众注意，演说结束即开始办理图书出借，由民众自取阅览。江阴巷实验民众图书馆流动书车出行 16 次，阅者合计 964 名，平均每次阅览人 60 名。另外，从流动书车图书出借统计表（见表 4-3），可以看出民众的阅读倾向。

表 4-3：江苏省立民众教育馆图书部流动书车出行十六次各类图书出借统计表②

| 类别 | 革命文库 | 小说 | 商业 | 尺牍 | 文章 | 传记 | 算学 | 政法 | 军事 | 历史 | 地理 | 自然科学 | 杂志 |
|---|---|---|---|---|---|---|---|---|---|---|---|---|---|
| 出借次数 | 3 | 137 | 76 | 8 | 27 | 35 | 14 | 112 | 89 | 31 | 41 | 34 | 333 |

从表 4-3 可以看出，杂志出借次数最多，次为小说，又次为政法军事。民众之所以会出现这种关注时事的阅读倾向，主要是自九一八事变以来，民众民族意识觉醒，所阅图书渐趋于政法军事史地，对于小说渐不加注意。由此可见时局变化，对民众阅读心理及兴趣的影响。

上海商务印书馆也曾以灌输民众知识、推进社会文化为目的，创行"巡回展览车"，深入民间，传播知识，以增进广大生产民众的生活智能。根据区域情形与需要，远至外埠各区供推广民众教育者观摩，供应民众浏览。并根据各区地方特殊状况及民众生活需要情形，而随时变换图书性质，以与实际生活相统一。上海商务印书馆巡回展览车为普及民众教育发展大众文化，增长民众智能的推行，无代价地供应民众需求，以实际生活问题为中心去自动地启发民众，可谓是民众求知的自由平等之生活学校。谢春满对此评价甚高，称其"解除了民众学校、民众图书馆之一切机械式的缺点"③。

---

① 谢泽人.如何使图书流通——江阴巷实验民众图书馆实验事业之一[J].教育与民众，1932（9/10）：1746.

② 谢泽人.如何使图书流通—江阴巷实验民众图书馆实验事业之一[J].教育与民众，1932（9/10）：1744.

③ 谢春满.中国民众图书馆之改造[J].教育杂志，1936（7）：259.

（三）儿童巡回文库

儿童图书馆的价值很早为国人所知。1909 年，我国学者翻译了日本学者竹贯直人建置儿童图书馆的建议。该文认为，改良社会，必先改良社会嗜好，而对儿童嗜好尤宜注意。改良儿童嗜好的办法之一为建置儿童图书馆，选择适宜书籍，培养儿童良好的嗜好。译者何械对此深表赞同，表示："在我国亦正可取法也。"[①]此后，宣传儿童图书馆的价值逐渐被我国图书馆界所重视。如祝其乐认为儿童图书馆的价值主要有："养成社交的习惯""养成自治的习惯""养成读书的习惯"等[②]。

近代以来，我国以学校教育为主体的儿童教育发展迅速，但因为缺乏经费，学校图书馆发展缓慢，儿童除读课本之外，无书可读；即或备有，也是几册破旧书籍，不能引起儿童阅读兴趣。深入乡间办理图书馆的李靖宇对此深有体会："邹平乡学高级的学生，在资格是高小生，他们或他们的脑子，在膨胀着接受新的知识，和新的启发，可是为了：A. 处于穷乡僻壤，B. 学校没有钱，来给这些想上进的学生，买些滋养品，所以普通的现象，在学的一般可爱的小朋友们，多是呆呆的，无精打采的，守着几本教课书，在那里敷衍时日。"[③]

江阴巷实验民众图书馆也先知先觉，注意到学校儿童图书馆的匮乏问题，积极着手创办小学巡回文库，以弥补学校图书缺失。巡回文库中精选的图书程度高低适宜，图文并茂，生动有趣，对增进儿童学识，引起阅读兴趣，进而养成阅读习惯很有帮助。特别是文库中备有的伟人英杰传记，使一般心地纯洁的儿童，从这些书中获得美德的思想。此外，通过借还图书的手续，实地训练儿童"守约""爱护公物"的良好习惯。由儿童管理图书出纳等事，

---

① 何械. 日本竹贯直人建置儿童图书馆议［J］. 预备立宪公会报，1909（5）：39.

② 祝其乐. 图书馆和教育［J］. 浙江公立图书馆年报，1921（6）：28.

③ 李靖宇. 办理巡回书箱经过及杂感［J］. 山东民众教育月刊，1936（3）：143.

实地训练"为公服务的精神",以养成儿童应具的美德①。

（四）茶园文库

自古以来,中国有闲阶级就有着品茗煮茶之雅趣,遍布大街小巷的茶园成为他们经常聚集之地。许多茶客终日沉湎于此,相对谈笑,虚掷光阴。作为重要社会教育机关的民众图书馆为改变茶园的不良习气,决定设立茶园文库,力图使茶客在喝茶的时间,阅览书报,增智识,广见闻。具体做法是:每个茶园设立一只文库箱,内藏图书若干册,书目一册,本外埠报各一份。由该园堂倌每天到民众图书馆领取,报纸每日整理夹好。为使茶园文库规范运行,民众图书馆与之订定运行规约和阅览规程,作为实施的依据。如"本文库每日上午八时,至下午六时,为阅览时间,过时概不出借""阅览人在图书上,不得任意圈点、涂抹、褶皱、加批或污损。倘有此种情形,损坏图书则应照价负赔偿之责""阅览书报时,请勿高声吟哦朗诵""阅览人请勿擅自将书报携出室外"②。

为了营造阅读氛围,茶园墙壁上可做些美化布置。常见的有贴标语和挂国耻拼图、卫生挂图等,随节气或纪念日而变更,借以激发民众抗战意识,促起民众注意卫生。茶园文库内,除备有图书及报纸外,还定期举行演讲。如江阴巷实验民众图书馆在茶园中举办演讲竟达19次。每次演讲时,茶客均停止谈话,倾耳静听,如提及日本之蛮横,莫不愤然,及演讲完毕,茶客莫不对于残暴日寇议论纷纷。由此可见,在茶园中设立文库并时常演讲,不仅可以灌输知识,而且可以警醒国人注意国家情势。有人认为:"自茶园文库设施以来,确叫我们更明白茶园内设立文库乃是流通图书,灌输知识,

① 谢泽人.如何使图书流通——江阴巷实验民众图书馆实验事业之一[J].教育与民众,1932（9/10）:1733.

② 谢泽人.如何使图书流通——江阴巷实验民众图书馆实验事业之一[J].教育与民众,1932（9/10）:1739-1740.

提高文化的一个好方法。"①

　　（五）乡村巡回文库

　　乡村巡回文库是民众图书馆服务乡村的一种创新尝试，兴盛于 20 世纪 30 年代。民国时期，天灾人祸，战乱频仍，农村一片萧条。有人提出，欲复兴农村，势必要推广农村教育；要推广农村教育，首宜注意建设农村图书馆②。持这种观点的学者不在少数。李钟履表示："城市中之图书馆，犹如锦上添花；而乡村间之图书馆，实则雪中送炭。锦上无花，仍不失其绮丽。而雪中无炭，则冻馁随之矣。"③中华图书馆协会在第二次年会上专门通过了乡村图书馆建设方案，以推动农村图书馆的发展。

　　民众图书馆在供给农民阅读方面也发挥了重要作用，主要是通过乡村巡回文库的方式来实现。民众图书馆多设于县级单位，文化恩泽难及乡村。且乡村民众大都散处四方，要使他们有阅书的机会，依靠固定的场所很不现实。而灵活便利的乡村巡回文库，则将图书送到农民家门口，为解决农民阅读问题提供了一种切实有效的范式。具体办法是：民众图书馆用一书车，或书箱，每隔几天到乡村去巡行一周。在可能范围内，可以将图书外借，下一次来巡回时再取回。如果该馆书籍本不多，可不外借，只提供阅览服务。如浙江鄞县县农会，为提高农民知识及促进农村发展起见，初始时议决筹设农民图书馆，附具草章。但鄞县党部据呈后，经派员审查，认为鄞县一般农民，散居乡村，该会附办之农民图书馆，设于城区，未能起普及教育之效。所以，鄞县党部下令将创设中的鄞县农民图书馆，改为鄞县巡回农民图书馆，按巡回流通的模式办理。并强调要多采购关于农村问题的图书，通过轮流巡回的方式，供各区乡农阅览，提高图书使用效率，从而真正实现普及农

---

① 谢泽人．如何使图书流通——江阴巷实验民众图书馆实验事业之一［J］．教育与民众，1932（9/10）：1741-1742.

② 杨海樵．办理农村图书馆应注意的几点［J］．中华图书馆协会会报，1935（3）：17-18.

③ 李钟履．乡村图书馆经营法之研究［J］．文华图书科季刊，1931（2）：125.

民教育①。

　　（六）特殊巡回文库

　　杭州西湖上的游船书库是一种很应景的文库形式。杭州市立第三民众教育馆利用西湖游艇发展民众教育，在湖滨、岳坟、延庆寺、净寺、茅家埠等处各大船埠试约游艇五艘，设立游船书库五处。这些游船书库除藏有一切基本知识及各科常识书籍之外，并在书库中留有象棋，以调剂民众精神，增进读者兴味。更备有纸笔等文具，供读者书写②。江阴巷实验民众图书馆的航船旅行文库和西湖上的游船书库有异曲同工之妙。无锡三里桥运河中，有各乡之航船，每日行驶，江阴巷实验民众图书馆"试向舟中约定，负责置书，供船客阅览"③。

　　抗战时期，位于大后方的重庆北碚民众图书馆根据当地地形曲折陡峭特点，及馆中经费紧张等情况，特制了手提篮文库，亦颇具特色。北碚民众图书馆因为经费紧张，没钱购置图书担，只好用两个手提篮，选派两位青年工作人员，每天携着书篮，挨户劝人读书，宣传读书的好处。并劝人登记，民众只要登记了姓名、每次便可借两册书阅读④。像游船文库和手提篮这种因环境不同而设置的特殊方法，使民众在消闲兴味中参以求知之启示，可谓新颖得宜。

　　家庭巡回文库在对乡村农家的妇女教育中也发挥着重要作用。乡村妇女终日为家事所羁绊，殊少涉足户外。有些家庭妇女，因没有正当的消遣方法，养成懒惰或赌博等种种不良习惯。为了丰富家庭妇女的生活，有民众图书馆设立了家庭巡回文库，"把新知识、新思想运到家庭中去，使家庭

---

① 鄞县农会拟设巡回农民图书馆［J］. 中华图书馆协会会报，1935（3）：27.

② 谢春满. 中国民众图书馆之改造［J］. 教育杂志，1936（7）：259.

③ 姜和，胡耐秋，朱秉国. 本院江阴巷实验民众图书馆半年实习计划［J］. 教育与民众，1931（3）：6.

④ 张惠生. 一年来的民众图书馆［J］. 北碚月刊，1930（9/10）：116.

中的妇女，可以随时吸收新文化、新学术，使他们能够养成为贤妻良母"[①]。家庭巡回文库，可设立于某姓家庭以内，除供给该姓家庭中各个人阅览外，并将由该家庭自动流通借与附近妇女阅览，每月或半月巡回一次，数量 10册到 30 册[②]。

无论是西湖上的游船书库、还是山区的手提篮，抑或乡村的家庭巡回文库，都不过是民众图书馆巡回流通事业的不同表现形式，它们的目的及宗旨其实都与其他图书流通事业一样，都为促进图书流通活用，都为图书寻找合适读者，也为读者寻找合适图书。

（七）通信借书

通信借书所受时间、地域限制最小，所以在民众图书馆的阅览推广事业中较早地被采用。徐旭对浙江私立流通图书馆的通信借书方法颇为推崇，该馆规定凡愿遵守馆定办法，办妥手续，则发通信借书证一张，出借图书目录一册。读者每次借书时将证寄馆，馆中将书检出寄送，将证留馆，待书还清时，再将证寄还。或不将借书证寄往，凭盖有私章之信亦可。该馆属于私立图书馆，为有效防范丢书风险，特规定：凡是通信借书的读者，馆中可向其取存洋二元或三元，代存银行，作为书押及邮资之用。民众在填写申请书时，须盖印鉴并签名[③]。通信借书所需物品不多，只要有通信借书证、通信借书人账簿、借书目录等即可，但因通信借书的工作比较琐碎和零散，民众图书馆要有极大的热情和耐心，才能将这项服务坚持下去。

我国最早的通信图书馆是在 1921 年成立的上海通信图书馆。创办人应修人鉴于上海找不到完全公开的图书馆，决意以"无猜忌的真情接待借书者""不收租费、不讨保证，也不希望任何的酬劳"，最终的理想是"不让任何地方的人读不到任何种类的好书，不让任何种类的好书流通不到任何辽

---

① 孔繁根.乡村民众图书馆设施之研究［J］.民众教育通讯，1936（1）：21.

② 孔繁根.乡村民众图书馆设施之研究［J］.民众教育通讯，1936（1）：21.

③ 徐旭.民众图书馆学［M］.上海：世界书局，1935：251.

远偏僻的地方"①。1927年成立的蚂蚁图书馆则完全继承了上海通信图书馆的发展理念,徐赓鳌、沙千里等人发表了《蚁社创立蚂蚁图书馆征收运动宣言》,接受中华、商务、申报等文化单位的捐赠图书,无条件地出借。蚂蚁虽小,却不畏艰难,不惧琐碎,竭尽全力,补助文化教育之不逮,换取偏僻地区读者之笑颜。在蚂蚁图书馆的影响下,到1928年,全国已经有321所通信图书馆②。且在此基础上,服务更有改进。如申报流通图书馆不仅通过通信借还书,还将书目、章程、申请书等寄给上海市民,发展读者。陈独醒的私立浙江流通图书馆也有此项业务,"通信借书一事,委实足以使图书馆的经济受到绝大的牺牲。本馆创业维艰,支持更难,原不敢尝试这样严重的工作,然以职责所在,也不甘妄自菲薄,便忍受一切,克苦进行"③。

陈独醒所谓的"严重",是指三方面的情况:一是通信借书的可控性不强,馆方遭受意外损失的可能性大;二是投入在编制和分发宣传品、图书目录、新书报告上的成本太高;三是提高了对馆方复本配置的要求。在这样高成本运行的情况下,即便馆方下了必办的决心,也未必能够办好。因为通信借书对读者也有要求,读者是否诚信?能否愿意遵守馆规?等等,这些人为的主观因素,民众图书馆并不确定,也不易操控。"在读者方面,首先要考虑的是预存的寄书邮费,唯恐上当受骗,交了钱却借不到书;其次,还书的时候要包装好,手续繁琐;再次,在邮费上花钱不划算,不如有钱买书,没钱不读来得直接和简捷;最后,唯恐越期失信。另外,邮局也是一个问题,常有辗转积压情况"④。

既然通信借书的投入与收获可能并不成正比,为何民众图书馆还要苦苦坚守这项初心美好,实效却可能打折的服务?陈独醒一语道出了原委:"只

① 应修人,潘漠华选集 [M].北京:人民文学出版社,1959:62.

② 裘开明.中国民众图书馆概况 [C]//裘开明图书馆学论文选集.桂林:广西师范大学出版社,2003:37.

③ 陈独醒.图书为什么要流通 [M].杭州:私立浙江流通图书馆宣传部,1932:26.

④ 余训培.民国时期的图书馆与社会阅读 [M].北京:清华大学出版社,2013:70.

求能将我们的事业深入民间，使民众获得了相当的效益，即不拘什么牺牲，都愿尝试。"① 正是有了像陈独醒这样的图书馆人的坚强信念及不懈努力，通信借书业务才得以坚持并有所发展。如浙江流通图书馆 1925 年 9 月统计显示，全月共计 16 人借书，虽遍布全国，却远远少于车送、代理及巡回借书的人数。这一年共计 85 人借书，第二年、第三年也并无长进，直到第四年才略有起色。1930 年全年借书者达到 496 人，借书 2372 次，7755 册②。人均年借书册数是 4.78 次，15.64 册，回借率很高③。

通信借书在我国开始于 20 世纪 20 年代，初始并不被看好，敢于尝试之馆寥寥。待社会教育思潮风靡全国后，这种新型的图书馆服务模式才渐渐为大众熟悉和喜爱起来，成为民众图书馆常见的馆外阅读推广方式。通信借书是基于图书馆与读者相互之间的高度信任，为读者省去了跑腿的工夫，大大节约了时间和成本。

### 三、民众图书馆开展馆外阅读推广的意义

（一）为民众创造平等阅读机会

20 世纪 20 年代的中国，随着平民教育思潮的盛行，民众具有平等享受教育的权利已成为社会各界共识。这种教育权利平等的理念体现在图书馆利用上，就是要破除各种不合理的限制，以及对民众平等阅读权利的尊重上。李小缘指出："人人皆有资格为读者。皮匠、铁匠、小工、瓦匠、木工、学生、住家的、有钱的、无钱的、老的、少的、男的、女的，没有界限，一齐欢迎。"④ 杜定友主张："图书馆之招待阅者也，无贵贱，无老幼，无男女，无主仆之别，而皆一视同仁。"⑤ 但图书馆先哲们的倡导还只是理论层面，如何保障和实现

① 陈独醒 . 图书为什么要流通［M］. 杭州：私立浙江流通图书馆宣传部，1932：27.

② 陈独醒 . 图书为什么要流通［M］. 杭州：私立浙江流通图书馆宣传部，1932：28.

③ 余训培 . 民国时期的图书馆与社会阅读［M］. 北京：清华大学出版社，2013：71.

④ 李小缘 . 藏书楼与公共图书馆［J］. 图书馆学季刊，1926（3）：377.

⑤ 杜定友 . 图书馆学通论［M］. 上海：商务印书馆，1925：4.

民众的平等阅读权利，需要图书馆界不断地实践探索。民众图书馆办理巡回流通事业，为民众积极创造平等阅读机会，就是在躬身践行对民众平等阅读权利的尊重。如江西省立民众教育馆，针对大多数民众虽有阅读需求，但迫于生计所累而无暇光顾图书馆的困境，及时推出了流动书车及巡回文库这些服务方式，"将所藏书籍，推广于民间，以俾大多数民众均能获得阅览的机会"①。从而解决了民众阅读机会上的不平等问题。

赵福来也肯定这种尝试："将一组合于民众需要的书籍，流通到社会团体里面，如工厂、社会、商店等，甚至于个人的家里，使他们善用闲暇时间，读有益身心的读物，既有了适当的消遣，复培养了品学才能。这样图书馆可以使他们在做事之暇，或正在失业期间，无事可做的时候，有图书馆为乐园。而为一些士农工商各界人等,或乡村人民绝少有机会可以到图书馆的，却又有巡回文库可以流通到那里，足不出户，就可以读有益的书而广见闻，是乃予以均等机会的意思"②。

马宗荣也就图书巡回流通的益处进行了概括，"为了给来馆不便的民众提供阅读服务，图书馆还于本馆外，别设分馆、图书流通处、图书代借处、办理巡回文库等，于是距图书馆较远的民众和不能离家的老年人、产妇等，也得沾图书馆的恩惠了"③。

（二）促进儿童阅读习惯养成

儿童是民族的希望，国家的未来，但长期以来，儿童人微言轻，儿童图书馆事业也不受重视。杜定友说："从前的图书馆的馆员和阅者，以及社会上一般人，总以为儿童是最讨厌、最可恶的东西；所以无论什么地方，尤其是图书馆，都挂了'儿童免进''孩童恕不接待'的牌子，只有街头巷尾

① 江西省立民众教育馆.江西省立民众教育馆设施概况［M］.南京：南京一职印刷厂，1937：35.

② 赵福来.民众图书馆与巡回文库应备书目初稿［J］.文华图书馆学专科学校季刊，1932（2）：94.

③ 马宗荣.现代图书馆［M］.上海：中华学艺社，1928：31.

是儿童立足之地。"[①]

1919—1921 年，美国教育家约翰·杜威来华讲学，其宣传的儿童本位主义逐渐被社会各界接受，儿童教育慢慢发展起来。儿童阅读作为儿童教育的一个部分，也渐渐受到重视。不过，儿童阅读习惯的养成有一个循序渐进的过程，正如王柏年所说："养成读书习惯，并非一朝一日所能奏效，即能按照理论言之，亦必须经过相当之训练，方能养成自由阅览之习惯及速读之能力。"[②]

民众图书馆办理儿童巡回文库，将内容丰富多彩的图书送至学校，即是希望通过长期、系统、专业的服务，培养孩子阅读兴趣，促进儿童阅读习惯养成。如江阴巷实验民众图书馆在五所小学定点设立巡回文库，仅仅两个月阅读人数已达 3000 多人（见表 4-4），收效甚好。

表 4-4 : 江阴巷实验民众图书馆设立小学巡回文库阅览人数统计（两个月）[③]

| 学校 | 南尖小学 | 蔡氏小学 | 绩成小学 | 崇实小学 | 振秀小学 | 总计 |
|---|---|---|---|---|---|---|
| 阅读人数 | 471 人 | 827 人 | 244 人 | 1523 人 | 780 人 | 3845 人 |

表 4-4 为江阴巷实验民众图书馆设立小学巡回文库两月来的人数统计，读者人数最多的是崇实小学，有 1523 人；最少的绩成小学，也有 244 人。其阅览人数少的学校，并非阅览图书者少，"实因该校以自备图书，与文库图书，相间出借，故本文库统计人数减少了"[④]。以上统计表明，儿童需要图书之殷切，及小学巡回文库对于儿童阅读习惯的养成，实是大有裨益。

（三）倡导社会阅读之风

近代以来，随着社会教育观念的兴起，重视社会阅读，尤其是重视图

---

① 杜定友. 儿童图书馆问题［J］. 教育杂志，1926（4）：1.

② 王柏年. 小学中高级自由阅览指导之研究［J］. 师大月刊，1936（29）：262.

③ 谢泽人. 如何使图书流通——江阴巷实验民众图书馆实验事业之一[J]. 教育与民众，1932（9/10）：1738.

④ 谢泽人. 如何使图书流通——江阴巷实验民众图书馆实验事业之一[J]. 教育与民众，1932（9/10）：1738.

书馆教育作用的发挥已成各界共识，"图书馆之作用，系补助学校教育所不及，养成乐于读书之习惯，为改良社会之利器，即人民对于图书馆，如布帛栗菽，不可须臾离也"[1]。如民众图书馆办理的小学巡回文库、茶园文库、流动书车、乡村巡回文库、游船文库等巡回流通事业，即是以读者阅读为中心开展工作，将图书送进学校、公园、茶园、厂矿、田头，积极倡导社会阅读之风，力图使图书馆成为"无一社会不读之书，社会上无一不读馆中书籍之人"[2]的教育文化高地。综观民众图书馆办理的种种巡回流通事业，虽然形式不一，令人眼花缭乱，但从设立地点角度看，可归之为四类：一是设在学校里；二是设在劳工集合之地；三是设在游乐场所；四是设在家庭之内。无论是学校工作之地，抑或休闲家庭之所，已基本覆盖了民众主要的活动场所。也就是说，中国近代的民众图书馆，已将其服务的网络渗透到民众活动的各个场所。普通民众无论走到哪里，图书已变成一种唾手可得的事物，不再是文人雅士的专享。

倡导社会阅读之风，不是一句空洞的口号，而是要脚踏实地的践行。在劳工集合之地"陈列关于工人能阅之图书（如流动书车），按时交换。变更开放时间，使工人歇工时不致绌以闭门羹。于农村农民集合之场所，如农会、茶店等处，陈列关于农人能阅之图书（如乡村巡回文库），按时交换"[3]。在民众休憩娱乐之地设立巡回文库（如茶园文库），使其在娱乐时能增进常识，涵养性情，达到不召而来，无言而化的教育目的。在公园内设立图书馆（如西湖游船书库），既方便游览，在游览之余还能增进知识，正是体现了民众图书馆为开启民智设立的初衷。这种既娱乐又阅读的生活方式，更是直接融入了时人的日常生活中。家庭巡回文库的施行，"把新知识、新思想运到家庭中去，使家庭中的妇女，可以随时吸收新文化、新学术，使他们能够

① 沈祖荣. 民国十年之图书馆［J］. 新教育，1922（4）：789

② 刘衡如. 美国公共图书馆概况［J］. 新教育，1923（1）：3

③ 李大钊. 李大钊文集（上）［M］. 北京：人民出版社，1984：633.

养成为贤妻良母"①。民众图书馆把巡回流通事业搬进了学校、劳工集合之地、娱乐场所、家庭之内，其对倡导社会阅读之风的价值不言而喻。

# 小　结

民众图书馆开展流通推广工作时，常常是数措并举。如陕西知行图书馆主要通过编印书目、推广两种书库、儿童读书会、杂志阅读会、骑车收送图书、省城外辅导工作等方式，将该馆的阅读事业推广至更广更偏之地。其中又以两种书库、杂志阅读会、骑车收送书、省城外辅导工作等最具特色。两种书库是知行图书馆"民众必读书库"和"茶园书库"的统称。该馆为适应民众需要起见，特将书籍分类储藏，经两个阅读月之选择，选出适用图书千余册，作为一般民众必读图书，成立民众必读书库；又为供给该市劳苦民众阅读方便，利用闲暇时间，增加读书机会，特办茶园书库②。此项流通工作，按区分别进行，意在希望一般民众获得普通知识，而借以改善生活。杂志阅读会，是为使一般民众不受经济与时间的限制，能自由阅读各种新款杂志而特设的一种杂志阅读组织。杂志阅读会征集会员，"系用合作社性质，每入会会员每半年缴纳会费一元，购买各种杂志，轮流阅读，既经济又方便，故能吸收最新的知识，并增进生活技能"③。骑车收送书，是该馆为便利读者起见，在各街巷口特别制造设立多架通信箱，"遇有愿阅何类书者，写明书名，将纸条投入箱内，该馆即按所开纸条骑车检送，届时收回。又各机关公务人员愿读何种书籍时，亦可骑车送到，每月更换一次，力谋方便"④。这种流通方法，是该馆指定的三种图书流通方法之一，其他两种为到馆借书、通信借书。"省城外辅导工作"，是该馆为谋民众教育普及于乡村，

① 孔繁根．乡村民众图书馆设施之研究［J］．民众教育通讯，1936（1）：21.

② 陕知行图书馆积极推广流通工作［J］．中华图书馆协会会报，1936（4）：19.

③ 陕知行图书馆积极推广流通工作［J］．中华图书馆协会会报，1936（4）：19.

④ 陕知行图书馆积极推广流通工作［J］．中华图书馆协会会报，1936（4）：20.

"对省城外各县民教馆，实行辅导工作，遇有困难问题发生，该馆将就各种问题性质之不同，负责代为解答，并随时加以适当指导，务期民教事业能逐步推进而获实效"[①]。

当然，民众图书馆开展的馆外阅读推广工作绝不仅仅局限于以上数项，如识字运动，各科补习班、代阅者购书、代借书处等等都曾是收效宏大，社会反响强烈的推广工作。限于篇幅，本书只是择取了与民众图书馆本位工作密切相关，即以"以图书为出发、为轨迹、为教育中心"的核心阅读推广工作，其他从略。

民众图书馆伴随着民众教育的推行而产生和发展。它作为现代图书馆的新宠儿，秉持公开化、平等化、生活化、活用化的原则，顺应时代潮流，契合平民精神，颇受芸芸众生的欢迎。但在积弱积贫的近代中国，欲花费大量经费，普设民众图书馆，一切又看似空谈。为了弥补这一缺憾，民众图书馆同仁提出了救济大众知识饥荒的妙招——实施图书巡回流通。此法最大特色，就是摒弃旧式图书馆被动等待的惰性，实施积极主动的服务方略，将图书流通到社会的每个角落，送人读、请人读。此外，图书巡回流通因不受时间和地域的限制，使得任何人随时随地都有读书的机会，以最少的代价，得到最大的收获。这也是民众图书馆的意义和价值所在。民众图书馆办理巡回流通事业的种种实践不仅为底层民众创造了平等阅读机会，而且也促进了儿童阅读习惯的养成，倡导了社会阅读之风，功莫大焉。其先进经验对我国当今公共图书馆的阅读推广活动不乏借鉴价值。

---

① 陕知行图书馆积极推广流通工作［J］.中华图书馆协会会报，1936（4）：20.

# 第五章　民众图书馆的社会功效

中国近代时期的民众图书馆在提供馆内馆外基本阅览的前提下，重点关注儿童群体及农民群体的阅读需求。1931年，日军在东北地区发动九一八事变，随后步步紧逼，民族危机日益加深。民众图书馆密切关注国际国内形势变化，实行本位抗战，通过阅读推广等活动，深刻揭露日本的侵略行径，凝聚中华民族精神，激发民众抗战意识，为抗日战争的胜利创造了良好条件。民众图书馆的这些举措，取得了巨大的社会功效，影响深远。

## 第一节　关怀儿童群体阅读以点亮童梦

### 一、民众图书馆关怀儿童阅读的原因

20世纪初，儿童地位在我国有了很大提高。有识之士意识到儿童是民族的未来和国家的希望，提出了"人生百年，立于幼学"①的口号。以儿童为中心、关注儿童个性发展、培养儿童创造能力的呼声日渐高涨，儿童教育开始受到重视。杜定友大声疾呼："现在是儿童的世纪，什么事都应该让儿童居先。我们现在的命运文化，都靠他们继承增广，所以我们要希望将来的幸福，不得不从儿童着想。就是我们个人的生活，也是以儿童时代为最重要。儿童时候基础打得好，将来就有发展希望。一人如是，一国亦如是。

---

① 梁启超.饮冰室合集［M］.北京：中华书局，1989：43.

所以我们都应该努力为儿童谋幸福。"①

家庭、学校是传统的儿童教育场所，但两者已远远不能满足儿童教育多样性的需要。要想儿童得到自由发展，满足其渴求知识的愿望，丰富的课外阅读是途径之一。"教育既以儿童做中心，那么这朵婀娜多姿的儿童之花，如何使他结美满的果子？在这知识天天进步时代里面，当以灌输儿童新知识为第一要务。怎样使他们接收新知识？那么，非使他们多看新出版的书籍和杂志不可。图书馆就是供给新书籍和杂志的地方，就是儿童求新知识的场所。可是我们中国有许多小学，到现在还没有图书馆的设立"②。特别在乡村学校，图书更是稀缺之物，一般可爱的小朋友们，多是呆呆的，无精打采的，守着几本教科书，在那里敷衍时日。为什么会出现这种现象呢？原因在于"学校处于穷乡僻壤，没有钱来给这些想上进的学生，买些滋养品（图书）"③。民国时期儿童本位教育的兴起，以及学校图书馆与儿童图书馆的缺失，为民众图书馆关怀儿童阅读提供了受众基础和社会环境。

民众图书馆关怀儿童阅读的原因，归纳起来，主要有三：

一是培养儿童阅读能力。儿童阅读可以在家庭、学校等场所进行。然而，儿童图书馆或阅览室则更为适宜。陆洪生认为，"社会上酬应文字无穷，教科内领受文字有限。所得有限的文字无法应对无穷的酬应"。其最直接的解决办法是，"当先有自力读书之能。欲其有自力之能，不可不有自力读书之机关。而此自力读书之机关，舍儿童图书馆莫属"④。具体来说，儿童在图书馆阅读可以养成自力读书的能力、可以减少儿童课外形成恶习的机会、可以开拓儿童思想、可以培养儿童良好的素质等。

祝其乐表示，儿童不是成人的缩影，在生理上和心理上与成人迥异。如果儿童和成人处于一室，不论其看书作业游戏，都觉索然无味，因此不

---

① 杜定友．儿童图书馆问题［J］．教育杂志，1926（4）：59．

② 杨鼎鸿．儿童图书馆在教育上之价值［J］．教育杂志，1926（3）：1．

③ 李靖宇．办理巡回书箱经过及杂感［J］．山东民众教育月刊，1936（3）：143．

④ 陆洪生．设置儿童图书馆之研究［J］．松江教育杂志，1916（11）：1．

得不另设儿童图书馆，"本其心理，察其兴趣，选择种种材料以改进满足其需要"①。民众图书馆可以用更丰富的读物，更专业的指导，培养儿童的阅读能力。

二是收辅助学校教育之效。近代中国基础教育不甚发达，教育经费的制约使得绝大多数中小学根本无力购置课外书籍，中小学图书馆形同虚设，难以满足儿童的阅读需求。1925年中华教育改进社第四次年会上，议决了"请公立图书馆及通俗教育图书馆增设儿童部案"。该案提出，"年来教育经费，竭蹶异常。乡村各校，不能普设儿童图书馆，即城市中既设者，亦不过数种陈腐之图书，所以收效极微。若不增设扩充，贻误青年儿童""贫家子弟，每自初小毕业，即须改习职业，设无公共之儿童图书馆，即绝其自学进业之路"②，因此建议公立图书馆及通俗图书馆增设儿童图书馆。该案议决通过。

1929年中华图书馆协会第一次年会上，万国鼎提出"各县筹设小学公用图书馆或于公立图书馆添设学校部案"。该案认为，各县小学，大抵经费有限，无力购置参考书及儿童课外书。学生除几本教科书外，别无阅读其他图书的机会，很难使学生发生读书兴味。这种状况，为教育发展之障碍。为解决儿童阅读问题，他提出"亟宜筹设全县小学公用图书馆，或于公立图书馆中添设学校部"③。该案与广州市立第三小学儿童图书馆提出的"各省市区小学应联合数校组织儿童图书馆以补充学校教育案"合并修正后通过。绝大多数的民众图书馆儿童图书数量之多，足以满足儿童阅读的需要。

三是通过阅读促进儿童健康成长。儿童的课余时间与课外阅读，是影响儿童成长的重要因素。如果不合理使用，贻害无穷。1933年召开的中华图书馆协会第二次年会上，讨论并通过了"各县市应设立儿童图书馆，并

---

① 祝其乐.图书馆和教育［J］.浙江公立图书馆年报，1921（6）：28.

② 黄竞白.请公立图书馆及通俗教育图书馆增设儿童部案［J］.新教育，1925，11（2）：311.

③ 各县筹设小学公用图书馆或于公立图书馆添设学校部案［R］.中华图书馆协会第一次年会报告，1929：143-144.

规定各图书馆附设儿童阅览室"案。提案表示："儿童课余应有正当有趣的读物，以引起儿童读书兴味，且可避免趋入不正当娱乐，而日流邪僻。查我国各图书馆，多供成人为参考研究，而非合儿童程度。且儿童阅览，应立特别设备指导等，自非可与成人合一阅览，应呈部通令各县市，另行设立儿童图书馆，并规定各图书馆应另设儿童阅览室，以端蒙养基础。"① 该案提出的解决办法为："由本会通函各县市应设立儿童图书馆，并规定各图书馆应附设儿童阅览室。"②

中华图书馆协会的议决案受到了各界重视，不少省份积极回应。河北省教育厅训令省内各县政府："准此。除分行外，合行抄发原案，令仰该县遵照转饬各图书馆或民众教育馆应设法开辟儿童阅览室，各小学应酌量财力，附设儿童图书馆，并将办理情形随时具报为要。"③ 河南省教育厅通令各县："教育厅准中华图书馆协会函，以举行第二次年会于北平，议决各县应设立儿童图书馆，请予转令所属照办。查本省儿童图书馆创立者尚不甚多，自应照办，以补助学校教育之不足，养成儿童阅读之习惯。当经教育厅通令各县教育局遵照设立儿童图书馆，并于原有图书馆附设儿童阅览室。"④ 此外，广东、云南等省教育厅均纷纷指令各县设立儿童图书馆或公共图书馆附设儿童阅览室。中华图书馆协会关于设立儿童图书馆的建议，在社会各界引起了巨大反响，成效显著，直接推动了儿童阅读事业的枝繁叶茂。

当然，也有人对儿童过早阅读持反对意见，认为学校生活前三年不宜读书，防止伤害脑目；或者说，儿童精神不足，读书易使想象力被破坏；或者说，儿童自由阅览图书会养成思想散漫的不好习惯等等。但从总体上看，赞成阅读的观点远远多于反对的声音。也因为如此，儿童阅读问题日益受到社会重视。

---

① 图书馆行政组.议决案汇录［R］.中华图书馆协会第二次年会报告，1933：54—55.

② 图书馆行政组.议决案汇录［R］.中华图书馆协会第二次年会报告，1933：54—55.

③ 河北省教育厅训令第一四四四号［J］.河北教育公报，1933（33）：50.

④ 通令各县设立儿童图书馆［J］.河南省政府年刊，1933：83.

## 二、民众图书馆关怀儿童阅读的举措

（一）添设儿童阅览室

近代中国儿童图书馆的组织形态大致分为两类：一是独立设置，多设在都市洁净适中、往来便利的地方；二是附属机构。因为种种原因，附设于成人图书馆。中小学图书馆，一般也称儿童图书馆。由于种种原因，民国时期真正独立的儿童图书馆极少，绝大多数属于附设类型。但是，儿童和成人志趣行为根本不同，以天真烂漫、自由活泼的儿童夹在静默自守、专心一意的成人队里，两者都感不便。民众图书馆为了儿童和成人阅读两厢便利，在兼顾儿童阅读需求和生理特点的基础上，积极谋求单独设立儿童阅览室。

福建西湖民众图书馆在筹划馆务扩张时，也将添设儿童阅览室列入计划范畴，"按儿童之所需宜另设一室者，其原因有二：一是儿童程度幼稚，多视找书及誊写借书券，甚为烦杂。故宜采用开架式，将书籍排列四周，任其选择，以引其兴趣。二是另置专员，随时指导讲解，以增其知识，以较普通阅览室之鸦雀无声，禁止朗诵，书籍深存书库者，不无区别"[1]。两年后，该馆的儿童阅览室已初见成效，"儿童于游戏之余得披览书报，藉以增益其知识，提高其兴趣，培养其善用余暇之良好习惯。且本馆附近一带，多是小学，故每日儿童来馆阅览者，日有数十以上。室内一切书桌椅凳，俱非常低矮，适合儿童身体，使儿童阅书时不致疲倦。至借书手续，非常简单，务使儿童不致因手续麻烦，而减阅读兴趣。凡入室阅览之儿童，得自由选取图书，携至本室管理员台前登记，唯不得任意乱翻。间有年幼儿童，尚未有选择图书之能力者，则由管理员指导之"[2]。

天津市市立通俗图书馆在创设儿童阅览室方面颇有气势。先是1934年，天津市立第一通俗图书馆鉴于各小学学生及附近儿童每天到馆读者，多达

---

[1]　许学钦.西湖民众图书馆之进行状况及将来计划 [J].福建图书馆协会会报,1930(创刊号)：13–14.

[2]　李煜.二年来本馆阅览部图书馆事业概况 [J].民众教育研究，1932（3）：5.

100 多人，楼上普通阅览室显得狭隘，不敷应用，于是在馆内另辟儿童阅览室，委派专人管理[①]。随后，天津市市立通俗图书馆发现，天津市面上小人书风行。这些小人书，90% 为荒诞不经的故事，而合于教育宗旨者不过 10%。儿童读者对这些神怪武侠刊物趋之若鹜。这些读物，不仅妨碍社会教育进展，且对于儿童身心影响颇巨。如果不加以补救，流毒传播，后果将不堪设想。当时天津市共有 7 处通俗图书馆，这 7 处通俗图书馆召开联席会议，议决"市内增设数处儿童图书馆，以期普及儿童教育，兼抵制小人书流毒蔓延"[②]。起初设立了天津市市立通俗图书馆第一、二、三儿童图书馆，随后不断扩充。1936 年，市立第六通俗图书馆成立了高级男生补习班等[③]。市立第五通俗图书馆乔迁新址后，另辟一室为儿童阅览室[④]。

1933 年中华图书馆协会第二次年会召开之前，我国民众图书馆设立儿童阅览室或儿童图书馆者，不是很多。1933 年后，在各省教育厅要求下，民众图书馆创设儿童阅览室已成普遍现象。1935 年儿童年确立后，民众图书馆创设儿童阅览室或图书馆者，进一步增加。如 1935 年，浙江杭县南塘民众教育馆与余杭塘小学合设儿童图书馆，馆址暂用余杭塘小学新屋，以为儿童年之贡献[⑤]。全面抗战爆发后，中国教育文化事业遭到重创，民众图书馆事业也未能幸免，儿童阅览室数量急剧下降。

（二）采选儿童适宜图书

民众图书馆是以图书为媒介，进而施教的文化机关，它对儿童的阅读关怀同样要落实到图书上。为此，民众图书馆注意采选儿童适宜读物，从

---

① 天津市市立第一通俗圕筹设儿童阅览部［J］. 天津市市立通俗图书馆月刊.1934（4/5/6）：19.

② 天津市市立通俗圕附设儿童图书馆计划大纲［J］. 天津市市立通俗图书馆月刊.1936（5）：2.

③ 于昭熙. 第六圕对于儿童教育的设施［J］. 天津市市立通俗图书馆月刊.1936（5）：20.

④ 市立第五通俗圕加添儿童阅览室［J］. 天津市市立通俗图书馆月刊.1936（3/4）：13.

⑤ 杭县儿童圕成立［J］. 浙江省立图书馆馆刊，1935（6）：3.

源头上关心儿童的阅读健康。关于儿童读物的选择，见仁见智。

苏耀祖提出，采选儿童图书时不仅要根据儿童心理，还要注意性别差异。美国儿童心理学者曾说：男孩和女孩所读的书籍，早年虽然相同，但在发育期将到的时候，就有了区别，以后的区别更大。男孩爱读历史、旅行、科学，女孩爱读诗歌、小说。男孩爱冒险，女孩爱情感。此外，采选儿童图书时，馆员不能以个人的嗜好选择儿童图书。图书的性质必须是通用的，是无论何等气质的儿童无不爱读的图书①。

杜定友提出，选择儿童图书，需综合考虑社会、儿童、书本三方面的因素。他认为，"儿童用书，除适应他们的兴趣程度之外，还要注意伦理方面、道德方面。因为国民的道德，全在儿童时代培养出来。所以儿童阅书的时候，若果受着良好的感化，他们的行为自然日趋于善良"②。具体来说，就是选择儿童图书时，对书籍的体裁、印刷和装订要特别注意。儿童文学的体裁，要简明优雅，叙事要有声有色。用字要浅近，插图要多而且精美。印刷的字体大小，纸张墨色，于卫生上极有关系，也不可不注意。装订上则要坚牢耐用，格式美观，以引起儿童兴味③。

宜兴县立图书馆在选择儿童图书时，考虑到儿童与成人因心理与生理不同，需要迥异，拟定了采选标准：（1）兴趣方面。选择迎合儿童心理的，适合时代趋势的，易引起儿童感情的；（2）卫生方面。选择字体大小与行列适合、印刷清楚、纸质精细不反光的，以及装订坚实、艺术的；（3）学识方面。选择适合儿童程度、年龄的，与各科参考有联络、有文艺价值的，可养成儿童的想象、推理、建设的④。

玉环县立民众教育馆在馆务中也非常注意采选儿童图书，如该馆拥有小学生文库500本、儿童丛书132本、儿童史地丛书59本、小说世界丛书

① 苏耀祖.儿童图书馆的研究［J］.京师学务公报，1925（6）：38-39.
② 杜定友.儿童图书馆问题［J］.教育杂志，1926（4）：7.
③ 杜定友.儿童图书馆问题［J］.教育杂志，1926（4）：10.
④ 吴培元.民众图书馆设施法［M］.宜兴县立图书馆，1929：80.

32 本、常识丛书 31 本、百科小丛书 142 本①。平阳县第五区区立北港民众教育馆藏书共有 833 本，其中儿童读物就有 206 本，占比 24.7%。②

关于儿童图书的选择，学者讨论甚多，主要围绕儿童所住区域、图书的形式标准、图书的内容标准、图书的文字标准等方面展开，所有这些因素，均以儿童为中心，以儿童阅读为导向，体现了儿童本位意识潜滋暗长，并发挥了积极作用。

（三）设立小学巡回文库

民众图书馆设立小学巡回文库，目的主要有二：一为养成儿童读书习惯。民国时期的小学虽然注意到图书的重要，但手短心长，缺乏购书经费。所以小学生除读几册课本之外，便无书阅览。即或备有，也是几册破旧书籍，不能引起儿童阅览兴趣，更无养成儿童利用图书的可能。民众图书馆在小学内设立巡回文库，有利于增进儿童学识，引起阅览兴趣，养成阅读习惯。这是胡庆生等人主张设立儿童巡回文库的主要理由。上海青浦教育行政当局也有类似看法："一般乡村小学，大都经费无办法，因陋就简，不注意到图书馆与学校教育有密切之关系，因是乡村小学校的学生们在校所求得的学问，仅仅是限于课本的"③，所以该局创设了儿童巡回文库。二为培养儿童优良品性。民众图书馆备有伟人英杰的传记，使一般心地纯洁的儿童，从这些书中获得美德的思想。再利用借还图书的手续，实地训练儿童"守约""爱护公物"等优良习惯。有的儿童巡回文库甚至邀请儿童管理图书出纳等事，实地训练"为公服务的精神"，以养成儿童应该具备的美德④。

民众图书馆设立小学巡回文库，必须审慎。江阴巷实验民众图书馆提出了具体设立步骤：一是订立小学巡回文库规约，二是确定设立学校；三

---

① 第十省学区各县民众图书馆概况表 [J]. 社会教育月刊，1935（6/7）：27–28.

② 第十省学区各县民众图书馆概况表 [J]. 社会教育月刊，1935（6/7）：23–24.

③ 智千. 办理小学巡回文库经过报告 [J]. 青浦教育月刊，1933（22）：69.

④ 谢泽人. 如何使图书流通——江阴巷实验民众图书馆实验事业之一 [J]. 教育与民众，1932（9/10）：1732.

是处理图书；四是规定各种簿表；五是图书介绍；六是征求问题解答；七是小学巡回文库管理员谈话会。规约为办事的准绳，只有先订立小学巡回文库规约，才能为后续工作奠定良好基础。当然实施小学巡回文库，也须有小学接受，才能实行，所以确定设立学校亦很重要。学校确定后，民众图书馆即可着手处理图书，分箱装置，高低两阶段兼顾。鉴于儿童鉴别力薄弱，面对大量图书，不知该如何选择，所以管理员必须为之介绍，或口头，或文字均可。此外，为增进管理员技能，解决困难问题，讨论改进的方法，使各管理员有所联络，需经常召开小学巡回文库管理员谈话会[1]。苏州太仓县公布了《太仓县标准学校区巡回书库简则》，对巡回书库的宗旨、设置地点、图书管理、阅览办法、图书目录等，均有明确的规定[2]。

在民众图书馆的精心组织下，儿童巡回文库的实施效果颇为满意。如江阴巷实验民众图书馆在陶氏、振秀、崇实、维德、邻志五所小学设立的巡回文库，在 1930 年 9—12 月间，文库阅读人数总计达 3000 人左右（详见表 5-1）[3]。真正实现了以少数经费，购少量图书，而办较大事业之目标。

表 5-1：江阴巷实验民众图书馆小学巡回文库人数统计表（1930 年 9 月—12 月）

| 校名 | 九月人数 | 十月人数 | 十一月人数 | 十二月人数 | 总计（人） |
|---|---|---|---|---|---|
| 陶氏 | 107 | 155 | 102 | 143 | 507 |
| 振秀 | 92 | 125 | 132 | 150 | 499 |
| 崇实 | 140 | 266 | 145 | 145 | 696 |
| 维德 | 137 | 152 | 127 | 156 | 572 |
| 隣志 | — | 233 | 201 | 210 | 644 |
| 总计 | 476 | 931 | 707 | 804 | 2918 |

---

[1]　谢泽人.如何使图书流通——江阴巷实验民众图书馆实验事业之一[J].教育与民众，1932（9/10）：1737.

[2]　太仓县标准学校区巡回书库简则［J］.太仓教育，1934（19）：25-26.

[3]　胡耐秋.江阴巷实验民众图书馆十月来重要工作一览［J］.教育与民众，1931（9/10）：11.

有的民众图书馆在适当地点，设立特约流通处，以方便儿童就近阅读。如浙江省立民众教育馆鉴于该馆地址偏西，不便于整个杭州市民前往阅览，借书次数减少，还书则又每每逾期等问题，决定抽出一部分图书分配为若干组，指定若干人办理其事，就市中适当地点，设立 5 个特约流通处，以方便民众阅读。1934 年，该馆也向该省学区图书馆协会提议："儿童读物应参照内容，分初中高三个阶段陈列，分红黄蓝三原色代表，使程度不同之儿童，各易找得适当读物。本学期乃拟就标准，将该馆儿童文库加贴色标，分阶段陈列"[①]。将儿童读物按程度区分，并加贴不同色标的做法，使得相应年龄阶段的儿童能快速找到适宜读物，节约了儿童时间，有利于提高阅读效率，激发儿童阅读兴趣。

（四）营造儿童良好阅读秩序

儿童图书馆不仅能够提供阅览，而且通过阅览活动，可以培养儿童良好的阅读习惯和秩序观念。为了保证阅览的有序进行，儿童阅览室大多制定了规章制度。这些规章制度，主要有：

一是儿童阅览室规约。为规范儿童阅读行为，民众图书馆特别制定了儿童阅览室条例。如铜山县《儿童阅览室规约》规定：（1）欲读阅览室内所陈列图书，先向指导员说明种类，然后取阅；（2）阅书时不可多取，阅完一种存放原处后再说明取第二种；（3）欲阅览橱中之书籍，须向指导员索取，不得自行取书；（4）每次借阅橱中之书籍，至多不得过三本；（5）阅书应在室内，不得携出室外；（6）书籍阅毕后交还指导员，凭签出馆；（7）阅览室内勿携带物件，勿喧哗谈笑，勿随意吐痰；（8）阅览图书应当爱护，倘有损坏，照价赔偿；（9）阅览完毕，请出阅览室；（10）逐日阅览时间上午八时半至十一时半，下午一时半至四时半，但规定闭馆时间前三十分钟停止发书；（11）振铃闭馆时停止阅览。[②]其他民众图书馆也都制定了详略不一的儿童阅览规则。

---

① 浙江省立民众教育馆改进民众图书馆［J］.中华图书馆协会会报，1935（5）：27.

② 儿童阅览室规约［J］.铜山县公共图书馆年刊，1931（1）：10.

二是儿童读书会规章。民众图书馆为推进儿童阅读，往往成立儿童读书会，并制定儿童读书会简章予以阅读保障。如中央大学区通俗教育馆制定了《儿童读书会简章》11条，从成立宗旨、会员条件、权利、义务、作息时间等方面，对儿童读书会的运作予以说明。第一条即规定儿童读书会以引起儿童读书兴趣，养成自修习惯为宗旨；第五条明确儿童读书会会员无定额，"凡能识字，年在七岁以上，十五岁以下者向本会报名，经允许后即得为本会会员"；第六、七条是对会员义务与权利的规定，"本会会员有介绍兄弟姐妹来馆阅书之义务""本会会费概行免收"；第八、九条是关于读书会活动时间的说明，"本会会期每月举行四次，每逢星期日行之""本会开会日，上午自由阅书，下午一时至二时全体阅书，二时至四时开会"[①]；第十条则是关于每次读书会活动流程的安排。

三是张贴劝读宣传标语。民众图书馆为了吸引儿童阅览，还在阅览室内张贴标语，宣传儿童阅读意义。如中央大学区通俗教育馆撰写数条标语，简明扼要，贴近儿童心理，"儿童时期最宜读书""小朋友不要错过你们读书时期""读书能知所不知，闻所未闻""不读书不能成人""书是我们的宝贝""不读书人人讨厌他""图书是我们最好的朋友""不能识字读书，不能称为健全国民"等[②]。

此外，民众图书馆还采取各种措施激励儿童阅读，如举办儿童读物展览会。广州市民众教育馆为使"失学儿童获得知识""引起儿童求学兴趣"[③]，在海幢公园内举办儿童读物展览，展品有常识、画报、故事等。再如举行儿童讲演竞赛会。1935年，福建省教育厅公布了《福建省各县市举行儿童讲演竞赛会办法》，其宗旨为："儿童讲演竞赛会，利用儿童年以训练儿童

① 俞家齐.民众图书馆设施法［M］.江宁：中央大学区立通俗教育馆推广部印行，1929：55.

② 俞家齐.民众图书馆设施法［M］.江宁：中央大学区立通俗教育馆推广部印行，1929：55.

③ 广州市民教馆开儿童读物展览会［J］.民众教育半月刊，1935（24）：36.

发表能力，并使儿童练习国语为目的"①。民众图书馆在推动儿童阅读方面，各种举措层出不穷，取得了良好的社会成效。

### 三、民众图书馆关怀儿童阅读的意义

虽然学校和家庭都可以养成儿童的读书习惯，但是图书馆在养成儿童阅读习惯方面有着先天优势。因为图书馆和学校家庭范围不同，管理不同。图书馆里的书，有许多是家庭及学校没有的。图书馆里的事业，也有许多是家庭与学校所做不到的。杜定友认为，儿童图书馆（室）有独立的价值，图书馆是我们求学问的最好的工具，关键在于怎样去利用。历来所有大学问家、大发明家，没有不是从图书馆内磨炼出来的。"我们在儿童时代，虽然是不研究什么高深的学问，但是我们将来要利用图书馆的地方，真是不少。要希望将来能利用图书馆以求学问，就从少非有图书馆的习惯不可②。事实也确实如此。南京市立民众图书馆除设有成人阅书处、阅报室外，还专设有儿童阅书处③。在1947年10月至1948年6月，短短9个月间，南京市立民众图书馆儿童阅览人数达到13166人。其中高年级3259人，中年级4443人，低年级5464人。孩子们阅读热情如此之高，如果有合适的儿童阅读场所，儿童期的阅读习惯怎会养不成呢？④

民众图书馆通过与小学合作办理小学巡回文库，鼓励学生参与管理，此举对培养儿童良好的品性，包括儿童自治习惯的养成、办事能力的练习、优美性情的陶冶等等都有极大帮助。儿童因为年龄因素，自制力还很薄弱，常常任意活动，毫无限制，时有伸张自我，侵犯旁人的行为。而图书馆中

---

① 福建省各县市举行儿童讲演竞赛会办法［J］.龙溪县政月刊，1935（10）：9.

② 杜定友.儿童图书馆问题［J］.教育杂志，1926（4）：4.

③ 南京市立民众图书馆.南京市立民众图书馆之近况［J］.中华图书馆协会会报，1932（5）：21.

④ 南京市教育局造送资料.本市市立民众图书馆儿童阅览人数统计、阅览人职业统计、阅览图书类别［J］.南京市统计季报，1947（12）：23.

受群体生活的陶冶，产生自我控制的观念，各种不应当的举动渐渐自知抑制。保持公共秩序，尊重团体意志，就是自治的基础，其他借书还书，按照一定的手续，遵守一定的时间，馆中所有的书籍物件，大家互相监察，共同保护。于是守时刻、守纪律、重公德等种种良好习惯都可从此养成。

儿童阅读能力的培养对儿童成长起着至关重要的作用。而儿童时期是培养阅读习惯和阅读能力的黄金时期，此时养成的阅读习惯具有延续性，将影响人的一生。民众图书馆通过添设儿童阅览室，增购儿童图书，设置小学巡回文库等等种种措施，目的都为尽己所能，最大限度地增加儿童群体的阅读机会，帮助儿童从童年起就养成受用一生的阅读习惯，点亮儿童未来之梦。

## 第二节 关注农民群体阅读以启发蒙昧

### 一、民众图书馆关注农民群体阅读的原因

（一）大背景——近代中国农村教育危机重重

中国自古以来就是农业大国，近代以来，也是如此。乡村教育匮乏，农民长期处于困苦蒙昧状态。著名平民教育家晏阳初认为我国农村问题的最大病根在愚、穷、弱、私，而其根源在于教育不能普及，农民没有受教育的机会。中国虽号称有四万万人民，但其中三万万以上是文盲，"像这样有眼不识字的瞎民，怎能做健全的国民而监督政府呢？怎会不受一般政客官僚野心家的摧残蹂躏呢？"他认为救治这种病症的办法就是"多在平民教育上做工夫""万灵丹就是在读书识字"①。要想实现"民族再造"的使命，必须依靠教育完成，特别要依靠平民教育。

然而，我国的乡村教育没有受到足够的重视。近代以来创办的各类新式学堂多半设置在城市及沿海沿江地区，农村则很少涉足。1912 年教育部

---

① 宋恩荣. 晏阳初全集（第一卷）［M］. 长沙：湖南教育出版社，1989：31.

颁布的《学校系统表》规定："小学校四年毕业，为义务教育。毕业后得入高等小学校或实业学校。"①同时颁布的《小学校令》第4条规定："初等小学校由城镇乡设立之。前项设立初等小学校经费之负担，依法律所规定。乡之财力不能设立初等小学校者，得以二乡以上之协议组织乡学校联合，以设立初等小学校。"②尽管法令要求城镇乡村设立小学校，推行义务教育，但因种种原因，乡村很少设置小学校，义务教育没有得到真正的实施。即便有些乡村是设立了小学校，"然此种学校大都设备简陋，教员资格不合，毕业生程度低劣"③。大部分乡村社会依然处于教育荒漠之中。

新式教育带来的乡村教育危机已引发知识界的忧心忡忡。舒新城指出："中等以上学校集中都市，而使乡村青年不能不向都市求学。……所以三十年来新教育在数量上可言成绩者只有都市的教育，内地乡村则反而日趋日下。长此畸形发展，不独教育无由普及，而且因都市与乡村生活的差异，在思想上要发生冲突。"④而且这种受了新式教育的乡村子弟，很少重返乡村，甚至连师范学校毕业生都不愿回乡村教书，"乡村教育中，旧式私塾仍占统治地位,旧式文人仍然主导了乡村教育"⑤。新式教育不仅没有改善乡村文盲众多的状况，实现中国现代化的任务，"反而发生了一种副作用，成了吸收乡间人才外出的机构，有一点像'采矿'，损蚀了乡土社会"⑥。下层民众受教育的机会和氛围日益稀少。

（二）行业要求——图书馆界发出建设乡村图书馆倡议

乡村教育问题也引起了我国图书馆界的高度重视。孔繁根表示："近年以来，中国虽有平民教育、农村教育等等有利农民之运动，但皆局部改造

---

① 学校系统表.政府公报［J］.1912（128）：2.

② 小学校令.政府公报［J］.1912（152）：5.

③ 卢绍稷.中国现代教育［M］.上海：商务印书馆，1934：139.

④ 舒新城.中国教育建设方针［J］.教育杂志，1928（5）：9.

⑤ 余家菊.乡村教育的危机［J］.中华教育界，1920（1）：86.

⑥ 费孝通.乡土中国［M］.北京：北京大学出版社，2013：301.

耳，殊不知图书馆范围之广大，改造民众之入微也。是故欲养国魂，则非图书馆不可，而又非乡村图书馆不可。良以城市中之图书馆，犹如锦上添花；而乡村间之图书馆，实似雪中送炭"①。图书馆，尤其乡村图书馆，是改造乡村教育的方式之一。

中华教育改进社第三次年会即注意到农村图书馆问题。会上议决"各县宜普设农村图书馆案"。该案认为，通俗图书馆在各城市多已设置，虽未尽善，但基础已具，不难逐渐改良。不过，农村人的阅读被忽视，在农村鲜有设置图书馆者，"其实风气蔽塞之区，尤需开发。我国农村社会远逊欧西。近亦有提倡农村教育者，图书馆之设，乃当务之急"，其理由为"已设置之村民得以增长普通知识""未识字之村民藉以引起读书观念""增加平民继续读书之便利""补助学校教育之不足""规模简单，易于设置"②。该案提出了四条解决办法："（1）建议各省署通饬各县，就市乡教育实业机关所在，设立农村图书馆；（2）经费如充足，可以增设广场，萌种花木，并陈列美术物品及简单运动器；附设巡回文库，使附近小学教师得阅书之便利，并备简单之标本模型，及简单实验器具，辅助学校教育之进行；（3）馆内购置日报地图集关于公民常识各种浅近书籍；（4）事业未发达之市乡，可暂与邻区合组。"③

中华图书馆协会对农民教育问题也颇为关注。1933年第二次年会上，中华图书馆协会宣言："我国以农业立国，国家之根本在于农村，然而近数年来，农村濒于破产，三万万以上之国民，几乎为国家所遗忘。……今后救国方策，自以开辟此一片荒土，拯救大多数国民之蒙昧与困苦为先务。关于困苦之解除，负责者另有其人，可不烦赘。至于蒙昧之启发，则民众图书馆之责也。此种事业之倡导，吾辈图书馆界同仁，固应当仁不让，振袂

① 孔繁根．乡村民众图书馆设施之研究［J］．民众教育通讯，1936（1）：11.

② 各县宜普设农村图书馆案．新教育，1924（3）：663-664.

③ 中华教育改进社第三次年会图书馆教育组议决案．通俗旬报［J］.1924（27）：15.

奋起，以为今后努力之依归焉"①。这次年会上，通过了多项促进农民教育的提案，主要有：

"各县立图书馆应推广其效用于四乡并各就环境需要提倡生计教育期收宏效案"。理由是："我国农民占最多数，徒以无丰富知识，所以农业日渐落伍。……故欲救我国之贫弱，舍提倡农工业而未由，而我国财政艰窘，一时难以普及机器农工业，故拟一方灌输农业知识于民众，以俾农业生产日渐增多。一方利用农暇灌输工业知识于民众，以俾工业生产亦日渐增多，以救我国之贫困。"具体办法是，"按各县所划自治区，或学区，各设图书分馆，或巡回文库中心处一所。除备民众常识等图书外，并尽量购置农业工艺等书，以备民众研究。……至各区齐办或轮办，应按各图书馆之经济力酌量进行，务以全县民众普遍得到农工知识，农工技能而后已"②。

"呈请教育部通令各省市县在乡村区域从速广设民众图书馆案"，此案经大会修正议决通过。该案提出的理由是："我国之乡村人民，知识最感缺乏，其原因实为民众教育之不普及，扩充民众教育应各处设民众图书馆，使民众有相当读书阅报之机会，民众图书馆设立愈多，读书阅报者亦愈众，人民之知识自有进步，所以民众图书馆须从速广设，补助民众知识之进步。"③具体办法：民众图书馆须重在乡村区域，首先创办经费由公款中划出一部分，或另募捐款项办理。多设乡村巡回文库，各自治区或学区首先开办民众图书馆。

"建议中央通令各省于各宗祠内附设民众图书馆案"，此案经大会修正议决通过。理由是："我国农民最多，每有聚族而居，各族皆有宗祠。祠产贫富不一，广东等省，有一祠而数十万者，并有祭祠之房屋。及故家大族之藏书，为创办图书馆最好资料。城宜劝导酌设民众图书馆，就各宗祠状况，或独设或并立，以原有产业为族之学术机关，就当地人才创办图书馆事业，

① 中华图书馆协会第二次年会报告［R］．中华图书馆协会事务所，1933：1.
② 中华图书馆协会第二次年会报告［R］．中华图书馆协会事务所，1933：35.
③ 中华图书馆协会第二次年会报告［R］．中华图书馆协会事务所，1933：39.

则事半功倍，发展可期矣"。具体办法是，由中华图书馆协会建议中央通令各省市，劝导各宗祠酌设民众图书馆，由各县政府分别城乡，调查宗祠数目及距离远近，或独设或合办。关于经费与人才事项，则由宗祠自行议定，在收入项下拨出若干成举办图书馆。办理人员，则由各宗祠遴选。在经费与人才有不足时，则由地方图书馆尽量协作办理。[①]

在中华教育改进社、中华图书馆协会等推动下，我国出现了乡村图书馆建设热潮。乡村图书馆的兴起，家庭巡回文库的推行，巡回书箱、图书提篮的送书上门，使乡民有了近距离读书的机会。民国时期乡村图书馆建设运动，是我国文化扶贫的先行探索，对新型乡村社会构建影响深远。

（三）有教无类——民众图书馆内在平等特性使然

民众图书馆坚持服务的平等性，其在服务对象的选择上，并无性别、年龄、程度、职业、贫富等的限制。谢春满认为："民众图书馆的对象是全社会的民众，它的使命是使全社会各阶层的民众都得到求知的机会而获得他们生活上所需要的知能。所以不论老少，不论男女，不论贫富贵贱，都平等地享有教育均等的机会。它是一律平等看待，并不使某种人多得知识而限制某种人少得知识，它使有知识与没有知识的人们依着各人的需求与欲望一列平等地任凭他们'各取所需'"[②]。林宗礼也认为"不论儿童、青年、成人、老年，都能享用图书馆"[③]。学者关于民众图书馆平等性的揭示，虽然表述不同，但要旨相似，即所有读者都实行无区别对待。

民众图书馆的平等服务，对普及和提高民众的文化知识起到了积极作用。杜定友说："除了一般学校图书馆及公立图书馆外，对于社会教育有直接贡献的就是民众图书馆。……民众图书馆以图书为中心，以辅导式教学为途径。一切以民众为主，并不限于某一种读者。无论任何人，在任何时间，都可以得到满意的利便和享受""星期日或是晚间，一切事业休止，而图书

① 中华图书馆协会第二次年会报告［R］.中华图书馆协会事务所，1933：39.

② 谢春满.中国民众图书馆之改造［J］.教育杂志，1935（7）：356–357。

③ 林宗礼.图书馆的新倾向［J］.中华图书馆协会会报，1933（3）：4.

馆还是敞开了欢迎的大门,在闲暇时光的民众,无拘束地、内驱地,怎不进来呢"?[1]民众图书馆这种办馆观念的宣示,可以调动民众的阅读情绪。

分布于城乡村街的民众图书馆,虽然规模不大,但它便利了广大民众就近获取读物,激发了民众读书习字的兴趣。民众图书馆的性质决定了其对所有民众平等开放,包括农民。然而,农民的职业特性,使其难以享受分布在城市的图书馆。乡村民众图书馆的设立,则着眼于解决农民的阅读问题,在推进阅读平等的道路上,打通了最后一公里,真正意义上实现了教育及民的宗旨。乡村民众图书馆也真正实现了其职业理想,即"使一般以农为职业的人们,自由获得农业常识及生活上所需要的知识……藉以提高农民知识,改善农民生活,改进农村社会,增加农业生产,使一般农民广被教化,洗雪文盲的耻辱"[2]。

## 二、民众图书馆关注农民群体阅读的举措

### (一)兴建乡村民众图书馆

改造乡村首要启迪民智,启迪民智的方式之一是兴建乡村民众图书馆。有人提出:"在今日推行议政的高潮中,农村图书馆更有其重大的意义,因为学校是有固定形式和科目的,而图书馆是包括社会上各方面的知识,其伸缩性不知比学校大若干倍,因为学校的活动范围,只是教师和学生(社会上的最少数),图书馆之活动,则是对于整个社会的,所以他不但是一般人的良友,而且是一般人的领导者。欲推行农村教育,首宜注意建农村图书馆是无可非议的"[3],积极鼓吹设立农村图书馆。

在中华图书馆协会等社会各界的推动下,近代中国兴起了乡村民众图书馆建设的热潮。河北井陉县教育会呈请县府以各乡村附设有民校,但限夜班,拟由各乡设立民众图书馆,"农暇时可供民众随时阅览,以增知识,

---

① 杜定友.社会教育与民众图书馆[J].社会教育辅导,1943(3):16.

② 孔繁根.乡村民众图书馆设施之研究[J].民众教育通讯,1936(1):11.

③ 杨海樵.办理农村图书馆应注意的几点[J].中华图书馆协会会报,1935(3):17.

且花费无多，效力甚大"。县府指令照准，并通令各乡乡长学董酌量筹设 ①。湖北黄安七里坪也成立了农民图书馆，系由区行政督察专员倡始，由教育厅按月补助经费 200 余元，所以进展颇为顺利 ②。

浙江鄞县县农会为提高农民知识及促进农村发展起见，经干事会议决筹设农民图书馆，并呈报鄞县党部核备在案。鄞县党部据呈后，经派员审查，认为鄞县一般农民，散居乡村，该会附办的农民图书馆，设于城区，未能普及，应改为鄞县巡回农民图书馆。"并多采购关于农村图书，轮流巡回以供各区乡农阅览，裨资普及农民教育" ③。

北平香山乡村服务委员会设立了通俗图书馆等机构。香山教育图书馆主任朱冠负责筹备通俗图书馆设计事宜，并任该馆干事。该馆组织有新闻组、成人组及儿童组，书籍由教育图书馆与慈幼院儿童图书馆协助流通，北平市立第一普通图书馆巡回图书由四月始在该馆巡回阅览。由于组织有素，书源充足，"香山民众来馆阅书者非常踊跃，该馆自开幕以来，各部统计闻之惊人。四个月中阅览人数竟达 7170 人，图书借出 1013 册，图书总数阅览为 10014 册，可见香山民众求知之一般" ④。应民众要求，该馆还设立了问字处。在乡村里能有此一方净土，为乡民谋福利增知识，真乃香山民众之福。

浙江省教育厅因省立图书馆之请，于 1929 年 12 月 12 日通令各县负责筹设乡村图书馆，以为各省之首倡 ⑤。杭县政府积极响应，又特别为此制定了专门规程，以期促其实现。其内容主要有"乡村图书馆以发展乡村文化，增进民众知识为宗旨""乡村图书馆馆址，得借用祠庙寺观附设于小学内""乡村图书馆图书报章之购置以通俗为主""乡村图书馆无力购置之图书，得商请县立流通图书馆巡回流通""区立私立乡村图书馆办理热心者，县政府给

① 井陉（河北）筹设民众图书馆［J］.中华图书馆协会会报，1934（6）：14.

② 湖北黄安七里坪设农民图书馆［J］.中华图书馆协会会报，1934（4）：27.

③ 鄞县农会拟设巡回农民图书馆［J］.中华图书馆协会会报，1935（3）：27.

④ 香山乡村服务委员会通俗图书馆开幕［J］.中华图书馆协会会报，1937（6）：26.

⑤ 浙省倡设乡村图书馆［J］.中华图书馆协会会报，1929（3）：32-33.

以奖章或图书补助，以资鼓励""县款设立者，为县立乡村图书馆。区款设立者，为区立乡村图书馆。私人或私人团体捐款设立者，为私立乡村图书馆"①。

在省市县各级政府的推动下及中华图书馆协会等社会教育团体的吁请下，乡村民众图书馆的建设在各地展开。

（二）多途径做好农民阅览吸引工作

在农业社会里，公共图书馆的大多数读者应该是农民。图书馆如果不能同农民发生联系，其当如何发挥教育影响力呢？所以李钟履说："治图书馆者，乃书与人之媒介也。书之不得与人接近，非书之过，人之不能与书相亲，亦非人之失，盖皆治图书馆者服务之不热忱耳。"② 李靖宇表示："如果农民不能同图书馆发生关系，那便是以全民为对象的图书馆的难关，没有攻破。极言之，是图书馆事业的一个惨败的记录。……通俗化的图书馆，它的大多数的顾客是农民，图书馆不能同农民发生关系，便是拒绝了顾客。"③ 图书馆的使命之一是启发蒙昧，我国最缺乏知识和最需要知识的是农民，如果不能对农民的需求有所满足，何以谈启发农民呢？

关于图书馆和农民发生联系的方式，时人有各种设想。主要有：

一是利用教育方式收教化之效。李靖宇对此有深入思考。首先，要引起农民提问的能力和探究问题的兴趣。农民有了问题，才有明白问题的要求。其次，做好宣传工作。所谓"宣传工作"，并不是单纯的标语口号，除了让人们明白图书馆的使命外，兼使农民知道可以从图书馆寻找问题的答案，如生活问题的提示和探究等。图书馆还可以联合乡间的知识分子作间接的宣传，如乡村小学教师及其他教育的工作者；受过相当教育无力再求上进的青年；正在受教育期中的青年；有相当旧学的宿儒等。再次，充分实施教导工作。教导工作的内容有：第一，设立农民识字处，由馆员长期负责教

① 杭县乡村图书馆组织规程［J］.中华图书馆协会会报，1930（6）：21–22.

② 李钟履.乡村图书馆经营法之研究［J］.文华图书科季刊，1931（2）：179.

③ 李靖宇.怎样使农民和图书馆发生关系［J］.图书馆学季刊，1936（3）：410.

学，在有大众集合的机会时，这方法可推行至馆外；第二，设立农民问字处，办法可如上项所言；第三，设立农民代笔处，代理农民缮写日常生活所用之文件，但是最好能利用代为缮写的时间，有人从旁对他施行教的工夫；第四，设立农民参考部，负责解答每个人的所有生活上的种种问题和疑惑的事件。李靖宇认为，上述工作要相辅而行，更为补助，如此才不会感到每一种的单调无力①。

二是对农民施行阅读指导。乡民大部分时间都在忙于生计，偶有的闲暇时光就显得格外宝贵。但他们时常兴冲冲地赶到图书馆来时，却又漫无目的，不知所取。因之，他们滥读无数，将一点宝贵的时间，不能好好地利用，这是乡村民众图书馆中一种普遍存在的现象。孔繁根提出，在这种情形之下，乡村民众图书馆管理者应积极主动地对读者施行阅读指导。要根据民众的程度、需要、年龄、兴趣、时间的不同，对阅者进行因势指导，使阅者能够借捷径以邀近功。进一步讲，可指导阅者如何利用卡片目录，如何利用索引、书目、参考书等，以使读者于最短时间，能获得正当的书本去读。阅读指导虽不是唯一的良法，却是一种可以纠正民众不良读书习惯的良剂②。

徐旭也表示，正确的阅读指导，可以使"每一个阅者，引起读书的兴趣，获得读书的方法，增加读书的效能，养成读书的习惯，于是使工人看图书馆是工厂、商人看图书馆是商场，农人看图书馆是农田，一般人看图书馆是博物院、娱乐场，群贤毕至的会议厅。可以见所未见，会所未会，得所要得，求所要求的东西"③。在徐旭看来，如果民众养成了读书的习惯，读书的兴趣变得浓厚，那么知识程度即会因此而提高。民众知识一高，则其他的一切民众教育事业皆可水到渠成，他们"自然会用理解去接受，迫切去要求，然后合作也，组织也，农业推广也，地方自治也，都可一一毫无阻

---

① 李靖宇.怎样使农民和图书馆发生关系［J］.图书馆学季刊，1936（3）：420.

② 孔繁根.乡村民众图书馆设施之研究［J］.民众教育通讯，1936（1）：19.

③ 徐旭.民众阅读指导之研究［J］.图书馆学季刊，1933（3）：423.

力而能兴举"①。

三是激发农民阅读兴趣。孔繁根提出激发农民阅读兴趣的方法，主要有三种：

（1）设辅导班。农民大多不识字，如何使不识字的农民读书呢？首要方法是设立辅导班，教会农民识字，进而读书。江阴巷实验民众图书馆，将初级识字班，升入高级识字班，再使之升入阅书辅导班，在辅导班内逐渐养成了自动学习的能力和方法，然后令其加入读书会。辅导班的办法，是指导员先根据各班学生的能力，选定了几套书籍，使各班学生在几套书籍内各自选书，在规定指导的时间内，大家聚集起来默读生字，笔记，查字注解，答问摘要。如有生字疑难不解时，摘录在规定的纸上，或空留在纸上，由指导员讲解②。

（2）成立读书会。要乡村农民参加读书会，唯一的办法，应当为各会员编制一套各种学问都包括在内，由浅而深，由简单而复杂，依次阅读的课程，使各会员得到有系统而切实有用的知识。读书会中所要做的工作，第一是读书，每个月至少读三册，小说只限一册，并将大意做成笔记。第二是写作，每月至少作文一篇，材料以生活记事，阅书心得及时事感想等为题。第三是研究，每月须研究一个问题，利用参考书，研究成功后，出席会议时报告研究心得。凡此三种工作，须馆内指导员负责指导③。

（3）举行读书竞赛会。读书竞赛会是引起民众阅读兴趣的一种良法。孔繁根认为，在乡村民众图书馆内，实有举行的必要。如写字比赛、作文比赛、阅读比赛等，每月或两月中择其任何一项而竞赛之，将成绩优良者，给以奖品，并将该项成绩，悬挂或揭示在馆中图书室内，这样一来，可使优胜者得以精益求精，平庸者得以努力求进④。

---

① 徐旭．民众阅读指导之研究［J］．图书馆学季刊，1933（3）：424.

② 孔繁根．乡村民众图书馆设施之研究［J］．民众教育通讯，1936（1）：20.

③ 孔繁根．乡村民众图书馆设施之研究［J］．民众教育通讯，1936（1）：20.

④ 孔繁根．乡村民众图书馆设施之研究［J］．民众教育通讯，1936（1）：20.

四是巡回流通图书。如何才能将图书流通到低层社会，流通到农民这一社会弱势群体手中，这是很现实和很紧要的问题。李大钊认为巡回文库较为适宜。他表示，农民在民众学校短短 4 个月中，每日学习一两个小时，虽然认识了 1000 多个字，学到了一些基本知识，但是毕业之后既不能继续升学，又没有应用所学的机会，在学而不习的状况中又成了"依然故我"的文盲。要解决这种轮回式文盲造成的问题，使民众毕业后随时有阅读的书籍，习用文字的机会，巡回文库就是最便捷的一种方式。"如果是读者因朝夕工作太忙，路途太远，不能到图书馆取书，图书馆为普及这班人起见，便想出法来把书送到他们手里。方法也很多，或选择人烟稠密的地方，设分馆，或临时机关，像中国现在的邮务代办所一样，或用长途汽车，管理员每日去一次，周巡各地。巡回文库对城市平民及乡村农民巩固所得的益处都是无穷的"①。

近代中国巡回文库与乡村教育结合的典范——晏阳初在河北定县平民教育中推行的巡回文库。文库实行走村串巷，把书送到街口、院口，送到田间地头的服务方式，节约了读者时间。无论村庄是否偏僻，都要按照规定的办法和程序进行巡回。定县的巡回文库在实践中真正与农村教育结合起来，成了乡村教育的推进剂。金门初无图书馆，一般民众无从阅览书报，至为缺憾。后来，卢水玉、陈卓凡、薛施五、丘立才、许续松等当地社会精英，鉴于图书馆之需要，集合力量，设立金门民众图书馆，欢迎各界到馆阅览，不取分文。馆内分报章书籍两部，书报则以大众化为主要，后又设置巡回图书箱以便轮流借给金门各乡村，以利文化普及②。

以上这些设想，各有千秋。在这些差异背后，隐含了一条基本的原则，那就是吸引农民阅读，这是各种阅读推广形式的共同目标和出发点，也是民众图书馆馆员孜孜以求的方向。

---

① 李大钊.李大钊选集［M］.北京：人民出版社，1959：139.

② 金门民众图书馆欢迎阅览［J］.浯江月刊，1934（3）：6–7.

（三）提升馆员素质做好农民阅览服务工作

中国农民的惰性，要靠民众图书馆来扭转乾坤，激发农民的阅读兴趣，难度之大，可以想象。这就要求民众图书馆馆员，特别是乡村民众图书馆馆员要有牺牲的精神和不屈不挠的意志。"希望政府社会对这种事业予以匡助，尤希望服务民众图书馆人员一致加倍的努力。"①

一要树立坚牢的志愿。近代中国教育经费缺乏，希望通过增加农村图书馆经费来改善设备增加图书，无异于水中望月。图书馆界唯有期望以精神的奋勉，补物质的不逮；以方法的改善，救济设备的不及。在请求当局补助之时，图书馆员尤当发扬"尽其在我"的精神。在最大可能范围内，根据现状，从设施方法上作有条理、有步骤的改进。

李靖宇表示，"民众图书馆馆员为完成教育一切民众的使命，不要管世态的炎凉和一切的壁垒，要深切体会世间的一切滋味。为了使民众图书馆的事业，放出美丽的花，结出甜蜜的果，要惬意地吃尽人间的苦味。在服务的阶段中跑进农民的队伍中，和农民打成一片。其次，要牺牲些自己的个性，去将就那些不晓事的劳苦大众。在得到劳苦大众的亲近时，再拿民众馆员的个性感化他们，指给他们一条光明大路"②。

二要培育和善的服务态度。和善的服务态度是服务道德的基础，对民众图书馆之恢宏效用，影响极大。陈训慈指出："馆员态度之是否善良，精神之是否振作，责任心之是否浓厚，尤是图书馆事业成败之所基。"③农村中的民众图书馆要尽力推广图书馆的功能，吸引农民来馆阅览，这需要馆员极大的热忱与信心，因为一切事业皆须用这无形而伟大的热忱信心去推动。

陈训慈表示，民众图书馆员应认识自身的责任，与图书馆的爱好与信仰心，方可发为和善的态度。既不妄自尊大，也不过于谦卑，礼貌待人，视读者如朋友，相互了解，相互亲近。在图书馆服务中，一定会遇着各色各

① 陈训慈.二十年来我国之民众图书馆与其展望［J］.教育辅导，1936（8/9）：49.

② 李靖宇.怎样使农民和图书馆发生关系［J］.图书馆学季刊，1936（3）：425.

③ 陈训慈.浙省民众图书馆改进的管见［J］.浙江教育月刊，1936（4）：32.

样的人，良莠不齐，馆员要能有宽大的胸襟，忍耐的能力，逆来顺受，一片至诚，读者是绝对没有不受感化的。馆员怀抱宗教家一般的虔诚，慈母一样的爱，学生一般的勤慎，赤子一样的热忱，战士一样的牺牲精神之时，还有什么困难不能攻克呢？这"也是一切服务、一切事业成功的必要条件"①。

三要提升自身素养。术有专攻、学有所成的馆员会让图书馆事业如虎添翼。图书馆员的知识，包括两个方面：一是普通工具与各学科的基本常识；二是图书馆学术与技术方面的智能。按照民国时期图书馆学教育实际情况，真正受过专门图书馆学专业训练的馆长和馆员少而又少。陈训慈认为，这不是很紧要。只要有自求补救的决心，是可以从书本上用力自修的，以及可以在实际工作中边学习边熟能生巧。基本常识对图书馆员则更有必要，因为图书馆的图书包罗万象，有各学科的书，来馆阅览的人程度各殊，需要不同，图书馆员虽不能每人应付裕如，至少也要对各学科基本书的内容，有简单的了解和应对能力。时代在演进，馆员也应与时俱进，及时更新自身知识，如此方能免至落伍。"须知馆员的学力增高一分，其可为阅者的助力也增多一分，而图书馆的效率也就得到无限的增进了"②。

### 三、民众图书馆关注农民阅读的意义

（一）增加农民读书识字的机会

中国自古以来为农业社会，农村的发展关乎中国的前途，农民的改造牵涉中国的命运，梁漱溟提出："乡村就是我们中国文化有形的根"③，但现实问题是农民没有能力，没有时间，也没有书可读。李靖宇提出，乡村民众图书馆利用教育的方式收到教育的效果，如设立识字处、问字处、代笔处等解决农民急需的生活问题，继而以生活提示、时事报告等获得农民好感，要运用团体组织增进农民与农民及农民与图书馆的关系，要利用流通的方

① 陈训慈.浙省民众图书馆改进的管见［J］.浙江教育月刊，1936（4）：32.
② 陈训慈.浙省民众图书馆改进的管见［J］.浙江教育月刊，1936（4）：33.
③ 马秋帆编.梁漱溟教育论著选［M］.北京：人民教育出版社，1994：221.

法把书送到农民面前，要踏着实地来任事，绞尽脑汁为图书馆想出路，真诚地跑进农民的队伍、牺牲自己的个性去将就劳苦大众①。民众图书馆人以极大的耐心和敬业精神，把不识字的农民教识字，把识一点字的农民教识得更多的字，读更多的书。

胡耐秋说："不识字的人，我们也要慢慢地使他们能看书。这是我们的一个理想。……第一步，不识字的人，当然是先使他们识字，于是就开办了民众识字班。但不识字的民众，读了四个月的书，识了一千多字，觉得认识的字还太少，不够阅读浅近书籍。于是第二步，又接着办了一班民众识字班高级班。再读四个月的书，这四个月以后，他们的眼睛已经明亮了大半了。他们和书慢慢地接近了，他们对待书，并不像以前那样全然无关，或是望之而兴叹的态度；他们一看到书，就要紧紧地握起了书卷，迅速地翻开书页，拿起全副精神，津津有味地读起来。但是究竟因为生冷的字眼，和疑难的词句太多，看了上下不能贯通，不能了解全文的意思，常常不终卷便释手了。这个时期，……必须指点他们或替他们解释书中的疑难，训练他们自修阅读的能力。这种挽扶提携的工作，是保姆最后的任务，也是最重要的任务，民众阅读辅导班，就是履行这种工作，负担这种任务的一个阶段的代名词。因此，民众阅读辅导班，也是被动教育与自动教育间的一个大转变。"②

胡耐秋等人，不仅是这么想的，也是这么做的。在民众图书馆馆员的努力下，乡村社会农民的识字情况在缓慢地改善。民众图书馆就是这样凭着周密的计划和极大的耐心、坚韧的决心，以及诲人不倦的精神，手把手地把民众（包括农民）领进知识的园地，让他们看到了更广阔的世界，触摸到了更先进的技术，感受到了新生活的召唤。

---

① 李靖宇.怎样使农民和图书馆发生关系［J］.图书馆学季刊，1936（3）：425.

② 胡耐秋.民众图书馆民众阅读辅导班之实况［J］.教育与民众，1933（9/10）：1727-1728.

（二）提高农民生产技能养成良好习惯

乡村民众大多务农，他们对于农业沿用旧法，单凭着个人的经验从事生产，指导乏人。孔繁根提出，要改善农民知识结构，改进农业生产技术，只有设立图书馆，收集农业方面的书籍，尽量灌输到农民脑际里，作改进农业的企图[①]。譬如，民众图书馆不妨多购怎样施肥、种植、防旱、除草、养殖、卫生等方面的图书，提高乡村人民生产的知能，扩展其生活范围。

广西省自 1940 年开始实施普设民众图书馆计划，其设立民众图书馆的目标有一条，即推广文化运动，使普遍深入乡村，造成人人随时、随地、随事从事学问，以谋国民生活之改进。在一年半的时间中，各县市中心学校民众图书馆已成立 2300 余所，村街基础学校已成立一千余所。各中等学校民众图书馆已成立一百余所，连同各乡镇巡回图书馆 2300 余所，合共约 6000 余所。毫无疑问，广西省的民众图书馆已下沉到每个村落基层，已融入农民的日常生活中。根据农民特点，普设民众图书馆委员会，拟定了针对性的图书目录，如"生产教育类——包括农业、林业、畜牧、手工业、商业经营等读物，共有怎样增加农产、怎样造林、怎样防治剃枝虫、怎样改良植物、冬耕运动、怎样做木工、怎样养蚕、织布法、怎样造纸、怎样制墨水、怎样种茶、怎样养猪、水田养鱼法、蔬菜害虫的防治、怎样制油漆、怎样做裁缝等。健康教育类——包含公共卫生、家庭卫生、个人卫生、生理、病理、疾病预防、医药、治疗、体育、运动等读物。共有公共卫生和个人卫生、孕妇须知，怎样防治疟疾、天花、沙眼、皮肤病，住屋的卫生，衣食的卫生，简易急救法、鱼肉蔬菜烹调法等"[②]。

图书巡回流通办法的实施，则进一步保证了把有利于农民提高生产技能的图书送到农民身边。广西省的做法是："每馆由省府购发二套或三套（如系两乡镇联立中心学校，每校得发三套，以一套陈列馆内，其余巡回各村街。

---

① 孔繁根 . 乡村民众图书馆设施之研究［J］. 民众教育通讯，1936（1）：13.

② 庞敦志 . 第一期普设民众图书馆工作总报告［J］. 国民教育指导月刊，1942（6）：53–54.

阅览以后各中心学校预算增阅书添置费一项，逐年添置扩充""每馆应就本乡镇村街之多寡划分为若干巡回组，每组分配图书若干册，以两个月巡回一遍为原则，其巡回办法及阅览规则由乡镇中心校拟定呈县核定之""本馆图书应由各乡镇中心校造具图书总目录二份。一份呈县府备案，一份存中心校备查""各乡镇中心校以后每届学期终结后一星期内须将新购及损失图书造册呈报县府备案""各村街校校长应依照巡回次序按期派人向阅览期满之村街校领取全组图书，存放各该村街民众图书阅报处，公开阅览并负管理全责"[①]。

另如浙江杭县教育局，鉴于乡村教育不普及的现状，为推行自治农村建设生产技术改善之障碍，"在教育破产经济竭蹶之秋，对于乡村教育进行积极，不遗余力，藉为灌注科学，改造农村之张本。乃于第二区大六乡七贤桥地方，设立乡村图书馆，并委任何宝珊为馆长。除拨开办费外，逐月津贴经常费若干，为继续补充需要，该馆附设在七贤桥小学，现正在积极筹备，不日正式成立"[②]。

农民知识结构的改善，尤其农业生产技术的提高，并非一朝一夕可以完成，有个逐步积累改进的过程。民众图书馆试图通过提供相关的专业书籍，达到渐进改善农民农业知识结构的目的，不失为一种有益的尝试。

（三）推进地方文化发展

图书馆是传承文化的重要机构，乡村民众图书馆则是推广地方文化的重要枢纽。1940年，广西省政府规定："于本省每一乡、镇，都设置民众图书馆一所，并编印合于各类民众的图书，分期颁发各民众图书馆陈列，展开战时地方文化运动，实在是一般远处乡村角落，久受知识饥荒的民众的福音。"[③]

---

① 庞敦志.第一期普设民众图书馆工作总报告［J］.国民教育指导月刊，1942（6）：57.

② 杭大六乡成立乡村图书馆［J］.浙江省立图书馆馆刊，1934（4）：4.

③ 教育厅编印基本图书设各地民众图书馆［N］.南宁民国日报，1940-09-30（2）.

文化是人类物质生活、精神生活的总体。文化不良，人类知识落后，各种生活便会受到绝大的制约，所以要改造地方社会种种的制度、信仰、道德、风俗等，必以创造地方文化为根源。陈训慈指出："一部分民众图书馆，还有一可喜的现象，就是除去担负推广阅览辅导读书之责任以外，又能兼顾乡献之征集与编纂。"① 他列举了三个事例：海宁第四区立民教馆图书馆有编纂海宁文献之举；泰顺县立民教馆图书馆竭力征集乡贤遗著；汤溪县立民教馆图书馆，为发扬本邑地方精神，且有本县民间文学之编辑。

民众图书馆对地方文化的推广有着至为重要的作用，特别是在中国抗日战争时期。如果民众图书馆只囿于图书阅览，而不谋地方文化的发展，不配合动员民众的要求，不扫除抗战复兴前途的阻力，不粉碎敌人文化侵略的阴谋，实为民族前途的危机。有人表示，民众图书馆与藏书楼及披着藏书楼外衣的图书馆不同，更不应该随随便便、凑凑热闹，摆些图书给民众看看就算了事。应该切实开展社教的工作，以提高战时地方文化为职责，把实际知识和技能灌输到每个民众身上，才不失去设置民众图书馆的真谛②。

吴培元在论及"民众图书馆设施法"时，也特别提及了民众图书馆对地方文化的保存责任，"中山先生力主恢复民族精神，而我国民族精神之所寄，非图即书，所谓：'读其书，想见其为人'……其所以激励后人，裨益文化者，当非浅鲜，故民众图书馆应设法保存吾国粹，以期振起吾民族的自觉精神！并对于民众图书馆所在地的文献，尤须特别设法保存"③。

我国重视地方文献的搜集，由来已久。1915 年 11 月，教育部通知各省，请各省通饬各省县图书馆于搜藏中外图籍之外，尤宜注意于本地人士之著述，以保存乡土艺文，其用意盖因本地人士，每于一地之山川形势、民俗物产等事项，记载较为详细。1920 年 5 月，内政部通饬各县图书馆："各县

---

① 陈训慈 . 二十年来我国之民众图书馆与其展望［J］.1936（8/9）：45.

② 陈宝经 . 现代民众图书馆与地方文化［N］.南宁民国日报，1941–04–17（1）.

③ 吴培元 . 民众图书馆设施法［M］.宜兴县立图书馆出版，1930：5.

立图书馆应将公私藏书及旧刻板片、印刷器物，一律切实汇求，以保存之"①。此事虽然对图书馆事业没有直接影响，但于国家文化发展则影响深远。民众图书馆在这方面也发挥了积极作用。

## 第三节　进行抗战动员　践行本位救国

### 一、图书馆界的本位救国思想

（一）本位救国思想的提出

图书馆界本位救国论的提出，可以追溯到九一八事变。1931年9月19日，上海交通大学图书馆主任杜定友在演讲中号召在校大学生："要仗我们的学问去救国，去谋国家的复兴""现在国家到了这样田地，我们读书的要认真读书，办事的要认真办事，上下一心，努力为国，然后国家方可免灭亡之祸！"②杜定友的意思，各人只有做好本位工作，国家才会有救。这是图书馆界清晰地阐述本位救国论的起源。

王云五表示："爱国的办法，并非要人人都为国家担任公职或兵役才有发展余地。其实各人按其能力，为有益于国家社会的任何事业出力，结果和直接为国家出力，无大悬殊。这就是所谓本位救国。再能随时关心国事，克尽国民的义务和尊重国民的权利。一团体的人个个如此，一国的人也个个如此，我国虽在这样严重的国难当中，不久定能……复兴起来。"③王云五所言进一步诠释了本位救国的含义。爱国办法千千万万，并不是一定要人人拿起枪炮冲上前线才叫爱国，各人按其能力，为有益于国家的任何事业效力，都是一样的爱国。图书馆界立足本职工作，发挥自身优势，一样的

---

① 第一次中国教育年鉴［G］.上海：开明书店，1934：789.

② 杜定友.对日问题与图书馆［J］.中国出版月刊，1932（2）：20.

③ 王云五.商务印书馆与新教育年谱（上册）［M］.南昌：江西教育出版社，2008：626–627.

可以为救国做贡献。

九一八事变后，中国各种救国思潮风起云涌。图书馆界立足本职工作，提出本位救国，将当时的救国思潮和救国运动推向纵深。图书馆界的本位救国，是对日本文化侵略的因应，凸显了图书馆界的民族意识，为民族危机下中国图书馆事业的发展指明了方向。如《中国图书馆声》主编陈伯逵指出，"九一八事变只是日本，他日吞我全国之初步。彼所谓大陆政策也，即以并吞我五族之全境为对象，处心积虑也久矣"①。他呼吁各图书馆协会、各级图书馆、各图书馆员，都积极投身到抗日救国的时代洪流中。1932年，日军进攻上海，发动"一·二八"事变。事变中，日军进攻不在战区的文教机关，尤其纵火焚毁了我国最为著名的私立图书馆——东方图书馆，进一步暴露了日本对中国的文化战略图谋。图书馆界更清醒地认识到，日本不仅要在军事上征服中国，更要在心理上征服中国。心理征服的方式之一即是摧毁中国的传统文化，消除民众的民族意识，磨灭中华民族自强精神。

面对日本咄咄逼人的侵略姿态，沈祖荣指出："敌人抢夺我土地，吸尽我资财，残杀我人民，犹不足以填其欲壑，而必将我们的国性，铲除殆尽而后快。"②他鼓励图书馆员，国难时期不要灰心沮丧，而应奋发有为，传承文化。他说："国难当前，不是消灭我们的，乃是唤醒我们的。只要我们认清白了所在的地位，看透了我们目前的危险，我们便当积极地去设法求生存，求进步……我们办理图书馆者，更应当自告奋勇，尽我们的本分，为文化事业谋发展，使我们祖宗数千余年所传下来的国粹，得以表彰世界，藉以发扬我们民族的精神，培成我们民族的命脉，则这个国难，岂不是变成了我们的一个兴奋剂吗？"③刘国钧也表示："文化是民族的生命，而图书馆又

---

① 陈伯逵.督促图书馆界共起唤醒阅众抗日救国（代电）[J].中国图书馆声,1931（2）:14.

② 沈祖荣.国难与图书馆 [J].文华图书馆学专科学校季刊，1932（3/4）:233.

③ 沈祖荣.国难与图书馆 [J].文华图书馆学专科学校季刊，1932（3/4）:230.

为文化的灵魂"①,所以图书馆成为日军的第二进攻目标。他号召图书馆界为保存文化而奋斗。

日本的文化图谋,不仅是中国图书馆界的共识,也为国民政府所洞悉。1940年,由教育部、外交部等机关为主体组织的战时征集图书委员会向各国布告《战时征集图书馆委员会征书缘起》,内称:"日本之目的,实在整个消灭中国之文化机构,使之无书籍可读,无材料可资研究"②,进而最终实现其彻底占领中国的图谋。日本的文化侵略,激发了中国图书馆界的文化救国意识,由此形成了具有图书馆救国特色的文化救国模式。

(二)图书馆界开展本位救国的目的

国难当前,图书馆界敏锐地注意到日本文化侵略的野心,自觉地将文化传承与民族保存、民族复兴联系起来,积极利用自身文献资源和教育优势开展本位救国。此举目的有二:一为传承中华民族数千年的优秀文化,为民族复兴保存文化火种;二是进行社会动员,激发民众抗战雪耻意识。

九一八事变后,文化传承成为中国图书馆界的基本共识。喻友信认为:"国家兴替,民族盛衰,系于文化。图书馆不仅负有保存文化之责而已,且负有发扬其所保存之文化而光大之使命。"中国为什么会遭到日本蔑视与凌辱?一个重要原因"端在图书馆未有尽量发扬其所藏之宝库之咎也"③。王云五更是写下激昂文字:"敌人把我打倒,我不力图再起,这是一个怯弱者!……一倒便不会翻身,适足以暴露民族的弱点。自命为文化事业的机关尚且如此,更足为民族之耻!"④他号召中国图书馆界面对日本的文化摧毁政策,要不甘示弱,要奋起抗争,自觉担负起传承文化之责,真正发挥起时代赋予图书馆的历史使命。

---

① 刘国钧.图书馆与民族复兴[J].文华图书馆学专科学校季刊,1937(3/4):311.

② 中国社会科学院近代史研究所中华民国史组.胡适来往书信选(中)[M].北京:中华书局,1979:401.

③ 喻友信.图书馆员应有之真精神[J].中华图书馆协会会报,1934(5):6.

④ 王云五.两年中的苦斗[J].东方杂志,1934(1):24.

　　图书馆界坚持本位抗战，同时也赋予了图书馆以社会教育和社会动员的现实意义。大敌当前，救亡图存是全民族的共同责任，图书馆界也不例外。不过，对于从事文化教育工作的图书馆界来说，所负的责任更为重要。李仲甲指出："我们虽不唱'教育万能''教育救国'的高调，然而最少也应该尽教育之最大能事，图书馆，尤其是公共图书馆是实施社会教育的重要机关，干这种工作的人，所负教育民众、唤起民众的责任，不但是义不容辞，而且应该具有精诚强干的态度去做。"① 如果说社会教育是图书馆的常态化工作目标，那么社会动员无疑是时代赋予图书馆以救亡图存的责任。

　　图书馆界的抗战动员，有其自身特色，那就是利用书刊从心理上激励国民，形成理性抗战意识。刘国钧认为图书报纸，凭借文字的力量，可以鼓励人的意志，也可以消灭人的志气，能够左右人的思想和行动。中国战局紧张，需要全民动员，图书馆界应该尽量协助全体动员的实现。朱焕尧也表示："抗战建国，势非动员民众，协力同心，全体动员，不克有济，而发动民众的基本方法，端在教育。所以抗战以来，社会教育事业风起云涌，殊途同归，无非在唤起全体民众，集中意志力量，用以救亡图存。图书馆事业为社会教育事业的一个部门，也自有应负之使命与特殊之效能。敌我情况之认识，民族意识之发扬，家国关系之辨别，国民生计之探讨，职业技术之进步，日常生活之改善调整，在在需要图书馆。一般大众，不论男女老幼，程度深浅，入其范围，均有所得，而来自书本透过理智的知识，大都能确信不疑，由意念而付诸行动。"②

　　图书馆界坚持本位救国，从救亡图存角度看，在于图书馆负有社会教育、抗战动员的现实期许；从民族复兴角度看，在于其承载了文化传承的历史使命。因此无论立足现实，还是放眼未来，图书馆界都应该坚持本位工作。抗战时期做好本位工作，就是救亡图存，这是空洞的政治口号所不能企及的。

---

① 李仲甲.公共图书馆长应注意的几件事情［J］.中华图书馆协会会报，1937（3）：4.
② 朱焕尧.战时军民图书流通计划［J］.中华图书馆协会会报，1939（6）：2.

（三）图书馆界本位救国的设想

民众图书馆是我国图书馆发展到特定历史阶段的产物，它与生俱来的平等性、通俗性、活动性、自由性等特征，使其在近代中国的社会教育中发挥着重要机关枢纽的作用。九一八事变后，随着抗战烽火的燃起，中国图书馆界积极开展起本位救国运动。民众图书馆作为当时图书馆界的主要一员，也立即投身到这场彰显民族大义的抗战洪流中。陈训慈对国难时期的民众图书馆也抱有极高期望："民众图书馆在各种图书馆及教育机关中最为接近民众，今日国难方殷，要启发民智，增强国力，应当步教育发达各国之后尘，尽量充实民众图书馆，尽量利用民众图书馆。因为这是民族复兴之基本，所以我们对于民众图书馆的前途，抱有极大的期望。"[1]

陕西省立第一图书馆张知道指出："图书馆者，文化事业之中心机关也，普及知识之利器也，足以启迪民智，巩固国基，故欲发扬文化，非发达之不可；欲使知识普及，更非发展之不可。"[2]图书馆对发扬文化，普及知识如此重要，在抗日救亡图存之际，其对于传承文化与社会动员的意义就更显重大。基于此，图书馆界秉持本位救国初心，制定了扩充图书馆与创设国难文库等举措，以弦歌赓续，激发斗志。

举措之一：大力扩充图书馆，为抗战创造智识条件。厦门图书馆余少文表示，现在抗战声浪弥漫全国，抗日若想稳操胜算，必须开通民智，而开通民智，"专是靠这图书馆做中心工作的，这就知道抗日救国声中，图书馆的扩充，当视为最紧急的重要事业"[3]。如福建靠近台湾，久为暴日垂涎，抗日救国尤应特别注重。福建省共有图书馆42所，而全省有64个县，平均每个县不到1个图书馆。这42所图书馆多规模狭小，设备简陋，"在这抗日救国声中，欲唤醒民众，养成对外学识，图书馆事业的扩充，诚为重要"，因此他提出4条建议：1.应请福建教育厅，责令各县政府教育局，积

---

① 陈训慈.二十年来我国之民众图书馆与其展望［J］.1936（8/9）：47.

② 张知道.发展图书馆事业在西北之重要［J］.图书馆，1933（2）：3.

③ 余少文.抗战救国声中的福建图书馆扩充问题［J］.厦门图书馆声，1932（2）：1.

极扩充图书馆事业，最低的限度，平均一县应有一个县立图书馆。没有设立的，要积极筹备；已经设立的，要积极扩充。2. 请各县社会人士及热心家等，"移其无益消费，赞助图书馆事业，俾得成立多数的私立图书馆，以为社会之倡。"3. 请福建省图书馆协会及各图书馆等，多出图书馆刊物，以宣传图书馆学识，鼓吹图书馆事业。4. 请本省大学及师范学校等，添设图书馆学科，或设立图书馆学讲习所，以养成图书馆人才，对于图书馆事业，方有逐渐改良的希望。图书馆是开通民智、凝聚民族意识的利器，在抗日前线福建尤为重要 [①]。显然，余少文试图通过增设图书馆、改善图书馆，以为抗战创造智识条件。

1939 年，广西省教育厅也决定在每所中心国民基础学校设置民众图书馆一所，以加强国民基础学校教育，促进国民教育运动，推广抗战文化，增强抗战力量。媒体对此评价甚高："广西省政府为谋全省民众加强抗战认识，提高文化水准，决定本年度于各乡镇中心校内，普遍设置民众图书馆 2302 所，每所配备基本图书二套，除以一套陈列校内以供师生及民众阅览外，其余一套，则在所属各村街基础校巡回陈列，以供各地民众之阅读。" [②]

举措之二：创设国难文库，激发国人持久抗战热情。九一八事变后，各种社会团体，奔走呼号，救国之声，不绝于耳。但血性带来的情感刺激相当短暂，曾几何时，随着时间流逝，国难为何物又忘掉了。如何激励国人持久的爱国之心，成为图书馆界迫切需要解决的现实问题。曹钟瑜提出，当举国喧嚣之时，图书馆界无声无息，似若无所为。其实不然，图书馆界无时不在进行其重大任务。这个任务就是："图书馆无日不供给若干人研究国难之一切——历史之成因与社会之病根及国难以来所发生的事态之部分的或全体的现象——使若干人能认识并寻出救济国难之理论与方案。" [③] 他表

① 余少文. 希望诸不公开的图书馆藏书楼等在可能范围公开阅览以为救济国难时期之一助 [J]. 厦门图书馆声，1936（7/9）：2-3.

② 桂省决于各乡镇设民众图书馆 [N]. 扫荡报，1940-06-15（3）.

③ 曹钟瑜. 国难文库创设刍议 [J]. 文华图书馆学专科学校季刊，1934（1）：113.

示，图书馆襄助救国工作，往往不图暂时急效。所以当全国轰然，而图书馆界却独自冷对，"图书馆乃不能不思所以热之之方"，解决办法即为创设国难文库。

根据曹钟瑜的设想，国难文库"为促醒阅者之视听而设也""为便利参考及研究国难者而设也""为集聚国难图书而设也"。通过国难文库，使"不详日本侵我之方式及其所用之政策"者而明了日本侵略方式及政策，"不宁唯是，且进而使之知所以救济之方，扶持之策"。换言之，国难文库可以实现民众的理性爱国，激励民众的民族国家意识。

此外，图书馆界还开展了其他诸多有针对性的活动，如办理抗战相关书刊展览、组织专题演讲、促进图书流通、编辑抗战专题书目等。文字的运用偏于理性，而实物展览与演讲则偏于感性，让民众如有身临其境之感，更能激发起民众抗战的激情。如果民众听了演讲，再去看书，则暂时获得的印象可以不致消失；或是看了书而又听演讲，则冷静得来的知识可以发生烈焰。图书馆界在开展本位救国时，不妨结合各自优势与特色，以切合时事需要为原则，以抓住民众的心理为目的，开展富有本位救国意义的活动。

## 二、民众图书馆实现本位救国的举措

### （一）举办中日问题图书中心陈列

民众图书馆利用自身文献资源优势，在本位救国方面采取了积极措施，举办中日问题图书中心陈列即为其一。如江阴巷实验民众图书馆不仅将该馆原有相关书籍选出，还特地赴上海选购新书数十册，编订书目，告知大众，使江阴各学校能注意从事中日问题图书搜集，并供各机关参考。同时，为扩大中日问题图书影响，供给其他各机关需要起见，"特拟定流通陈列办法，函询各实验实习机关需要与否，然后将图书分为甲乙丙三组，并排定流通日期表，按表流通，要求流通陈列的，计有工人教育实验区、实验民众学校、谢巷民教馆、梨花庄民教馆四机关"①。宜兴民众图书馆为激发宜兴民众抗日救国起见，也及时将中日问题的各种图表书籍及反日刊物，另行选出及罗致，开架陈列，以供民众阅览。"该馆阅报室中，因东北风云日益加紧，阅报人对于京沪津平各处报纸，莫不异常注意，冀得最近真相，因之阅报室中，自朝至暮，座上常为之满，甚有在未开馆以前，鹄立户外静候者。足证爱国热烈，人各具有同心也"②。1933 年，广东东莞县参议会鉴于"国难方殷，外患日亟，自应切实唤醒民众，以求根本救亡之策"③，特设立民众图书馆一所，大量购买各种书报，以供阅览。广西省各民众图书馆为配合抗战的需要，也在战时注意编写战事消息壁报、编辑各种应付战争的防护救生知识、搜集各种有关战事的书籍、图表、器物等，以向民众宣传抗日，提高他们抗日救国的意识。④

民众图书馆举办中日问题图书中心陈列，是为普及抗战知识，满足民众求知需求而设立的。江阴巷实验民众图书馆陈列的图书主要包括六个方面：一是关于日本的；二是关于东三省的；三是关于东北问题的；四是关于中日关系的；五是有关中日两国人民舆论的；六是其他参考书。这些图书或概述，或专题，从不同角度向读者展示了东北三省的风土人情，资源优势，以及数十年来日本侵略我国的狼子野心。比较有代表性的有：《日本国》（熊卿云，商务印书馆）、《日本论》（戴季陶，民智书局）、《东三省一瞥》（陈博文，商务印书馆）、《东三省金融概论》（侯树彤，太平洋国际学会）、《日本帝国主义侵略中国史》（蒋坚忍，联合书局）、《日本政府》（北泽直吉，民智书局）、《日本政党史》（盛子明，华通书局）、《日本的军备》（钟悌之，日本研究社）、

---

① 胡耐秋. 抗日中心单元运动中的四大活动事业——江阴巷实验民众图书馆研究实验事业之一［J］. 教育与民众，1932（9/10）：1700.

② 中华图书馆协会. 宜兴民众图书馆之救国声［J］. 中华图书馆协会会报，1931（2）：19.

③ 中华图书馆协会. 广东东莞县参议会设立民众图书馆［J］. 中华图书馆协会会报，1933（6）：27.

④ 廖晓云. 抗战时期广西民众图书馆探析［J］. 广西地方志，2010（3）：54.

《日本经济史论》(金光奎译,华通书局)、《日本的产业》(曙梦,日本研究社)、《日本新满政策》(山田武吉,民智书局)、《日本帝国主义者之野心》(储效忠,新民书局)等,不一而足①。

民众图书馆在抗战如火如荼之期,及时挑选中日问题图书进行中心陈列,既为民众了解日本及中日关系提供了参考,也无形影响着民众的阅读习惯,使混沌不知世界的民众一改醉心于小说、传记的阅读习惯,从而关心时事,"史地、政治、社会问题、革命、军事、经济这数类图书的出借数骤然增高不少,翻阅地图者每小时平均有五六个人,这不能说不是举行中日问题图书中心陈列后的一点良好影响"②。

(二)编辑通俗性抗战读物

民众图书馆的服务对象为一般知识程度不太高的民众,他们对图书中深奥的哲理不太理解,喜欢阅读通俗形象易懂的故事。为了达到最佳抗战宣传动员效果,激发民众持久国耻之辱,江阴巷实验民众图书馆通过选编爱国故事,编辑国难日报,把历史故事、国际形势用民众能懂的语言表达出来,用文字做工具,用馆员的心血来唤起民众的救国意识。因为爱国故事容易理解,易感动,易生效。一个国家的民族文艺,具有唤起民族意识,巩固民众团结,鼓动民族精神的伟大力量,在民族复兴运动上,它是功能强大的思想武器。"有了思想,才有信仰;有了行动,才有力量;有了力量,才能救国"③。

爱国故事的选编经过选材、编排、修改或编作、注解、问答、校阅等步骤,最终才可形成一部实用有效的民众爱国读物。爱国故事可供选取材料的书

① 胡耐秋.抗日中心单元运动中的四大活动事业——江阴巷实验民众图书馆研究实验事业之一〔J〕.教育与民众,1932(9/10):1696-1699.

② 胡耐秋.抗日中心单元运动中的四大活动事业——江阴巷实验民众图书馆研究实验事业之一〔J〕.教育与民众,1932(9/10):1700.

③ 濮秉钧,胡耐秋.民众图书馆实施救国教育之一实例——二十一年度江阴巷实验民众图书馆救国教育工作报告〔J〕.教育与民众,1933(9/10):1726.

籍很多，如中国故事、民间传说、平民读物、少年丛书、平民丛书、各书局出版的小学国语教科书及报纸杂志等。选编者先翻阅各书的目次，有可用的另行提出，然后细阅课文，如认为适用者即填入爱国故事选用记载表。选录完毕后，即次第选印分发本馆高级识字班学生读习。为了让知识程度不高的读者更好地理解故事，选编者还认真做好注解工作，所注解的地方大半是根据高级识字班学生读书时所提出的困难，共分读音、词句、成语三种。读音一律用国音来填注，因为这样能适用于较广地方的民众、词句和成语的解释有时不限照原来字的意思来解释，常用当时极普通的语句将它解释清楚而不变其原意。此外，为欲加深读者的阅读印象，并且激发读者的爱国情绪，所以在各篇之后均加问答题目。

民众图书馆除编辑爱国故事外，还专门搜集抗战材料，编辑国难日报，如江苏泰兴县立民众图书馆有感于民间宣传的重要性，特用简明文字编辑国难日报，让抗战爱国之情燃遍民间，"自暴日强占我东三省后，国难临头，举国同愤。县立民众图书馆鉴于民间宣传之重要，自上月下旬起，即编辑国难日报，以简明之文字叙述国难之危急。发行以来，颇为民众欢迎，销数亦日见增加。目前又以暴日兽行，有加无已，该馆刻正筹划扩充内容，以广宣传"①。民众图书馆利用珍藏的抗日救国图书，不仅可以去医治民众对国难的冷漠与无知，激发民众共同抵御国难的热情，普及抗战救国的知识；还可以让各方民众摒弃个人意识，自觉团结起来。

（三）举行国货商标展览会

国货运动是维护国计民生的久远工作，而国货展览会则是国货运动中的实物宣传。每举行一次国货展览，便能使一般国人对于国货的信心增进一层，从而使国货的经营、推销也因民众的信心而增加它的力量。在抗战大潮中，国人爱用国货的心理，已有相当的基础，所以最要紧的是要能使一般民众知道怎样去采购国货，对于国货有准确的识别，而不致受人蒙混。

---

① 泰兴县立民众图书馆编辑国难日报［J］.民众教育通讯，1931（8）：146-147.

而能指示大家有准确的识别，方法之一即为商标。图书馆是一部社会众人的大字典，凡是人类生活的知识，搜集要富，保藏要久。国货商标的辨别，在抗战环境中是一种适用而又急需的知识。因为国货商标种类很多，民众一时不易认识清楚，所以非长久收藏不可。而最适合做这件事的，莫若图书馆。

江阴巷实验民众图书馆为提倡国货，指示国人对于国货识别起见，特举行国货商标展览会，以"指示商家不要误进日货，一般民众不要误买日货"，特搜集国货标识，供给民众参考，唤起民众注意。如此，"热心爱国的同胞可以不受瞒混，居心奸险的商人，也能明证其罪状。这是我们举行国货商标展览会第一个目的"[①]。在寻求彻底的抵制日货，保护国货办法中，民众图书馆尽着宣传和指导的责任。江阴巷实验民众图书馆举行的国货商标展览会，激发了民众的参观热情。从1931年12月19日开幕，到21日正午闭幕，各行各业参观者达700多人。

国货商标展览会好评如潮，参观者陶永年评价说："国货商标展览会，是提倡国货的先锋队——提倡国货是阻止国外经济侵略的大本营；直接可以打倒帝国主义经济侵略，间接可以解决民生的经济恐慌，而商标的认识尤是提倡国货的指南针，希望继续的进行！"[②]古越黄梦仙说，"公园展览会是推销国货的主义，贵馆展览会是提倡国货的主义。我们同胞若购国货者，请先到民教馆里认明商标，使能分别真假也"[③]。更有民众在《无锡报》上撰文，希望该馆能将国货商标展览会继续的办下去，"希望该馆在这一次展会闭幕后，再连一继二的，二次，三次……次第将征收到的商标，分别展览陈列出来，这样在民众一方面，已得到相当认识国货的目力，同时提倡国货一

① 胡耐秋.抗日中心单元运动中的四大活动事业——江阴巷实验民众图书馆研究实验事业之一［J］.教育与民众，1932（9/10）：1714.
② 胡耐秋.抗日中心单元运动中的四大活动事业——江阴巷实验民众图书馆研究实验事业之一［J］.教育与民众，1932（9/10）：1719.
③ 胡耐秋.抗日中心单元运动中的四大活动事业——江阴巷实验民众图书馆研究实验事业之一［J］.教育与民众，1932（9/10）：1719.

方面，在予民众一个强有力的信任和注意，不佞所以感慨，就是望该馆以后再继续的展览下去，不必定限这一次算完事了"①。

（四）组织抗战专题演讲

除上述几种抗战宣传途径外，还有一些其他形式的抗战宣传，如邀请专家在馆内外围绕某一个专题进行演讲讨论。只有系统地广泛地讨论，才能达到良好的宣传效果。有人认为演讲不是民众图书馆的分内之事，与民众图书馆业务关系不大，这个看法是不对的，尤其是在急需进行社会动员的抗战时期。刘国钧也表示，演讲与图书事业配合，会更为有力。文字的存在是永久的，而演讲的存在只是暂时的。文字的运用偏于理性，而演讲则能激发感情，如果听了演讲，再去看书，则暂时获得的印象可以不致消失；或是看了书而又听演讲，则冷静得来的知识可以发生烈焰。因此图书馆和演讲联络起来，能够产生更大效果。民众图书馆中本就设有演讲部，在进行抗战社会动员中正好可以发挥宣传先锋作用。如陕西省沔阳县抗敌分会，为长期宣传，训练民众起见，特假民众图书馆，成立讲演所一处。于"每周星期四下午四时，召集城关商民由党政领袖及各机关士绅，分别讲演抗敌消息及时事新闻，以广宣传。并藉以推行各项重要县政，本月十一日特请张县长庆春举行第五次讲演，民众百余人，收效甚宏"②。

仪征县立民教馆也举行抗日救国演说竞赛。该馆鉴于暴日对我国猖獗日甚，亟应唤醒民众，特继抗日救国展览会之后，又特别举行抗日救国演说竞赛会，分成人组和儿童组进行。报名者踊跃，成人组报名者共 24 人，儿童组共 20 人。优胜者各取前 5 名，奖品由各方面支持提供，如该馆定制之布尖角旗六面，县区党部赠纸横匾三面，白纸簿十本，周平君赠白纸簿八本，教育局赠玻璃镜框四面，县商会及救济院各赠中号镜框 1 面。另为鼓励民众，

---

① 胡耐秋.抗日中心单元运动中的四大活动事业——江阴巷实验民众图书馆研究实验事业之一［J］.教育与民众，1932（9/10）：1719.

② 各县扩大抗敌宣传［N］.西京日报，1937-11-18（3）.

凡参加而未得优胜者，均奖以白纸簿，以资鼓励[①]。

（五）为地方经济建设提供文献支持

李靖宇曾将民众图书馆概括为，"在一个区域内，以本区域内之全体民众为对象，使此区域内的民众利用此图书馆，在知识上有所增高，在生活上的问题能够得到解决的途径，在思想上有所改造"[②]。李靖宇给民众图书馆下的定义，虽然明确了民众图书馆的两大功能——教育和宣传，但忽视了民众图书馆在地方经济建设中的作用。特别是在抗战时期，百业凋敝，民不聊生，发展大后方经济为前线提供支持就成为时代急务。民众图书馆在做好文化传承与社会动员之时，也积极为地方经济建设提供文献支持。

重庆北碚区实验民众图书馆，始建于 1928 年，原名峡区图书馆。1933 年 5 月，因业务扩大而并入中国西部科学院办理，性质渐趋专门。北碚区实验民众图书馆在其存续期间，不仅致力于普及文化知识，丰富民众文化生活，更是开全国民众图书馆风气之先，设置参考室，努力服务于当地的经济建设。张惠生表示："三峡既为乡村建设实验区域，工作人员对于乡建工作、当然有研究参考之必要。而一般民众、对于乡村建设的意义也需有彻底的明了或加研究。本馆乃适应环境的要求，乃特设一个同时可容八人到十二人之'乡村建设参考室'一间，凡关于乡村的图书报纸、汇罗极为丰富、经常开放，任人观览。乡村建设工作人员整天在内握笔挥毫，怡然自得。"[③]

此外，1936 年秋冬，旱魔为虐，饥民嗷嗷待哺，一时人心恐慌，已达极度。实验区署对于防旱救荒工作，几乎全体动员，重庆北碚区实验民众图书馆又临时筹备旱灾问题参考室一间，"于杂志刊物报纸中尽量汇集关于救济旱灾问题的参考资料，以备浏览研究，至普通参考资料，举凡理化地质农业矿业卫生教育乃至家畜保育等等，经常所需之参考资料，无不分门别类，逐日汇集，编成索引，按日个别通知，以促进各事业机关工作上之

---

① 县立民教馆举行抗日救国演说竞赛 [J].民众教育通讯，1932（2）：148–149.

② 李靖宇.县单位民众图书馆的经营与管理 [J].图书馆学季刊，1937（2）：144.

③ 张惠生.一年来的民众图书馆 [J].北碚月刊，1937（9/10）：117.

效率"①。重庆北碚区实验民众图书馆设置的种种参考室,针对性强,环境优雅,利用便利,在推动地方经济建设中做出了重要贡献。

　　民众图书馆的本位救国举措,除了上述种种外,还积极尝试其他方式,以收战时教育动员之效。如广东省广设文化站,以灌输民众战时智识。省府主席李汉魂,考虑该省沿海各县乡村间一旦沦于敌手,一般民众多逃难于未沦陷区域,对于文化教育亟有补救,而关于战时智识尤应设法灌输,以适应抗战环境之需要。遂派遣特派员在各未沦陷区广设文化站普施教育,以提高民众识字水准,"其文化站内容,搜集书籍杂志报纸供给民众阅读,并代民众投递函件,讲述现在战时情形,供给战时知识,以增加军民合作精神"②。再如江苏阜宁县立民众教育馆对于抗日宣传,亦不遗余力。为使民众彻底了解日本起见,利用直观教法,特辟一抗日中心展览室,内分日寇暴行模型部,日寇暴行摄影部,本县先民抗日古迹陈列部,日货样品陈列部,日本解剖图表部,日本研究图书部等。这种直观宣传直抵民众内心,对激发民众抗战激情收效甚大。

# 小　结

　　民众图书馆在中国近代社会教育事业中扮演着教育下沉、惠及于民、启智增慧的角色,对儿童及农民等弱势群体的阅读关注,在图书馆事业发展史上有着里程碑意义。全面抗战爆发后,民众图书馆的社会教育地位日益凸显,对宣传抗战激发民众抗战热情起到了全面深入的作用。在抗战激流中,各地民众图书馆肩负救国使命,怀抱救国热情,坚持本位抗战,除开展日常工作外,还积极致力于民众爱国思想的灌输和激发,以及民众爱国行动的鼓舞和指导。因为有了思想,才有信仰;有了行动,才有力量,才能救国。

---

① 张惠生.一年来的民众图书馆［J］.北碚月刊,1937(9/10):117.

② 粤省未沦陷区广设文化站灌输民众战时智识［J］.中华图书馆协会会报,1939(6):22-23.

民众图书馆陈列中日问题图书，举办国货商标展览会、选编通俗抗战读物、举办抗战专题演讲等等举措，很好地对民众实施了爱国思想的灌输与激发，民众合理的爱国行动也受到了鼓舞与指导。此外，民众图书馆还通过开办生计补习班、地方经济研究室，根据地方民众职业特点配备相应图书等举措，在推动地方经济发展方面也发挥了积极作用。总之，民众图书馆的时代功效深远，在中国近代历史长河中烙下了深刻的印记。

# 余 论

中国近代民众图书馆推崇活用图书，倡导"书籍到民间去"。虽然"民众图书馆"早已成为历史名词，但拂去岁月的尘埃，即便在21世纪的今天，它所蕴含的平等、便利、主动服务理念依然熠熠生辉，甚至比现在某些公共图书馆更鲜明地体现了图书馆的本质属性及其核心价值，代表了广大公众希望获得共享、公正、公平地使用图书馆服务的朴素理想，生动诠释了图书馆界百年来孜孜以求的公共图书馆精神。

## 一、"有教无类""平等服务"的精神值得观照

民众图书馆没有时间、性别、年龄、程度、职业、贫富等方面的限制，民众可以机会均等地使用图书。正如学者所言："不收费的民众图书馆制度包含了一些促使民主政治发展的基本原则……民众图书馆能提供无限的机会以实行这些原则。他不被任何权威者，所辖制占有。他承认个人的自由以求个人的幸运。他不是离开民众独立的制度，也不仅为哪一个阶级服务。"[1] 在民众图书馆中，民众不会因出身、天赋、品行、财富的差别，而被区别对待，他们的阅读权利和经济地位也不会被简单地画等号。不管是腿脚沾着泥巴的农民，还是一天到晚看柜台的伙计，抑或是在工厂辛苦劳作的工人，家务孩子缠身的妇女，在民众图书馆眼里，他们与学界政界都是一样的读者，

---

[1] ［美］John Adams Love 著，章新民译. 民众图书馆的行政［J］. 文华图书馆学专科学校季刊，1933（3/4）：183.

都是一样的受到欢迎。民众图书馆基于为民众平等服务的"道德直觉",千方百计地维护和实现底层民众的阅读权利,其平等服务的精神诚为可贵。

民众图书馆有教无类、平等服务不只是停留在口号的宣传上,而是真正体现在每一份实践中。这从江阴巷实验民众图书馆和南京市立民众图书馆的日常工作中可窥一斑。江阴巷实验民众图书馆是一所依托江苏省立教育学院图书馆、由徐旭兼任馆长的实验民众图书馆。其主旨是"以民众图书馆教育为中心,以图书为出发,为进行,为归宿的轨迹,因人,因事,因地,因时的需求,逐渐推行民众教育的事业"①。该馆采用开架式服务,为附近 827 户、近 7000 余人提供精神食粮。此外,该馆还紧紧围绕办馆宗旨,开展丰富多彩的阅读推广活动,如设立小学巡回文库、借书处、巡回书车、航船旅行文库、定期壁报、出版民友月报、巡回演讲等,将图书送到需要的民众手中。江阴巷实验民众图书馆以自己微薄之力,为方圆几十里的民众送去知识和智慧,主动融入当地经济及教育事业的发展潮流中。

南京市立民众图书馆自 1932 年开办后,一度蓬勃发展,对于当时社会教育事业也多有促进。据南京市立民众图书馆阅览统计数据显示,在 1947 年 10—12 月间,到馆儿童阅览人数达 5760 人(高、中、低年级均有),成人阅览人数则为 6327 人(来自政、法、军、警、农、工、商、学、医及其他职业)。这三个月间,民众阅览图书类别高达 13918 种,总类、哲学、宗教、社会科学、语文学、自然科学、应用技术、艺术、文学、史地、杂志、公报等均有涉及②。南京市立民众图书馆通过自己有教无类的平等服务,使得无论何种职业,何种年龄的民众皆得习字读书的机会。

2002 年 8 月,国际图联在欢庆其 75 华诞时,公布了著名的《格拉斯哥宣言》和《图书馆与可持续发展声明》等文件,其主要思想是:"不受限制的获取、传递信息是人类的基本权利。"国际图联及其全体会员"遵循《联

---

① 徐旭.民众图书馆学[M].上海:世界书局印行,1935:143.

② 本市市立民众图书馆儿童阅览人数统计、阅览人职业统计、阅览图书类别[J].南京市统计季报,1947(12):23.

合国世界人权宣言》精神，支持、捍卫并促进获取知识自由的权利。这种权利包括获取人类知识、观念、创新思想和智力活动等。"[1] 这些声音不约而同地强调，要着力解决信息获取的不平等问题。国内图书馆界也痛感图书馆缺失了一种公益公正精神，公共图书馆的一些服务偏离了平等免费轨道。业界有识之士对此忧心忡忡，他们大声疾呼重续图书馆精神的历史链条，要求图书馆精神以更为厚重的方式回归现实。一些图书馆在实践中对弱势群体读书权利的保护，既是对国际图联呼吁的回应，也让人眼前一亮，感受到图书馆服务的新鲜气息。如杭州图书馆十多年前就已经允许拾荒者，流浪汉入内阅读，被称为"史上最温情的图书馆"。馆长褚树青说："我无权拒绝他们（流浪汉等）来读书，但您有权离开。"杭州图书馆的暖心之举，体现了公共图书馆在服务中自觉贯彻"和谐社会，人人共享"的理念，追求和崇尚社会公平正义，主动承担起更多的社会责任。

回眸 20 世纪的民众图书馆，虽馆舍狭小，经费短缺，设备简单，但服务的形式却是如此的丰富多样，服务的热情是那么洋溢，服务的主动性是那样积极，服务的内涵是如此深刻，远非我们今天一些早已摆脱了空间、经费、设备等约束的现代图书馆所可比肩。

## 二、"因时因地因需"的服务举措值得借鉴

论图书之精美，民众图书馆比不过私家藏书楼；论图书之广博，民众图书馆比不过国立省立图书馆。但若论服务范围之广，读者数量之多，服务成效之高，民众图书馆却又在私家藏书楼和国立省立图书馆之上。民众图书馆一颗小小的心脏，为何能跳出如此的历史强音？回眸民众图书馆的历史，不难发现其原因在于它能以己所有、以己之长，用服务热情和服务决心，根据环境状况、季节变化、节日特点等因素，灵活开展各项服务。让静止尘封的图书活用起来，就像是打开了知识的喷泉，源源不断地流向民众身边。"民众图书馆不是静的储书之所，而是动的流通图书的中心；不是被动的应

---

[1] 中国图书馆学会编.中国图书馆年鉴［M］.北京：科学技术文献出版社，2003：688.

人之需，而是自动的设施教育；不是一部分知识较高者的消闲之所，而是广大的社会全民的受教育场所"①。

根据这样的理念，民众图书馆极尽所能，"因时因地因需"灵活开展阅读服务。在谋流通阅览之外，还设法组织读书会，扩充巡回文库或阅报处，编印通俗小册或画报，举行指导读书的讲演，接受问询，举行比赛，乃至附设小规模的补习学校，务使图书馆时时处在动的状态之中。与社会发生日见密切的关系，其效能日益深入于社会的内层。"我们应使图书馆与学校一样的活跃而有生气，为社会所接近亲爱而且需要"②。民众图书馆的这种服务近民观念，是其改进服务的基础，也是扩充图书馆效能的导向。

九一八事变后，为激发民众抗战热情及保家卫国决心，各地民众图书馆肩负救国使命，怀抱救国热情，除开展日常工作外，还积极致力于爱国思想的激发和爱国行动的鼓舞。举办中日问题图书陈列，举行国货商标展览会，组织抗战爱国问题演讲，选编爱国故事等系列举措，向民众灌输救国知识，点燃民众爱国热情，激发民众抗战意识，有效配合了当时抗战工作的全面展开，集中体现了民族危机下民众图书馆界的爱国精神，开辟了具有图书馆特色的救国之道，影响深远。

抗战时期处于重庆大后方的北碚民众图书馆，在儿童节和端午节来临之际，因时制宜地组织了儿童阅览室和"人之一生"阅览室，吸引了各界嘉宾参观。一大批天真活泼的儿童走进阅览室，大量带着草帽穿着草鞋的农夫，走进了民众图书馆，沐浴知识的光辉。该馆为了使不能来馆阅览的大众，都有接近图书的机会，在经费有限不能办理巡回图书担的情况下，用手提篮步行在山区崎岖的道路上，将书送至山区民众手中。这种敬业精神正是民众图书馆发展壮大的内生动力。

北平市教育局长周学昌，为使贫苦子弟及年长失学民众均得受粗浅教育，特令各校图书馆阅报处设立民众识字班，市立民众图书馆馆长周慧仪

① 陈训慈. 浙省民众图书馆改进的管见［J］. 浙江教育月刊, 1936（4）: 28.

② 陈训慈. 浙省民众图书馆改进的管见［J］. 浙江教育月刊, 1936（4）: 28.

奉令后，即着手筹办识字夜班，于同年 7 月 1 日开学[①]。

陕西华县民众图书馆为谋民众休闲娱乐，养心陶情，特组织了民众俱乐团。1935 年 12 月 27 日召开成立会时，到会团员有保安队兵士、学生、农、商各界等计 14 人。"参观者约三百余人，届时如仪开会，首由馆长魏映辉报告开会意义，及民教之重要。继由各团员相继清唱（有乐具多种）颇极一时之盛举。观者莫不欣喜观乐，开本县破天荒之壮观。如是宣传民教，实为事半而功倍。休闲教育，从此放一光明矣"[②]。蓝田县第一民众图书馆为推广社会教育，也创新服务方式，通过电影放映活化宣传。"日前由西安租到青年会电影，业于昨（八）晚开始演映，藉以宣传，裨益社会，并制有宣传品数种，观众颇为拥挤，诚该县空前未有之盛况也"[③]。

其实，图书馆的服务没有一成不变的范式，因为各馆所处地域环境，所具备经济条件，所服务对象千差万别，一馆用之有效的举措，另一馆或许就行之不通，不可生搬硬套他馆做法。虽然别人的经验可以借鉴，但一定要结合自身的实际，因时因地制宜，灵活开展符合自身馆情、校情、县（市、省）情的工作，唯有如此，图书馆服务才能开出艳丽之花，结出丰硕之果。

### 三、"一切工作便利民众"的理念值得铭记

中国近代史上的民众图书馆在馆内馆外都开展了许许多多开创性的工作，不管是传统性服务，还是开拓性创举，各项工作始终都把"便利民众"作为一切工作的中心。如在图书的编目上，以便于民众的阅览及便于馆员的管理为目的，力求简便、经济、活动及实用。民众图书馆图书内容较为通俗，阅览民众程度亦较为低浅，所以一般西洋图书分类法并不适用于民众图书馆，而须根据中国民众知识程度实际，独创一格，另辟蹊径。"民众图书馆分类法"等接地气的新式分类法的出现，进一步推进了民众图书馆事业的

---

① 民众图书馆成立识字夜班［N］.益世报，1931-06-26（6）.

② 华县民众图书馆组民众娱乐团［J］.西京日报，1935-12-31（7）.

③ 蓝田县民众图书馆注重社会教育［J］.西安日报，1932-11-12（3）.

发展。民众图书馆的开架式阅览也是当时图书馆界的一股清流，此种试验，在国内推行颇少，然其利益远在闭架式之上。开架阅览不仅可使民众自取需要之书，还可使民众易得自由阅书之快乐，免去了若干约束和麻烦。其实，开架阅览最重要的一点是——可使馆内图书充分活用，书可尽其利，人可厌其欲。

如果说上述分类编目开架等便利民众的服务工作，只是民众图书馆的分内之事，那么在馆外开设巡回文库、设立流动书车，手摇小铜铃背负小书箱，走街串巷，边走边吆喝的推销员模式推广之途，则是将便利民众的理念进行了极度升华。一些民众图书馆因馆舍狭小，不能开辟儿童阅览室，遂于附近小学内，设小学儿童巡回文库，以补救学校教育的不逮。另通过办理茶园文库，让民众在品茗休闲间也能沐浴书香。遍布大街小巷的流动书车，更是体现了图书馆人要以书去找民众，增加民众阅览图书机会的职业精神，对唤起民众阅读兴趣，养成利用图书习惯等方面功不可没。

阿根廷图书馆学家兼诗人——博尔赫斯说过，"图书馆是一个有魔力的房间，那里有许许多多着魔的灵魂。我们呼唤它们时，它们就醒来；……当我们打开这本书，当书本找到它的读者，便发生了审美行为"①。图书馆的书只有被读者充分利用时，它的价值才会显现；反之，如果不被读者利用，它就是积满尘埃、毫无用处的死物。中国近代的众多民众图书馆正是通过其丰富多彩的阅读推广活动，以"图书为出发、为进行、为归宿"在城乡大地留下了厚重的民众教育轨迹。

我国公共图书馆经百年发展已具有一定的基础和规模，它作为人们寻求知识的渠道，担负着为个人和社会群体终身教育的使命，它的宗旨是为社会各阶层人士服务。但近年来有公共图书馆为了追求经济及社会效益，热衷于"为重点人群服务""为科学研究服务"，在办馆方向上出现了偏离公共图书馆的根本性质和基本职能的现象。联合国教科文组织 1994 年发表

---

① 博尔赫斯（阿根廷）.七夜（节选）[M].上海：上海译文出版社，2015：104.

的《公共图书馆宣言》强调,公共图书馆的大门应向社会上一切成员自由地、平等地开放,而不管他们的地位或文化程度。此宣言明确指出了图书馆平等服务的基本理念,这与当今和谐社会所倡导的民主、公平不谋而合。公共图书馆作为大众图书馆,服务对象不能偏离普通民众,而急功近利将服务对象只锁定在少数强势群体。公共图书馆应借鉴民众图书馆的服务理念,走近走进民众中间,实现教育和服务下沉,将知识和信息送到普通人群身边,以真正保障弱势群体在内的所有民众受教育的平等性。笔者拙作以"中国近代民众图书馆"为研究对象,正是基于对民众图书馆平等服务精神和理念的钦佩和铭记!

# 主要参考文献

## 一、专著

［1］杜定友. 图书馆学通论［M］. 上海：商务印书馆，1925.

［2］洪有丰. 图书馆组织与管理［M］. 上海：商务印书馆，1926.

［3］马宗荣. 现代图书馆［M］. 上海：中华学艺社，1928.

［4］中华民国大学院. 全国教育会议报告［R］. 上海：商务印书馆，1928.

［5］吴培元. 民众图书馆设施法［M］. 宜兴：宜兴县立图书馆出版，1929.

［6］俞家齐. 民众图书馆设施法［M］. 江宁：中央大学区立通俗教育馆推广部，1929.

［7］宋景祁. 中国图书馆名人录［M］. 上海：上海图书馆协会，1930.

［8］范望湖. 民众教育 ABC［M］. 上海：世界书局，1931.

［9］傅葆琛. 乡村平民教育的理论与实际［M］. 无锡：江苏省立教育学院，1931.

［10］十九年度全国公私立图书馆一览表［M］. 教育部社会教育司，1931.

［11］陈训慈. 浙江省立图书馆概况［M］. 杭州：浙江省立图书馆，1932.

［12］陈独醒. 怎么叫做流通图书馆［M］. 杭州：私立浙江流通图书馆

宣传部，1932.

［13］陈独醒．图书为什么要流通［M］．杭州：私立浙江流通图书馆宣传部，1932.

［14］杜定友．图书馆与成人教育［M］．北京：中华书局，1933.

［15］中华图书馆协会执行委员会．中华图书馆协会第二次年会报告［R］.北平：中华图书馆协会事务所，1933.

［16］教育部．第一次中国教育年鉴［M］．上海：开明书店，1934.

［17］第一次中国教育年鉴［Z］．上海：开明书店，1934.

［18］赵建勋．乡村巡回文库经营法［M］．上海：商务印书馆，1935.

［19］徐旭．民众图书馆学［M］．上海：世界书局印行，1935.

［20］徐旭．民众图书馆实际问题［M］．上海：中华书局，1935.

［21］俞庆棠．民众教育［M］．上海：正中书局，1935.

［22］程伯群．比较图书馆学［M］．上海：世界书局，1935.

［23］北平市立第一普通图书馆馆务报告［R］．北平：市立第一普通图书馆，1936.

［24］江西省立民众教育馆．江西省立民众教育馆设施概况［M］．南京：南京一职印刷厂，1937.

［25］蒋复璁．图书室管理法［M］．南京：正中书局，1947.

［26］李钟履．图书馆学论文索引（第一辑）（清末至1949年）［M］．北京：商务印书馆，1959.

［27］应修人、潘漠华选集［M］．北京：人民文学出版社，1959.

［28］舒新城．中国近代教育史资料［Z］．北京：北京大学新潮社，1981.

［29］李希泌，张椒华．中国古代藏书与近代图书馆史料［M］．北京：中华书局，1982.

［30］史永元，张树华．刘国钧图书馆学论文选集［M］．北京：书目文献出版社，1983.

［31］陈学恂．中国近代教育史教学参考资料［M］．北京：人民教育出

版社，1987.

［32］阮冈纳赞.图书馆学五定律［M］.夏云等，译.北京：书目文献出版社，1988.

［33］中国第二历史档案馆编.中华民国史档案资料汇编(第三辑.文化）［M］.南京：江苏古籍出版社，1991.

［34］丁道凡.中国图书馆界先驱沈祖荣先生文集（1918—1944年）［M］.杭州：杭州大学出版社，1991.

［35］茅仲英.俞庆棠教育论著选［M］.北京：人民教育出版社，1992.

［36］朱有王献、戚名琇、钱曼倩.中国近代教育史资料汇编［M］.上海：上海教育出版社，1993.

［37］李桂林等.中国近代教育史资料汇编［M］.上海：上海教育出版社，1995.

［38］费孝通.乡土中国［M］.北京：北京大学出版社，1998.

［39］裘开明图书馆学论文选集［M］.桂林：广西师范大学出版社，2003.

［40］《山东省图书馆志》编纂委员会.山东省图书馆志［M］.北京：中华书局，2004.

［41］马培中，徐泽庶.贵山民众图书馆［M］.贵阳：贵阳文史资料选萃，2006.

［42］张树华，久珍编著.20世纪以来中国的图书馆事业［M］.北京：北京大学出版社，2008.

［43］范凡.民国时期图书馆学著作出版与学术传承［M］.北京：国家图书馆出版社，2011.

［44］中国图书馆学会主编.中国图书馆学学科史［M］.北京：中国科学技术出版社，2014.

［45］滕静静，张珊珊.民国时期图书馆学报刊资料分类汇编［M］.北京：国家图书馆出版社，2016.

［46］吴澍时.民国时期基层图书馆研究［M］.北京：国家图书馆出版社，

2017.

[47]刘劲松.抗战时期中国图书馆界研究［M］.北京：商务印书馆，
2018.

## 二、期刊论文

[1]江涛.社会教育之方法［J］.中华教育界，1912（2）.

[2]谢荫昌.图书馆改组系统办法议［J］.通俗教育研究录，1912（4）.

[3]教育部通电各省都督府筹办社会教育［J］.教育杂志，1912（10）.

[4]余家菊.乡村教育的危机［J］.中华教育界，1920（1）.

[5]组织读书会［J］.中华教育界，1920（4）.

[6]祝其乐.图书和教育[J].浙江省立图书馆第六期年报附录,1921(6).

[7]中华平民教育促进会.中华平民教育促进会宣言［J］.新教育，
1923（7）.

[8]苏耀祖.儿童图书馆的研究［J］.京师学务公报，1925（6）.

[9]李小缘.藏书楼与公共图书馆［J］.图书馆学季刊，1926（3）.

[10]杨鼎鸿.儿童图书馆在教育上之价值［J］.教育杂志，1926（3）.

[11]李小缘.公共图书馆之组织［J］.图书馆学季刊，1926（4）.

[12]杜定友.儿童图书馆问题［J］.教育杂志，1926（4）.

[13]李小缘.全国图书馆计划书［J］.图书馆学季刊，1928（2）.

[14]上海特别市市立民众图书馆办事通则[J].大学院公报,1928(4).

[15]舒新城.中国教育建设方针［J］.教育杂志，1928（5）.

[16]福建各县市民众教育演讲团办法[J].福建教育厅周刊,1928(7).

[17]福建县市立民众图书馆征集图书简约［J］.福建教育厅周刊，
1928（7）.

[18]福建县市民众图书馆附设巡回文库办法［J］.福建教育厅周刊，
1928（7）.

[19]福建各县市立民众图书馆阅览办法[J].福建教育厅周刊,1928(7).

[20]泾滨民众图书馆.泾滨民众图书馆计划书［J］.无锡教育周刊，

1928（28）.

［21］浙省倡设乡村图书馆［J］.中华图书馆协会会报，1929（3）.

［22］杜定友.民众图书馆问题［J］.中华图书馆协会会报，1929（4）.

［23］朱金青.办民众图书馆者该怎样鼓励人民乐于来馆阅读［J］.中华图书馆协会会报，1929（6）.

［24］许学钦.西湖民众图书馆之进行状况及将来计划［J］.福建图书馆协会会报创刊号，1929.

［25］教育厅令各县限三个月内成立民众图书馆［J］.湖南教育，1929（11）.

［26］教育部嘉奖教育厅成立全省民众图书馆［J］.湖南教育，1929（11）.

［27］陕西省民众教育委员会第一民众图书馆［J］.陕西教育周刊，1929（34/35/36）.

［28］中华图书馆协会.吉林省民众图书馆办法大纲［J］.中华图书馆协会会报，1930（1）.

［29］顾子刚.墨子（英译）［J］.国立北平图书馆馆刊，1930（1）.

［30］中华图书馆协会.吉林省民众图书馆办法大纲［J］.中华图书馆协会会报，1930（1）.

［31］寒梅.社会教育与民众图书馆［J］.上海图书馆协会会报，1930（3/4）.

［32］叶冠千.图书馆与社会教育［J］.上海图书馆协会会报，1930（3/4）.

［33］徐芳田.怎样活用民众图书馆［J］.民众教育，1930（4）.

［34］黄士衡.教育厅呈教育部呈报筹设湖南各市县民众图书馆经过情形［J］.民众教育，1930（4）.

［35］湖南市县立民众图书馆暂行规程［J］.湖南教育行政汇刊，1930（5）.

［36］杭县乡村图书馆组织规程［J］.中华图书馆协会会报，1930（6）.

［37］杭县县立流通图书馆附设儿童读物库暂行章程［J］.浙江教育行政周刊，1930（46）.

［38］南京市教育局.教育局呈请拨款建设民众图书馆案［J］.首都市政公报，1930（53）.

［39］景台.我们的图书馆［J］.山东民众教育月刊，1931（1）.

［40］李钟履.乡村图书馆经营法之研究［J］.文华图书科季刊,1931(2).

［41］李煜.福建教育厅设立西湖民众图书馆二十七个月的工作报告［J］.民众教育研究，1931（1）.

［42］宜兴民众图书馆之救国声［J］.中华图书馆协会会报，1931（2）.

［43］姜和等.本院江阴巷实验民众图书馆半年实习计划［J］.教育与民众，1931（3）.

［44］胡耐秋.民众图书馆的认识与商榷［J］.民众教育，1931（4/5）.

［45］顾斗南，刘祖仁.活用图书和民众图书馆推广事业的问题［J］.民众教育，1931（4/5）.

［46］赵光潘.民众图书馆的新使命［J］.民众教育，1931（4/5）.

［47］无锡实验民众图书馆［J］.中华图书馆协会会报，1931（5）.

［48］四、五、六月社教行政计划［J］.教育与民众，1931（7）.

［49］一月来苏省民众教育事业之进展［J］.民众教育通讯，1931（8）.

［50］胡耐秋.江苏省立教育学院江阴巷实验民众图书馆二十年度实施计划［J］.民众教育通讯，1931（8）.

［51］江阴巷实验民众图书馆十月来重要工作一览［J］.教育与民众，1931（9/10）.

［52］北平中华书局举办儿童巡回文库及教育巡回文库［J］.河南教育行政周刊，1931(31/32).

［53］杜定友.图书馆迷［J］.中国出版月刊，1932（1）.

［54］无锡县县立泾滨民众图书馆概况［J］.无锡图书馆协会会报，1932（1）.

［55］冀乡村民教馆图书部之改善［J］.中华图书馆协会会报,1932(1/2).

［56］赵福来.民众图书馆与巡回文库应备书目初稿［J］.文华图书馆学专科学校季刊，1932（2）.

［57］一月来江苏省民众教育事业之进展［J］.民众教育通讯,1932(2).

［58］日本侵略中国外交秘史［J］.浙江省立图书馆月刊，1932（2）.

［59］本院江阴巷实验民众图书馆事业之分析［J］.教育与民众,1932（2）.

［60］逸民.怎样办民众图书馆［J］.民众园地,1932（2）.

［61］本馆举行革命纪念中心陈列［J］.最近民众教育消息,1932（3）.

［62］成立民众业余绘画研究会［J］.民众教育研究,1932（3）.

［63］民众教育馆暂行规程［J］.教育部公报,1932（5）.

［64］浙民教馆图书部行开架式［J］.中华图书馆协会会报,1932（5）.

［65］江阴实验民众图书馆近况［J］.中华图书馆协会会报,1932（5）.

［66］南京市立民众图书馆之近况［J］.中华图书馆协会会报,1932（5）.

［67］陈大白.各国社会教育经费之比较研究［J］.教育与民众,1932（5）.

［68］民众图书馆举行乒乓比赛［J］.民众教育通讯,1932（6）.

［69］谢泽人.如何使图书流通——江阴巷实验民众图书馆实验事业之一［J］.教育与民众,1932（9/10）.

［70］胡耐秋.抗日中心单元运动中的四大活动事业——江阴巷实验民众图书馆研究实验事业之一［J］.教育与民众,1932（9/10）.

［71］江苏省立教育学院实验民众图书馆读书会会章［J］.民友月报,1932（10）.

［72］为黄墟新村民众图书馆征集图书启［J］.乡村建设,1932（11/12）.

［73］南京市教育局.南京市立民众图书馆组织规则［J］.南京市政府公报,1932（111）.

［74］嘉兴县设儿童巡回文库［J］.浙江省立图书馆月刊,1933（1）.

［75］中华图书馆协会第二次年会与民众图书馆［J］.教育与民众,1933（1）.

［76］念馨.站在借书人的立场说流通图书馆［J］.中国出版月刊,1933（1/2）.

［77］祝萃清.儿童巡回文库的尝试［J］.中国出版月刊,1933（2/3）.

［78］李煜.二年来本馆阅览部图书馆事业概况［J］.民众教育研究,1933（3）.

［79］林宗礼.图书馆的新倾向［J］.中华图书馆协会会报,1933（3）.

［80］Adams Love J.民众图书馆的行政［J］.章新民译.文华图书馆学专科学校季刊，1933（3/4）.

［81］嘉兴民教馆.新办工商巡回文库［J］.浙江省立图书馆馆刊，1933（4）.

［82］许公鑑.怎样办民众图书馆［J］.教育建设，1933（5）.

［83］广东东莞县参议会设立民众图书馆［J］.中华图书馆协会会报，1933（6）.

［84］徐旭，胡耐秋，濮秉钧.三年来之本院江阴巷实验民众图书馆［J］.教育与民众，1933（9/10）.

［85］濮秉钧，胡耐秋.民众图书馆实施救国教育之一实例——二十一年度江阴巷实验民众图书馆救国教育工作报告［J］.教育与民众，1933（9/10）.

［86］胡耐秋.民众图书馆民众阅读辅导班之实况［J］.教育与民众，1933（9/10）.

［87］浙江省立民众教育馆流动书库阅览规约［J］.浙江民众教育，1933（10）.

［88］吴兴县各中学巡回借阅《万有文库》办法［J］.吴兴县教育行政周刊，1933（83）.

［89］购置儿童文库三十部分发各义务小学参考案［J］.南京市政府公报，1933（136）.

［90］龚宝善.流通图书的特质及其前途［J］.中国出版月刊，1934（1/2）.

［91］陈独醒.究竟怎么叫流通图书馆［J］.中国出版月刊，1934（1/2）.

［92］富济.民众图书馆的理论与实施［J］.大夏，1934（2）.

［93］上海儿童图书馆之流动书车［J］.中华图书馆协会会报，1934（2）.

［94］戴子钦.通俗教育与通俗讲演［J］.民众教育，1934（3）.

［95］天津市立图书馆巡回文库之扩充——添设学校及家庭读物［J］.浙江图书馆学刊，1934（3）.

［96］金门民众图书馆欢迎阅览［J］.浯江月刊，1934（3）.

［97］湖北黄安七里坪设农民图书馆［J］.中华图书馆协会会报，1934（4）.

[98]云南洱源县教育局承领颁奖小学生文库[J].云南教育,1934（4）.

[99]萧场儿童流通图书馆组织大纲[J].生活教育,1934（6）.

[100]井陉（河北）筹设民众图书馆[J].中华图书馆协会会报,1934（6）.

[101]省立镇江图书馆增设儿童流通文库[J].民众教育通讯,1934（8）.

[102]青岛市乡区小学校流动书库借书规约[J].青岛教育,1934（11）.

[103]徐应昶.幼童文库缘起[J].儿童画报,1934（49）.

[104]中华图书馆协会.鄞县农会拟设巡回农民图书馆[J].中华图书馆协会会报,1935（3）.

[105]鄞县农会拟设巡回农民图书馆[J].中华图书馆协会会报,1935（3）.

[106]杨海樵.办理农村图书馆应注意的几点[J].中华图书馆协会会报,1935（3）.

[107]洪邦权.民众图书馆选择图书的标准[J].民教辅导,1935（4）.

[108]徐旭.民众图书馆运动中的人员问题[J].教育与民众,1935（5）.

[109]浙江省立民众教育馆改进民众图书馆[J].中华图书馆协会会报,1935（5）.

[110]中华慈幼协会征求各地关于儿童疾苦之新闻[J].现代父母,1935（6）.

[111]储衡.从儿童年联想到贫苦儿童的幸福[J].现代父母,1935（6）.

[112]第十省学区各县民众图书馆概况表[J].社会教育月刊,1935(6/7).

[113]谢春满.中国民众图书馆之改造[J].教育杂志,1935（7）.

[114]第一儿童图书馆创办流通书库[J].天津市市立通俗图书馆月刊,1935（7/8/9）.

[115]朱英.对于民众图书馆图书分类法之刍议[J].天津市市立通俗图书馆月刊,1935（7/8/9）.

[116]钦县县立民众教育馆流动书车[J].民教半月刊,1935（21）.

[117]北马民众图书馆.北马民众图书馆募捐致谢[J].黄县民友,1935（28）.

［118］无棣县乡村儿童图书馆简章［J］.山东教育行政周报，1935（330）.

［119］孔繁根.乡村民众图书馆设施之研究［J］.民众教育通讯，1936（1）.

［120］陈训慈.浙省民众图书馆改进的管见［J］.浙江省图书馆协会会刊，1936（1）.

［121］浙江省立湘湖乡村师范学校.图书馆办理小学巡回文库办法［J］.湘湖生活，1936（2）.

［122］李洁非.吸引民众到图书馆来的几个方法［J］.学风，1936（2）.

［123］殷子固，王仲元.定县同学会管理下的巡回文库［J］.民间半月刊，1936（3）.

［124］李靖宇.办理巡回书箱经过及杂感［J］.山东民众教育月刊，1936（3）.

［125］李靖宇.怎样使农民和图书馆发生关系［J］.图书馆学季刊，1936（3）.

［126］聂光甫.本省工商巡回文库开始流动［J］.山西民众教育，1936（3）.

［127］陈训慈.中国之图书馆事业［J］.图书馆学季刊，1936（4）.

［128］陈训慈.浙省民众图书馆改进的管见［J］.浙江教育，1936（4）.

［129］陈训慈.民国廿四年之我国图书馆事业［J］.文化建设月刊，1936（4）.

［130］陕知行图书馆积极推广流通工作［J］.中华图书馆协会会报，1936（4）.

［131］林凤春.天津市市立第一通俗图书馆二年来之儿童阅览室［J］.天津市市立通俗图书馆月刊，1936（5）.

［132］方梓京.民众图书馆图书的来源［J］.皖北民教，1936（6）.

［133］民众图书馆对于民众所应负的使命［J］.皖北民教，1936（6）.

［134］陈训慈.二十年来我国之民众图书馆与其展望［J］.教育辅导，1936（8/9）.

［135］王柏年.小学中高级自由阅览指导之研究［J］.师大月刊，1936（29）.

［136］陈礼江．社会教育的意义及其事业［J］．教与学，1937（1）．

［137］梦圃．民众图书馆的中心民众教育［J］．更生，1937．

［138］王柏年．两年来之师大一小儿童图书馆［J］．图书馆学季刊，1937（1）．

［139］李靖宇．县单位民众图书馆的经营与管理［J］．图书馆学季刊，1937（2）．

［140］张子文．怎样管理民众图书馆［J］．辅导月刊，1937（3/4）．

［141］历城民众图书馆巡回文库定期出发［J］．中华图书馆协会会报，1937（4）．

［142］彭湘．民众图书馆如何吸引读者［J］．北碚月刊，1937（6）．

［143］香山乡村服务委员会通俗图书馆开幕［J］．中华图书馆协会会报，1937（6）．

［144］张惠生．一年来的民众图书馆［J］．北碚月刊，1937（9/10）．

［145］安义儿童巡回文库办法［J］．江西地方教育，1937（78）．

［146］湖南民教馆置流动书车——供难民阅览［J］．中华图书馆协会会报，1938（2）．

［147］上海街童教育会筹办街教巡回图书馆［J］．中华图书馆协会会报，1938（3）．

［148］彭道真．国立中央图书馆白沙民众阅览室概况［J］．中华图书馆协会会报，1940（4）．

［149］广西省政府．广西省普设民众图书馆计划［J］．广西省政府公报，1940（6）．

［150］王憎蝠．怎样选择民众图书馆图书［J］．广西教育通讯，1940（9/10）．

［151］南京市教育局．南京市立民众图书馆馆长馆员服务规则［J］．南京市政府公报，1941（76）．

［152］庞敦志．第一期普设民众图书馆工作总报告［J］．国民教育指导月刊，1942（6）．

［153］杜定友．社会教育与民众图书馆［J］．社会教育辅导，1943（3）．

［154］高柳桥.中国民众教育运动的透视［J］.教育与民众,1946（1/2）.

［155］本市市立民众图书馆儿童阅览人数统计,阅览人职业统计,阅览图书类别［J］.南京市统计季报,1947（12）.

［156］儿童图书馆添设流通站［J］.小朋友,1947（868）.

［157］程焕文.论"图书馆精神"［J］.黑龙江图书馆,1988（4）.

［158］麦群忠.抗战时期的广西图书馆事业［J］.图书馆界,1995（3）.

［159］中国第一历史档案馆.清末创办公共图书馆史料［J］.历史档案,1999（1）.

［160］宁艳艳.晏阳初与定县平民教育中的巡回文库［J］.图书馆工作与研究,2005（3）.

［161］范玉红.中国近代社会教育思潮与图书馆观念的迁变［J］.图书与情报,2005（3）.

［162］刘兹恒、余训培."新图书馆运动"的精神实质——对图书馆"民众"概念的回顾和反思［J］.图书馆,2005（5）.

［163］黄少明.我国早期公共图书馆的少儿读者工作［J］.中小学图书情报世界,2006（9）.

［164］李露芳.农村图书馆事业现状及发展对策探讨［J］.图书馆杂志,2006（10）.

［165］李钢,安璐.论民众图书馆精神在互联网上的再现［J］.图书情报工作,2008（1）.

［166］沈固朝.民众图书馆的现代意义［J］.中国图书馆学报,2008（1）.

［167］沈小丁.民国视野下的湖南地方图书馆事业（1912–1949）［J］.图书馆,2009（1）.

［168］王维新.民国时期图书馆员职业探析［J］.图书馆,2009（1）.

［169］王余光.图书馆学史研究与学术传承［J］.山东图书馆学刊,2009（2）.

［170］廖晓云.抗战时期广西民众图书馆探析［J］.广西地方志,2010（3）.

［171］刘桂芳.通俗图书馆与民国初期社会教育［J］.图书情报工作,

2010（5）.

[172]吴稌年.徐旭对民众图书馆建设的贡献[J].图书情报工作，2010（7）.

[173]唐咸明.论新桂系时期广西的公共图书馆事业[J].广西师范大学学报，2011（1）.

[174]吴长领.民众教育馆图书部探析[J].图书馆杂志，2011（3）.

[175]彭敏惠.我国图书馆学专门教育的嚆矢——文华图书科的创建[J].图书馆，2011（5）.

[176]吴稌年.论李靖宇乡村民众图书馆的理论与实践[J].图书馆，2012（1）.

[177]江山.民国时期国内民众图书馆的兴起与发展[J].图书馆，2012（2）.

[178]江山.民国时期国内图书馆工作的法规建设述略[J].高校图书馆工作，2012（3）.

[179]牛伟.郑州所辖县（市）民国时期图书馆的建设与发展[J].黄河科技大学学报，2012（9）.

[180]谢欢.李小缘与新图书馆运动[J].国家图书馆学刊，2013（4）.

[181]姬秀丽.试析我国近代图书馆员的资格与待遇[J].图书馆论坛，2013（5）.

[182]张彤.谈徐旭对民国图书馆的革新建设[J].兰台世界，2013（19）.

[183]郭瑞民.浅谈社会阅读的发展与图书馆阅读推广[J].河南图书馆学刊，2015（2）.

[184]蔡德清等.民国时期民众图书馆的阅读推广及启示[J].老区建设，2016（4）.

[185]王芳.基层图书馆图书选购新型模式探索[J].理论观察，2016（6）.

[186]吴澍时.民国时期中华图书馆协会与基层图书馆发展研究[J].图书馆学研究，2017（14）.

[187]邹桂香.李钟履先生乡村图书馆总支馆模式思想研究[J].国家

图书馆学刊，2019（3）.

［188］李佳，勾雅娜.民国时期周口各县公共图书馆的创办与发展［J］.河南科技学院学报，2019（5）.

［189］石嘉，张新超.文华图专季刊与民众图书馆译介［J］.高校图书馆工作，2019（5）.

［190］孙绍俊.李靖宇图书馆学思想及工作实践综述［J］.图书馆研究，2020（1）.

## 三、报纸

［1］论图书馆为开进文化一大机关［N］.清议报，1899-06-10（17）.

［2］清华学生民众事业的活跃［N］.京报，1929-1-20（6）.

［3］民众图书馆下周开馆［N］.新晨报，1929-05-16（5）.

［4］河北各县呈报举办民众学校者达三分之二［N］.新中华报，1929-11-06（7）.

［5］省训练部呈请中央用救国基金发展民众教育［N］.益世报，1930-02-15（6）.

［6］推广陕省各县社会教育［N］.西北文化日报，1931-06-18（6）.

［7］民众图书馆成立识字夜班［N］.益世报，1931-06-26（6）.

［8］鄠县设立民众图书馆［N］.西北文化日报，1931-09-19（3）.

［9］商县提倡社会教育［N］.西北文化日报，1931-11-20（3）.

［10］颂扬鄠县县长杜公炳言德政［N］.西北文化日报，1932-01-30（4）.

［11］平市民众阅览处市府昨通令教育局经费不减［N］.益世报，1932-03-17（6）.

［12］民众图书馆恢复阅览［N］.京报，1932-10-05（7）.

［13］蓝田县民众图书馆注重社会教育［N］.西安日报，1932-11-12（3）.

［14］本市图书馆之调查——民众及中山图书馆［N］.华北日报，1933-08-29（7）.

［15］市立民众图书馆［N］.华北日报，1933-08-29（5）.

［16］富平党部成立民众图书馆［N］.西京日报，1933-10-27（6）.

［17］教育厅饬令推广民众图书馆［N］.大同报，1933-10-31（3）.

［18］镇原民众图书馆已正式成立［N］.甘肃民国日报，1933-11-15（4）.

［19］长安等四十余县图书馆暨全年经费调查［N］.西北文化日报，1933-12-12（5）.

［20］民众图书馆成绩斐然［N］.大同报，1934-05-05（3）.

［21］扶风筑民众教育馆［N］.西京日报，1934-06-26（6）.

［22］武威教局民众图书馆即将成立［N］.甘肃民国日报，1934-08-13（3）.

［23］襄城社会状况（续）［N］.西京日报，1934-12-08（6）.

［24］民乐党办事处筹办民众图书馆［N］.甘肃民国日报，1935-02-11（3）.

［25］民众图书馆延长开放时间［N］.南京日报，1935-05-14（7）.

［26］南公园附设民众图书馆便利游客纳凉品茗借阅书籍［N］.新江北日报，1935-07-20（3）.

［27］鄠县扩充民众图书馆［N］.西京日报，1935-07-26（6）.

［28］唐闸民众图书馆元旦开幕［N］.新江北日报，1935-12-29（3）.

［29］华县民众图书馆组民众娱乐团［N］.西京日报，1935-12-31（7）.

［30］民众图书馆陆续收到赠书［N］.甘肃民国日报，1936-03-10（3）.

［31］隽青.民众图书馆设施法纲领［N］.西京日报，1936-04-05（8）.

［32］思乐筹设民众图书馆［N］.南宁民国日报，1936-06-30（6）.

［33］廿四年度全国图书馆调查［N］.华北日报，1936-12-25（9）.

［34］寿宁县党部成立民众图书馆［N］.求是报，1937-03-02（3）.

［35］兴平棉杂取缔所罚款捐赠民众图书馆［N］.工商日报，1937-08-04（7）.

［36］全县在跳舞了［N］.扫荡报，1939-05-16（4）.

［37］吕绍虞.推行儿童巡回文库［N］.中美日报，1940-04-04（4）.

［38］桂省决于各乡镇设民众图书馆［N］.扫荡报，1940-06-15（3）.

［39］教育厅编印基本图书设各地民众图书馆［N］.南宁民国日报，1940-09-30（2）.

［40］陈宝经.现代民众图书馆与地方文化［N］.南宁民国日报，1941-04-17（1）.

## 四、学位论文

［1］杜银蝶.民国时期儿童社会教育初探（1927-1937）［D］.武汉：华中师范大学，2011.

［2］马晓钰.农村小学生课外阅读环境问题探析——以青海省华隆县农村为例［D］.吉林省四平市：吉林师范大学，2017.

［3］路阳.民国时期民众图书馆研究［D］.福州：福建师范大学，2018.

［4］尚巧爱.徐旭的阅读指导理念与实践研究［D］.保定：河北大学，2019.

# 后 记

　　江西师范大学前身是创建于 1940 年的国立中正大学，几经迁徙，弦歌赓续，至今已发展成为一所具有"历史底蕴和名校气质"的模范大学。2010年 10 月，是江西师范大学建校 70 周年华诞。校图书馆为了向校庆献上一份厚礼，临时抽调 8 名馆员，组建了"正大、南大特藏文库建设小组"，笔者有幸参与其事，为结缘"民众图书馆"埋下了伏笔。国立中正大学时期留存下来的藏书共有 8800 多册，其中图书馆学著作甚少。我们当时负责录入信息的小分队由 4 名馆员组成，每个人碰到图书馆学著作的概率其实是微乎其微的。

　　上天眷顾，竟然让我在极小的概率下，读到了著名民众图书馆学家徐旭的代表作——《民众图书馆学》（世界书局印行，1925 年版）。当我轻拂尘埃，翻开一页页黄页之时，不禁为书中诸多精彩之处所吸引，难以释手。民众图书馆的诸多创新之举，可谓是中国近代图书馆事业史上的一股清流和活水，开创了图书馆教育普及于民的新气象，令我入迷十分，甘愿将此后十年的研习时光埋首于民众图书馆的一方田地。2016 年，笔者有幸以《民众图书馆与近代中国的社会转型》为题，申报了江西师范大学党委副书记张艳国教授领衔的江西师范大学中国社会转型研究省级协同创新中心课题。民众图书馆课题的成功立项，对笔者来说是一种无形的鞭策，更是一种深深的激励。

　　回眸进江西师范大学图书馆的十七年，自己能一路前行，一路成长，实因得到了校内校外众多学界前辈、贤师俊友的太多关爱与帮助。本书在撰写及出版过程中，得到了张艳国教授的宝贵指导及鼎力支持，百忙之中不仅拨冗帮助推荐出版社，还热心引荐专家级编审。"君子温其如玉，大雅卓尔不群"，一如张艳国教授及其领衔的省级协同创新中心"美人之美"谦谦君子之风。

此外，笔者在前行的道路上，承蒙《国家图书馆学刊》《图书馆建设》《山东图书馆学刊》《图书馆研究与工作》等众多期刊编辑老师的宝贵指点与厚爱。特别是《国家图书馆学刊》执行主编陈清慧老师，《山东图书馆学刊》执行主编韩淑举老师，嘉惠提携尤多，点点滴滴铭记于心。韩淑举老师是我素来敬仰的图书馆界前辈，数十年来她在繁忙的编务工作之际，还一直坚守自己的科研探究。虽为种种杂务所困，韩老师却毫不犹豫地接受了我这个冒昧后学的赐序拜请。她怕耽误出版进程，更是甘愿放弃休息时间，披星戴月审阅拙稿，赶写序言，很快就给我发来了情感与学识丰盈的序言。拜读之余，我的内心除了无尽的感动，便是难以言表的感激。韩老师对后学的知遇之恩，呵护之情，何词可达？

在研学问道之路上，笔者也有幸结识了山西财经大学吴汉华教授、天津师范大学周余娇副教授、华南师大郑永田副研究员、河南大学翟桂荣副研究员、泉州师范学院郑锦怀副研究员、河南师范大学郑爽老师、浙江省图书馆郑秀花老师等朋辈俊彦，获益匪浅。

我的强大亲友团——江西师范大学历史文化与旅游学院诸多老师亦时常为我指点迷津，鼓我士气。万振凡教授、陈晓鸣教授、徐良教授、雷君利副教授、吕小燕副教授、石嘉副教授、徐为结博士等给予的种种帮助与勉励，不一而足，甚温余心。笔者所在单位江西师范大学图书馆历任领导及各位同仁，亦经常雪中送炭，给予精神关怀。在此，一并呈上最衷心的感谢与祝福！

其实，在我学术成长之路上，自始至终有那么一个人，在背后默默地指引我，鼓励我，鞭策我。他批评起来一针见血毫不吝啬，修改文章来也是狂砍大删毫不留情，他不会甜言蜜语，只会用行动演绎什么叫"守护"。这位耕耘讲台也精于家务的刘劲松先生，对我帮助之大，嘉惠之深，日月可鉴。

正是他把我领进了图书馆史的研究天地。我的硕士论文《美国庚款退还与中国近代图书馆事业发展》接受了他很多的建议。

此书始于 2020 年新冠肺炎疫情初起的灰色春天，大小环境的突然变化，各种心结的堆积，曾让我一度挣扎在抑郁焦虑绝望的深渊，来自亲人朋友的温暖与鼓励，给我的生活射进了束束温暖的阳光。远在昆明的小姑，偶然一次在电话中听出我感冒咳嗽，立即千里迢迢快递来了九盒"蓝芩口服液"。有时，亲人的爱就是这么的"专制"和令人感动。

本书在写作过程中借鉴了相关研究成果，在此，谨向这些文献的作者致以诚挚的谢意！本书的出版得到全国百佳出版社——江西人民出版社的支持，学养深厚、识见广博的编辑室主任、编审王一木先生，责任编辑张志刚老师为本书的出版付出了诸多辛勤劳动，提出了许多宝贵的修改意见，在此谨表最真挚的谢忱！

中国近代民众图书馆研究是一个交叉课题，涉及图书馆学、历史学、教育学等知识，由于笔者学识、水平有限，书中疏漏和不妥乃至谬误之处在所难免，敬祈专家学者和读者批评指正。

张书美

于南昌艾溪湖畔

2020 年 11 月 16 日